捕捉儿童敏感期

二十周年全新升级版

孙瑞雪 编著

中国妇女出版社

著名儿童教育专家
孙瑞雪告诉你

“

真正的教育，
真正的爱

”

这是
“爱”孩子的书，
而不是
“教”孩子的书！

孙瑞雪

中国著名的教育家、儿童心理学家；

“爱和自由，规则与平等”教育精神的创始人；

“完整的人和完整的成长”教育思想的创始人；

在蒙特梭利提出的“儿童敏感期”概念和五个敏感期现象的基础上延伸、发展和创立了完整的“儿童敏感期理论”；

著有教育专著《爱和自由》《捕捉儿童敏感期》《完整的成长》《在爱中成长》；

诗集《我看见了你》成为支持女性成长的疗愈书；

多次做客中央电视台《人物新周刊》《心理访谈》《半边天》等栏目，讲述“爱和自由”的教育；

2006年、2007年，中央电视台走进孙瑞雪教育机构幼儿园，连续拍摄16集《敏感期》专题片；

2009年，被评选为“中国教育杰出人物”；

2023年，被中国家庭教育学会授予“家庭教育公益形象大使”；

连续多年上榜当当网“影响力·教育名家”。

在孙瑞雪老师的带领下，“爱和自由”教育团体深深根植于中国本土文化，以蒙特梭利、卢梭、皮亚杰等经典教育学、现代心理学理论为基础，30余年高度专注于教育实践和科学研究，创造、建构、发展和不断完善着“爱和自由，规则与平等”的思想理论系统、教育教学系统，“完整的人和完整的成长”教育思想系统，敏感期理论系统，以及“爱和自由”学校教育体制、教学管理系统，建立和实践出不断更新的适用于家庭建设、父母自我支持和帮助养育者了解儿童的“在家爱和自由”父母课程。

“爱和自由”公众号　孙瑞雪聊教育视频号　“爱和自由”教育基地　“爱和自由”父母课堂

新版出版说明

这本书由大量真实的故事组成，只要你有孩子，或是在幼儿园里工作，这些故事每天都在你身边发生着，而生命成长的秘密以及深刻的本质和含义却蕴藏在故事的背后。

详细的注解

新版《捕捉儿童敏感期》将重点放在：这些故事的背后究竟在说什么？它们在发出怎样的声音？蕴含着什么样的成长秘密？对此，我对许多故事进行了详细的注解，目的是让读者尽可能理解孩子在表象背后的本质。这是此次出版时修改的第一个重点。

典型例子的替换

第二个重点是我们替换了大量的敏感期故事，选择了一些更具代表性的典型案例。这些案例展示了生命成长是一个连续的、流动的、螺旋状的过程。读者在阅读这些故事后，会惊讶地发现生命的成长过程，从而对孩子的成长有更深入的认识。

结构化思考的引入

第三个重点是希望读者能够以结构化的方式来思考，而不是零散的片段式思考。因此，我将所有的敏感期故事分为了两大类。

一是领域分类，根据不同的敏感期领域进行分类，共 8 个领域，即身体的敏感期、语言的敏感期、心智认知发展的敏感期、自我形成的敏感期、空间的敏感期、审美的敏感期、秩序的敏感期、社会性行为的敏感期，使读者能够从不同的成长领域理解孩子的发展过程。

二是完整的自我多维度的分类，展示孩子的身体自我、感觉自我、情绪自我、心理自我、认知自我和精神自我是如何整合，形成一个完整的人的自我。这种分类方式有助于读者从整体上理解孩子的成长过程。

这两种分类方式各有优点，目的在于让读者能够根据自己孩子的状态，选择适合的思考方式。当然，读者也可以根据自己的理解，提出更好的分类方式。

螺旋状敏感期的核心思想

第四个重点是增加了“敏感期的螺旋状模型”一章新内容。它以一个奇妙的螺旋模型强调，发展不是单次完成的任务，而是一个动态循环和不断深入的过程。每个循环都构建在前一个循环的基础上，但引入了新的挑战和机会，使儿童能够在更复杂的层面上重新审视和发展自己的能力和理解。

重新定义敏感期概念

第五个重点是我增加了财商的敏感期，因为这部分敏感期的发展实在是太显著了，我也详细地阐述了儿童财商发展的整个过程。同时，我重新定义了一些敏感期的概念，如自我意识敏感期、社会性兴趣敏感期、秩序敏感期等，这些概念的引入，有助于我们更好地理解敏感期的发生和发展。

如果说过去这本书是由一个接一个生动的小故事组成，如满天的繁星，今天当这些故事突然螺旋状地流动起来，它就像星云一般绚丽、壮观、生动了，它从多个纬度揭示了敏感期背后的秘密，使这本书变得生动、流淌、立体、多维。

通过完整地阅读这本书，这些故事会像一串珍珠一样形成一个链条，让读者发现生命成长的过程是什么。发现这一点会带来喜悦感，也会让读者对孩子更加包容和理解，并参照自我的成长历程，对自我有一个反思。这将帮助我们在理解孩子成长的同时，也促进自我的成长。

我也希望你透过一个一个的故事，看到这些故事里对孩子融进的爱、理解、包容和支持。它们一次一次地感动着我。

孙瑞雪

2024 年 5 月 21 日

序一

让孩子自信又独立的历程

26 年前的一个夜晚，一次很普通的机构培训，一位饱含深情的讲师，我一下子被吸引了。在那个星光满天的夜晚，孙瑞雪老师那份对幼儿成长的理解和尊重，对教育的深刻诠释，从那短短的一个小时讲座中透出的爱与真诚，多年来一直萦绕在怀。

从此，我的人生踏入了一段从未想过的经历，不仅指引了我的事业方向，帮助了家庭的成长，更幸福的是儿子一路努力，即将开始博士阶段的学习。就像老公经常开玩笑地说："你总算是没把我儿子'实验'坏了。"

孙瑞雪老师谈到的教育不仅是一种"教育模式"，更是一种"世界观"，它从儿童的角度思考世界的未来，从未来的世界回望今天的儿童成长。这是"为了生命的教育"。

当时孙老师带领着一批勇敢、有爱、有追求的教育者，他们将帮助儿童自然发展作为坚定的追求。抱着这样的信念，他们经历重重困难，将爱和自由的种子播撒至千千万万的家长心中。

而我作为他们的追随者，一路学习和自我成长。我坚定地辞去“铁饭碗”，创建了一家蒙氏幼儿园、三家托育中心。20年来不断地探索新教育体系与当下儿童成长的融合，也继续将这种子播撒在众多家长心中。

近日接到孙老师的邀请，为《捕捉儿童敏感期》的全新升级版续写儿子成长的收获，我非常激动和感慨。我与儿子沟通，尊重他的意见，写下以下文字和各位家长分享那些重要的、令人欣慰的成长片段，从中希望协助家长们增加抚育孩子成长的信心和力量。

博士小秦同学

畅畅长大以后，我们也称呼他“小秦同学”。今日的小秦同学，24岁，2023年以经济学、数学双学位毕业于美国纽约州立大学宾汉姆顿分校，毕业时获得两个专业的荣誉毕业生称号。2023年8月将赴美国维斯康星大学麦迪逊分校攻读经济学博士。

我的身边有许多学习敏感期的家长和他们的孩子，这些孩子在成长的路上普遍呈现了自律、自信、自主以及逻辑思维能力、创造力、持续学习能力的特点。针对这样的现象，我们母子曾经探讨关于“教育”的话题，小秦同学表达了他的观点：

“我本就是这样的人，是这个教育保护了我成为我自己。同时，妈妈，你也应该看到，并不是单纯说好的教育将孩子教育成了这样，而是他们的家长有智慧接受不一样的教育模式，有勇气让孩子成为自己，这才成就了那些孩子最大化地发展了自己的潜能。”

是啊，我今天想把这份教育的经历记录下来，就是想让我们的孩子自信而独立，为社会培养有准备的未来公民。

畅畅秩序敏感期的“名场面”

秩序敏感期伴随畅畅很长时间，从2岁开始到24岁，从睡觉的秩序到旅行的秩序、学习的秩序，都在他成长过程中存在着。作为家长，因为我们了解孩子敏感期发展的重要性，进而理解成长的这些特点，因此孩子某些看上去难以理解的表现，就成为他成长的优势所在。

在《捕捉儿童敏感期》一书中，我记录过畅畅关于看电视的秩序和完美敏感期并行时的表现。而这个模式一直在延续，甚至到现在。前不久，他给我推荐了一部剧，就像小时候一样，细心地安排好观剧的各项事务：和妈妈约好看剧时间、反复让我确认时间是否合理、耐心寻找高清版本并下载好剧、准备环境，在我看剧上头的时候主动准备食物来保证我专心看剧。我能感受到，小时候的秩序为孩子构建了一种品质生活的景象，也为成人后的亲子关系建立起一个健康、和谐和支持性的模式。

畅畅幼年时“秩序的敏感”被很好地理解了，因此成长路上有诸多的“好习惯”令他受益颇多。高中选择出国读书的小秦，毕业时取得了GPA4.0的好成绩。而他第一年的学习在语言不通的情况下取得了优异成绩。询问好成绩的缘由，他说在他初到学校语言不通、学习困难的时候，他留意了学校的规则，研究了好成绩好分数的取得规则，于是他按照那些规则的指引，比如交作业的时间、完成考试的相关准备工作等举措来安排学业，并取得了好成绩。

在生活上，他遇到了一个非常善良和包容的住家妈妈，而小秦的一些“好习惯”更是迅速被接纳：吃饭后使用过的纸巾会整齐叠放，包括卫生间用纸随时清理，随时都会真诚地说“谢谢”，尊重住家妈妈的各项要求和规则。

当家长们纷纷讨论如何建立孩子的好习惯时，往往忽略了孩子本身发展过程中秩序敏感期的到来恰恰是建立好习惯的最佳时期。就像孙老师所言，“秩序对于成长中的孩子意味深长”。

自我意识敏感期

从开始说“不”，到分辨“你”“我”时，畅畅的自我意识敏感期就分明而重点地开始发展起来。有时候身边的家人也会埋怨这个小孩太以自我为中心，不经同意不能碰他的玩具，不提前约定就不会出席社交场合，不经同意不可以触碰身体，爸爸经常想亲亲他都被严厉地拒绝……这些现象经常困扰身边的人。

在4岁半的时候，一次上课，畅畅刚刚蒙上眼睛在老师的带领下进行触觉板的工作，突然有巨大的声响，一个小朋友说："有飞机来了。""哗"的一下，小朋友的注意力都被吸引了，纷纷奔向窗户，老师也随着孩子去看飞机。事后老师给我描述，她一回头，畅畅蒙着眼睛端坐在小桌旁。我们都很感慨这么小的孩子如何可以坚定地做自己。

到了小学，这样的时刻也是经常发生。同学们流行玩滑板，我鼓励畅畅积极参与，他明确表示不参与。过了一段时间，几乎全班同学人手一个滑板，他还是没有提出想要。我猜想可能他的协调、运动能力不足，害怕这样的活动会让自己气馁。有一天，他提出："妈妈，我们去商城看看滑板吧。"到了商城，他慎重地挑选了一个中档价位的滑板。回到家后，爸爸陪着练了两个小时，他就可以自主驾驭了。第二天早上，畅畅并没有带滑板到学校。我问："为什么不带呢？可以去学校继续练习，可以和同学们一起玩啊？"他回答："我会滑了就可以了，在学校我还可以玩其他的。"

他买滑板只是想自己拥有这样的技能，而对于是否融入小伙伴，是否和大家追逐一样的事物，他拥有自己的见解。在那个年龄，他已经开始喜欢独处。他不仅拥有独处的能力，还享受独处的时空。因此因疫情影响不能回家的这三年里，这份能力，让他不仅照顾好了自己的生活，同时还以专注的毅力完成了学业。

初中他进入一个不同于之前学校的更大的环境学习时，身边的小伙伴往往对他温和地说"不""我有自己的安排了"这样礼貌拒绝的方式感到好奇，也被吸引。青春期的畅畅不仅拥有自我，明晰界限，而且更好地融入了环境。在宝贵的青春期，他收获了友谊、收获了团队意志的力量，更收获了来自成年人的肯定。毕业后，他将孙老师的这所学校称为他上过的最好的学校之一。

他对环境没有任何的评判和挑剔，所以当他以怎样的态度对待一个环境，也从这个环境收获着同样的馈赠。

今天，当我和畅畅一起聊天、讨论时，我能看到他稳定的神情和毅力。老母亲的心是极其安慰的。当孩子在幼年时被允许做自己，被允许有自我的界限，他会更温和、更包容、更和谐地对待身边的人、事、物。当孩子懂得爱、获得爱、分享爱时，他的人生经历底色一定是温暖的、被祝福的。

在此，我将这本全新升级版《捕捉儿童敏感期》郑重地推荐给所有养育孩子的父母和教师。愿每个孩子能因为这本书，被养育者和成人陪伴者更好地理解和看见。他们的未来会和小秦一样，要独自走很长的路，要独立作出很多自己的选择，而童年时一个接一个被观察到和支持到的敏感期的发展，会帮助他们确定、有力地走下去，成长为完整、独立、自信，能迎接生命中各种际遇的、幸福的人。

李晓晶（畅畅妈妈）

2024 年 5 月

序二

能为《捕捉儿童敏感期》的再版作序，这在我们全家人看来都是莫大的荣幸。而这份荣幸之所以降临到我的身上，基于我的双重身份——敏感期理论的传播者，更是这一理论的获益者。

我与一群“爱和自由”新教育研究者和实践者一起工作，负责父母和教师的教育、成长培训，服务于儿童的父母和教师，并专注于此13年。这13年里，我见证了来来往往的家庭因为对敏感期的深入学习和把握，父母开始真正放松下来，他们从过去僵化的家长权威形象脱离出来，成为对新生命充满敬畏心和好奇心的观察者，成为深刻理解儿童、能拥抱孩子精神性生命的真正意义上的父亲和母亲。由于中国养育环境的复杂性，这一影响甚至延伸到了爷爷、奶奶、保姆和阿姨那里。

这个世界上，对一个新生命影响至深的，除了父母，还有教师。当教师们发现了敏感期现象并知道如何为不同的敏感期创设适宜儿童发展的环境时，就自然地从刻板、教条、充满了情绪化的“幼儿管束”的旧模式中彻底蜕变出来，成为孩子们成长的陪伴者，成为专注于新生命自我创造的研究者。

而我的另一个身份是7岁孩子的母亲。在7年的生活中，这本书就像一位手把手教我的老师，一位细细叮咛着的智者陪伴着我；它就像一幅生命的长卷，细致地刻画了那些最惊心动魄，却常被忽视，甚至误解的，生命自我创造的瞬间。

不论我知道了多少，头脑中懂得了多少，在生下自己的宝贝之后的许多年的时光里，我依旧在和孩子的相处中无意识地受着自身成长经验的局限。另外，和千万家庭一样，我也难以规避家庭中存在不同教育观的冲突，这甚至影响到了孩子某些敏感期的发展。

幸而我们一家人都有学习的意识。每当有所觉察，或者当我们对孩子的某些重复性行为难以理解时，再或者就在我们要开始为孩子的某些行为做评判下定义时……就会翻开《捕捉儿童敏感期》，对照目录，去有意识地寻找到那个可以指导我走出局限的、充满趣味的案例分享，找到孙瑞雪老师鞭辟入里，且富有情感和美感的点评文字，这帮助我们真正成为和孩子一同成长的人。此时回想起那些时刻，依然会不自主地长吁一口气，庆幸自己当母亲的时候，这本书已经面世。

如今，此书的简体版已再版 3 次，台湾地区的繁体版再版 2 次，并出版了简体精装版，累计销量近 200 万册，13 年来经久不衰，这是一个喜讯。祝愿在未来，每对父母，每位幼儿教师，都能拥有这本书，并爱上它。

最后，我想告诉所有已经拥有了这本书的人，在第三版中，增加了一篇崭新的文字——“再谈敏感期”，透彻地阐述了“敏感期”于人类进化中的不可估量的存在意义，你应该读到它，以此触碰到本书背后属于新人类的、宏大的教育精神。

刘明忆[①]

2017 年 5 月

① 孙瑞雪教育机构传播培训总监，同时也是一位7岁孩子的母亲。在与孩子一起成长的道路上，用行动实践着“爱和自由”的教育理念。本篇序是她为上一版《捕捉儿童敏感期》而作。

第一版出版说明

有多少父母知道，婴儿刚出生时喜欢看黑白相交的地方，而不是人们通常认为的彩球？婴幼儿喝了糖水后为什么拒绝再喝白开水？他为什么爱吃手，还对非常微小的东西感兴趣？他为什么不断扔掉手里的东西，你捡起来递给他，他会再扔掉？让他听磁带，他的兴趣为什么不在听上，而是在来回装卸磁带上……

这一切的背后，是一个黄金般贵重的概念——敏感期。

所谓敏感期，是指在 0 ～ 6 岁的成长过程中，儿童受内在生命力的驱使，在某个时间段内，专心吸收环境中某一事物的特质，并不断重复实践的过程。顺利通过一个敏感期后，儿童的心智水平便从一个层面上升到另一个层面。

通过 10 年的教育实践，以孙瑞雪为首的幼儿教育团队发现，敏感期得到充分发展的孩子，头脑清楚、思维开阔、安全感强，能深入理解事物的特性和本质。

孙瑞雪教育团队还发现，儿童敏感期也是有弹性的。0 ～ 6 岁的儿童，如果敏感期没有得到良好发展，到了 6 ～ 12 岁还会有弥补的机会。但是，这有个前提，那就是在 6 ～ 12 岁，儿童必须有一个充满爱和自由的成长环境。但现实是，在学习压力下，这个年龄段的很多孩子，既得不到 6 岁以前来自父母的宽容和疼爱，又得不到长大后成人给予的尊重。在纷乱的心绪中，他们孤独地成长着。

帮助家长了解孩子，让每个孩子在爱和自由中健康成长，是孙瑞雪教育团队 10 年来自觉的教育使命，也是本书诞生的前提。

本书收录了200多个孩子（0～10岁）敏感期的真实案例，所有案例由家长或老师记录，孙瑞雪点评。中外教育史上，这是第一次大规模、全面深入地揭示敏感期这一生命现象。它就像一把打造了10年的金钥匙，引领读者了解儿童成长的规律，破解儿童内心的秘密。

关于本书案例部分，要说明两点：一是为尊重孩子的个人感受，书里部分的孩子名字我们用了化名；二是本书收录的案例跨越10年，由于时间跨度太大，某些案例的记录者已经不详，这部分案例均以“佚名”具名。

4年来，当《爱和自由》在家长中广泛流传时，《捕捉儿童敏感期》即将出版的消息也不胫而走，在很多演讲场合，都有家长着急地问孙瑞雪老师：“那本讲敏感期的书什么时候能出来？我的孩子都要过×岁了！”

现在，这本书就到了您的手上。

2004年7月

如何帮助儿童顺利度过儿童敏感期……俨然一个育儿小专家了 ♡ 与孩子相处

这本书很实用，对孩子的敏感期都有具体的例子，孩子的敏感期转瞬即逝，把握好敏感期 ♡

很喜欢《

孩子在经历一个又一个敏感期♡

《捕捉儿童敏感期》解答了好多关于儿子的疑惑，

看了书里的迟到的口腔敏感期，豁然开朗 ♡

我们的很多育儿想法是错误的

出版 20 周年，百万读者热评精选

翻开《捕捉儿童敏感期》，看到书中增加了大量孩子敏感期的照片：从口的敏感期照片，到手的敏感期照片，到空间的敏感期照片……一下子对敏感期有了非常直观的认识，也很容易和孩子在生活中出现的行为进行配对。另外，看到这些孩子的生命状态真的很好！那么饱满、专注，让我们充分看到了敏感期对孩子生命发展的重要性。我也更加坚定，一定要充分地尊重孩子敏感期的发展！

——在路上

读《捕捉儿童敏感期》，欣喜地发现书中大量内容被充实了、丰富了。首先，看到新增了孙瑞雪老师对一些主要敏感期的专门阐述，如“儿童在用手思考”“空间、时间的敏感期”“人际关系的敏感期”等。读后深深地意识到，每个敏感期的发展对孩子的成长是多么的重要！然后，看到增加了许多新文章，而且看到每个敏感期都专门对应列举了实例，非常清晰、醒目。全书既有深入的理论阐述，又有大量典型、鲜活的实例，读后既有认识上的提升，又获得了实践上的指导。

——乐乐妈妈

该书是奉太太之命购买。太太每次阅读时都在喃喃自语，不时发出“噢，原来如此”“终于明白了”等感叹，边看边画杠杠，还将儿子的情况与书中的介绍进行对比，然后跟我一起分析儿子的种种“令我们头疼的事件”。在太太的引导下，增进了我对儿童教育的认识。在之后的日子里，我们夫妻俩按照书中的指引在儿子身上加以运用，并取得奇效。在太太言传身教的感染下，连她身边的朋友、同事、亲戚都受到启发，也在阅读此书和加以实践。

——豆豆bbmmlu

寸而感叹，不明白为什么孩子会这么做？读了《捕捉儿童敏感期》才明白 ♡
谢谢作者这么好的作品 ♡
《捕捉儿童敏感期》读来很有启发，这次买来送朋友 ♡
它也将重新改变孩子的人生 ♡
感期》，了解孩子不同阶段的敏感期 ♡
这本书，也在我的朋友圈中传阅着 ♡
有耐心和自信和孩子相处 ♡
让我们充分看到了敏感期对孩子生命发展的重要 ♡
给孩子充分的爱和自由 ♡

我强烈建议负责任的爸爸妈妈们读读这本书，因为我们的很多理念受原生家庭和社会的影响很深，很多想法是错误的。以前我们的父辈没有条件去学习科学育儿知识，难道我们这一代还要重蹈覆辙吗？这是一本很好的书，有大量的实例参考，让我们明白在孩子的各个敏感阶段我们应该怎样关心他们，帮助他们顺利度过敏感期。

——九头飞狼

每每和妈妈们谈论宝宝的变化时，我都会引用“敏感期”这个概念，继而给大家介绍什么是儿童的敏感期，有什么要注意的地方，如何帮助儿童顺利度过儿童敏感期……俨然一个育儿小专家了！

这本书，也在我的朋友圈中传阅着。妈妈们都努力在实践中验证科学育儿理论，而妈妈自己也是相当受益的。一些妈妈平时脾气暴躁，自从学习了育儿知识，知道体贴别人了，知道从别人的角度感受和考虑了。而由此衍生出来的益处又何止于此呢……

——zplxh

由孙瑞雪和她的幼儿教育专家团队编著的《捕捉儿童敏感期》一书，影响了千千万万个父母的育儿观，甚至可能影响到全中国未来的幼儿教育观念。它让上千万的孩子得到真正意义上的爱和自由，得以真正的生命成长，它也将重新改变孩子的人生。

一本好的书籍会给读者带来醒悟和启迪，而《捕捉儿童敏感期》会让你终身受益。

——智慧女孩

《捕捉儿童敏感期》是很受用的一本书，刚看了几十页就开始明白孩子之前那些看起来让人费解、抓狂的表现背后的意义了。给孩子充分的爱和自由，让他在充满正能量的环境下快乐成长成了我未来的使命。谢谢作者这么好的作品。

——Y***7

目 录
CONTENTS

第一章　3 个孩子的敏感期故事

第二章　0岁～2岁半

第三章　2 岁半 ~ 3 岁

自我意识产生　私有意识产生，明确指明“这是我的”。

秩　序　需要并保护一个精确且有秩序的环境。

分享成长

第四章　3 岁 ~ 4 岁

执　拗　秩序敏感期后，儿童形成了一种秩序的内在模式，一旦成人破坏了这一秩序，儿童就会哭闹、焦虑，表现出不可逆性。

第一章

3 个孩子的敏感期故事

0～6岁，儿童就是依靠一个接一个的敏感期来发展自己的。这一章中我们摘选3个孩子在某个阶段的成长过程，通过这些纵向的故事，我们可以对儿童敏感期有一个整体的了解。

第二至七章，按孩子年龄段编排，列举每一年龄段儿童主要的敏感期。要说明的是，这样的年龄段划分只是一个大致的划分，每个孩子的特质不同，所以敏感期在出现的时间上会有一些差别，这是正常的。

一出生，敏感期就开始了

主人公：畅畅，0 ~ 4 岁

世界就是味道

畅畅是冬天出生的。出生后四十几天，孙（瑞雪）院长来看畅畅。观察了一会儿，她说：“晓晶，你看畅畅在做什么？”只见他抬起手臂使劲往嘴边送，一次，二次，三次，都没成功，畅畅懊恼地“哼哼”着。

孙院长说：“他用手的敏感期来了。这种状况应该稍稍支持一下孩子，否则他会有挫败感。”畅畅努力了几下后，我们帮他把手送到口里，他立刻高兴得手舞足蹈起来。真神奇！

孙院长说畅畅的衣袖过长，棉袄太厚重，手不容易够到口。我们马上给孩子换了衣服。几天后，畅畅终于能顺利地把手送到口里了。

一天天过去，畅畅的活动能力越来越强，用口的机会也越来越多。100天的时候他开始频繁吃手指，几乎整天小手都在口里。吃完大拇指再吃食指，有时甚至把整个拳头塞进口里。

到会用手抓东西时，到手的东西必然要送到嘴里进行“检验”，畅畅口的敏感期延续了很久，家人、朋友甚至不认识的人看到他这样都会忍不住制止，每逢这时他就痛苦得又哭又喊。幸运的是我明白这一切，我会在畅畅“工作”的时候劝说大家不打扰他。

然后畅畅开始咬，见什么咬什么，把玩具咬得“嘎嘎”响。接着就是咀嚼、吞咽，再后来就开始吸饮料管，吃固体食物，还逐渐地学着发音。

有时我真担心。比如他要尝瓜子皮、栗子皮，咬笔帽，我总担心他咽下去造成险情，但又不敢阻止，怕影响他的学习过程，只能在旁边提心吊胆地看。但每一次他都会原封不动吐出来。有一次他吃了一口带皮的苹果，居然把皮吐了出来，把果肉吃了，真令人惊讶！

这一年里，我对那句教育名言有了更深的理解：孩子初始是用口来感知世界的。

李晓晶（畅畅妈妈）

孙瑞雪：

婴儿在喝过糖水后会拒绝喝白水。狗的婴儿（狗崽）也是这样。很显然，婴儿和小狗崽都会用口来品尝味道。

但是，婴儿用口来品尝味道和用口来认识世界是两个截然不同的概念。婴儿用口认识自身之外的各种事物和世界，也用口唤醒自己的身体，包括手和脚。

在最早，口全方位地被使用和自我训练，以便健全口的功能，口里什么都放，放到塞不下为止，再吐出。不仅如此，同时口还肩负着发现这个世界的工作，连“软”与“硬”这样抽象一点的概念，幼儿也都用口来认识。幼儿喜欢用口来分辨，打开每一个食品包，吃一口放下，再开另一包，再吃一口……我常常看到这样的情景：几盒不同的巧克力，几种不同口味的果冻，都被孩子打开了，吃一口这个，再吃一口那个。而成人的想法是：“吃完这一个，再吃那一个。”成人仅仅把它理解为吃，按计划地吃，并关注节约。这是一个社会系统的价值观念。孩子吃的目的是认识味道，了解外在，建构自我，这是一个生命系统的价值观。当成人强制性地要求儿童节约时，儿童生命的建构和内心的需求就会受损和不断地挣扎。

通过口而健全口的机制，通过口来认识世界，这个时期能持续到 6 岁以后，只不过0～6岁，尤其0～2岁是婴儿高度把注意力放在开发和使用口上。再大一些，满足口的需求依然是一种心理的需求，常常表现在玩了，还不能是一个完满的结束，玩了，吃了，才会画一个完满的句号。这个特点成人容易看到。随着其他敏感期的到来，通过口认识世界的方式就悄悄地“退居二线”了。

对　接

自畅畅出生以来，我经常对身边的人说：“这孩子太令我惊讶了！”真的，他的成长是如此迅速，发生的一切都像是早已安排好了。

畅畅9个月的时候，有一天，在幼儿园工作的大姐来我家陪他玩。过了一会儿，我突然意识到好一阵儿没听到儿子的声音，奔过去一看，畅畅正练习盖瓶盖呢，大姐在旁边扶着奶瓶。看上去他使了很大的劲儿才拔起瓶盖，又想努力盖回去，盖偏了就重盖，反反复复。我当时看了一下时间，这个过程居然持续了20分钟！

从这天起，他开始喜欢盖奶瓶盖，还学会了把笔插进笔帽里。当时正值夏天，各种各样的饮料盒、吸管成了他最钟爱的玩具。有些饮料盒的吸管孔非常细小，他的小手怎么也对不准那个小孔，插好几次才能成功一次，以至一插进去他就要长长地呼一口气，似乎刚才一直是屏住呼吸的。

中秋节过后，家里有了一个圆形的月饼盒，畅畅又把那个月饼盒玩了半个月。接着他又开始玩锅盖。我给他一大一小两个锅盖，他一手拿大的，一手拿小的，一会儿把大盖盖上，一会儿把小盖盖上。但小盖一盖就掉进锅里，他伸手取出来，很奇怪地看着。过一会儿看明白了，把小盖扔到锅里，又把大盖盖上。有趣的是，他的手始终拿着锅盖顶部的那个圆疙瘩，绝不会拿着锅盖边。

从盖奶瓶盖到盖锅盖大约持续了两个多月。不久前，我给畅畅买了一小瓶 AD 钙奶，畅畅居然把管扔掉，直接对口喝。回想起那段把吸管当宝贝的时期，真是不可思议。

那个敏感期已经过去了。接下来畅畅会有什么令人惊讶的进步呢？

李晓晶（畅畅妈妈）

孙瑞雪：

蒙特梭利的“圆柱体插座”就是为儿童的“对接”游戏设计的。在盖、插、拧……这些基本动作的重复中，儿童在建构手的组装能力，还在发展着最早的空间感觉（后面的章节会谈到）。

在这里，我要特别解释一下手的重要性。

在蒙特梭利看来，有两样东西和人的智慧紧密相关：口与手（在谈语言敏感期时会详细谈口）。当一个儿童能自由使用他的手时，手就成了智慧的工具。

首先，人通过手来占有环境。婴儿出生时第一个能运动的器官就是口，婴儿就用这个他仅能支配的器官唤醒了手——他不停地吃手，从而发现自己有手。可以想象，当婴儿第一次将他的小手放入口中时，肯定会有“开天辟地”般的惊喜。当幼儿第一次有意识地向外界物体伸出他的手时，他对世界的探索就开始了。

在真正使用手时，幼儿几乎是见圆的就拧，见方的就按，见线就拽，音响、电视机、洗衣机……都成为他探索的对象。随着空间敏感期的到来，幼儿在使用手的同时，还在建立空间的概念：他喜欢把外面的插进去，里面的抖出来；将磁带插入，关上；抽屉打开，拿出……反复进行。

宝贝，你的玩具呢

畅畅 3 岁半了，越来越适应幼儿园的生活。以前每晚睡觉时他会要求我讲故事、读书给他听，现在，他要给我讲他的朋友，讲老师，讲幼儿园。看着畅畅的笑脸，我感慨孩子的成长是如此之快。

一天，畅畅兴高采烈地从幼儿园回来，手里拿着一张“王牌”：“妈妈，看！王牌。”我蹲下来接过那张王牌，显然是一张玩了很久的王牌，不是畅畅的。“是谁的王牌？”“我的好朋友和我换的，就是用那个金箍棒换的嘛！”畅畅大声回答，一副得意的模样。这时我才发现昨天小姑给他买的那根金箍棒没带回来。

接下来的日子里我们开始遇到一些烦恼。每天早晨上幼儿园，畅畅都要带上好几个玩具。晚上回来时，有的玩具“失踪”了，有的变“陌生”了，不用问，要么送人了，要么和好朋友交换了。

一天清晨，他决定把那套玩沙子的工具带到幼儿园。下午接他时，我料定那套玩具拿不回来。果不其然，畅畅用它们换了一支破损的毛笔，还快乐地说：“妈妈，这是我好朋友换给我的，我好朋友说这个毛笔不但可以写字、画画，还能玩沙子，看！”然后用那支毛笔极认真地刷刷脚趾缝里的细沙：“妈妈看！它真好用。”我只好点头表示赞同，但心里有些不安，担心他在这个“交换”的过程中吃亏。

一天下午去接畅畅，远远看见他正在和明明交谈，神情非常认真。走近了，听到明明问：“你同意了吗？你说呀！”畅畅答：“同意，都说好了嘛！”看到我，畅畅说：“妈妈，我把我的枪和明明的碟交换。”明明问：“阿姨，你同意吗？”“畅畅的玩具，他说了算呀。”说完我就后悔了。那把玩具枪是一个朋友专门在上海给畅畅买的，价格昂贵。我知道不可以干涉孩子，但还是忍不住给他讲了一些道理。听了我的话，畅畅说他有个好主意，先互相交换两天，然后再换回来，我很高兴。第二天晚上我提醒畅畅，他说：“妈妈，我就想把枪换给明明。”我又讲了些道理，最后说：“这些都是妈妈的意见，枪是你的，你自己做决定吧。”畅畅沉默了一会儿，懊恼地说：“妈妈，你烦人，你不给我自由。”我愕然。

第二天，畅畅把枪带回来了。接下来的几天，他总会问家里的用品比如衣服架、电脑、杯子是不是他的，可不可以拿它们去交换。我认真地告诉儿子："宝贝，这个家里，你的玩具、书、衣服都是你自己的，电脑、电视等用品是属于我们三个人共有的，你的东西由你支配，共有的东西我们共同支配。比如说你要把枪换给明明，妈妈应该尊重你的意见，由你来决定，以后妈妈会努力做到，好吗？"我希望儿子能恢复他自由的心智。

一个晚上，家人正在看武侠电视剧，畅畅突然说："我的宝剑送给好朋友了，我没有了，我想要回来。"老公说："儿子，说话要算数，送给别人就不能再要回来了，你说呢？""那我想个好办法，明天我给他拿个玩具把宝剑换回来。"

我和老公相视而笑。

李晓晶（畅畅妈妈）

孙瑞雪：

我们学校有个规则：孩子遇到问题解决不了时，教师才能出面。因为价值观念的不同，常有家长来学校讲理。比如，一个孩子用一颗话梅换走了另外一个孩子的电子宠物；一个孩子用一颗掉了的牙换走了一辆遥控车。在成人看来，交换的东西价额差距很大，常担心自己孩子吃亏受骗。成人用社会系统的价值观念来评判生命系统的价值取向，就展现出了截然不同的价值观。在生命的成长阶段，儿童需要的是交换背后的秘密和感觉。这是最早儿童对物质世界物与物交换的发现，这个阶段，儿童还不能够判断出此物与彼物之间的各种差别，那是利益的关系。

大人有大人的得失标准，孩子有孩子的取舍理由。孩子只是在发现物与物原来可以交换，发现交换过来的物原来可以有其他的使用功能，这是透过交换获得的喜悦。老师常要安抚家长，要尽可能保护孩子之间的这种交易关系，直到他们的敏感期顺利度过。实际上，青春期到来前，孩子已经创造和建构好了自己，开始用已经创造好的自己面向社会，这时候自然就会领悟社会系统的规则了。

幼年如歌

畅畅就要4岁了。常有朋友对我说："早着呢，慢慢熬吧。"可我从来没有"熬"的感觉，怀着对孩子的爱、对生命的感激和对蒙氏教育的崇拜，时间飞一样过去了，畅畅在飞速成长。

在宽松的环境中，他的一些敏感期度过得很快，比如玩水、玩沙、语言、走路等。但也有几个敏感期过得很费劲。

我家住在3楼，每天回家都要经历这样一个程序：畅畅按亮每一盏楼层灯。我打开门，他再为我按亮家里的灯。有时忘了这个程序，畅畅会大哭，一定要我关了灯，等几秒钟，再由他重新按亮。喝牛奶更是如此：上床，脱衣服，坐进被子里，拿过瓶装牛奶，撕去外包装，用瓶盖扎一个小眼，用手把小眼抠成小洞，插入吸管，开始喝！每个步骤都不能变、不能漏，否则不仅仅是哭喊，还要重新拿一瓶奶。

一天中午，畅畅的爸爸非常累，吃完饭躺下就睡了。过了一会儿，我和畅畅也准备睡。一上床畅畅就不高兴起来，使劲拽爸爸的被子，用脚踢爸爸。我劝他，他不听。我突然明白了：每天睡觉我在畅畅的右边，爸爸在他的左边，今天爸爸睡在右边了，还盖着我的被子。我叫醒老公，让他睡回原位，盖上自己的被子。这下畅畅安静了。

接着就是追求完美的敏感期。这段时间畅畅最爱说的一句话是："从头来。"他喜欢看碟，影碟机一启动，在座的谁都不能做别的事，不能接电话，不能去卫生间，否则就要"从头来"。有一天我一个人陪他，我们"从头来"了12次！那一刻我真快要撑不住了，差点儿就要发火了。但我管住了自己。我知道，顺利度过"完美的敏感期"对孩子之后的一生非常重要。

如今的畅畅有许多优点，心态非常好，安静，顺从，快乐，充满爱。

李晓晶（畅畅妈妈）

孙瑞雪：

畅畅正处在秩序的敏感期。这个时期程序和秩序给儿童以安全感。如果程序和秩序被打乱，会给儿童带来内在的极大混乱和不适。

对这时的幼儿来说，世界是以不变的程序和秩序而存在的。这种程序和秩序进入幼儿内心，成为幼儿最初的内在逻辑。这就是儿童的思维，有时称“直线式思维”。后来，儿童的这种逻辑开始改变，逻辑核心被抽象出来，不改变，在此基础上，事物的形式可以变化，甚至千变万化。

敏感期，一个接一个地出现

主人公：孜孜，0 ~ 3 岁

照片墙的光影——视觉的敏感

孜孜在满月后的每天下午 4 点之后至黄昏时刻都会有一阵哭闹，每次哭闹时，家人就把他抱到客厅走走。

过完满月不久后的一天下午，孜孜又有一些哭闹，我就抱着他在客厅来回走动，发现孜孜渐渐停止了哭闹，将所有的注意力集中在客厅的照片墙上。他努力地抬起头，将头转向右方，眼睛紧紧地盯着照片墙看。墙上的照片是我怀孕 6 个多月时拍的一组光影效果的孕期照，在这组照片中有很多明暗的衔接和组合。我观察到这是孜孜自出生后除了喝奶以外第一次这么聚精会神，他将所有的注意力聚焦在这组照片上，好像发现了一个崭新的世界。他格外安静地看着照片墙，我意识到他可能对这些明暗的光影比较敏感。于是，我就拿了把椅子，坐在照片墙对面，然后将他的头靠在我的胳膊上，稍稍抬起，刚好让他可以看到正面照片墙，他就可以安静地看几分钟。

那段时间里，我会有意识地经常抱着他在照片墙那里走走。当然，在他哭闹时，只要在照片墙那里走走，或者在那把椅子上坐着，他就会认真而专注地看照片墙。这样的状态持续了两个多月后，孜孜就不愿意让我坐在这里了，他好像已经没什么兴趣了。因为他又有了新的工作，躺在摇椅上吃手。

刘红梅

孙瑞雪：

孜孜的行为体现了婴儿视觉敏感期的特点，这是他们对视觉刺激，如光影、颜色，特别敏感的时期。在这段时间里，孜孜对明暗对比强烈的照片墙显示出极大的兴趣，这不仅吸引了他的注意力，还促进了他视觉信息处理能力的发展。随着时间的推移和认知能力的发展，孩子会逐渐对初期吸引他们的事物失去兴趣，转而探索新的事物，如孜孜后来对吃手的兴趣，这是认知能力发展的自然过程。

口是认识世界的工具

孜孜大概在 1 个多月时，他用嘴巴啃着自己的手背，边啃边发出声音，口水流到了手背，湿嗒嗒的。他每天都乐此不疲地努力用嘴找手，由于一生下来就使用口腔，嘴总是有一种天然的主动力量。

一个多月后，孜孜不满足于只是用嘴啃手背，他想把整个拳头都塞进口腔里。无论嘴是多么主动，但他还是很难完成这个动作。他每次都会尝试 3 ～ 4 次，最多的一次连续试了 6 次，都没能完成。孜孜感到很挫败，哭得很伤心，我决定帮帮他，于是在他尝试了 2 次都没能塞进去时，我就用手推了一下他的小拳头，他终于可以把整个拳头含在口腔里了，无比享受地啃着整个拳头，专注而平静。

又过了些时间，孜孜只是将大拇指放在嘴里吸吮，吃手指吃得津津有味。

大概出生 4 ～ 5 个月时，孜孜开始吃自己的袜子、吃自己的脚丫。特别让我惊叹的是，他躺在床上能够精准地将脚丫放到口腔里，专注地吸吮。再后来就是吃袜子，这是孜孜在会爬之后最喜欢的工作之一。每天他爬着捡自己的袜子以及家庭中其他人的袜子，大部分情况下都是被允许的，这对于成人来说的确是一个心理、认知和生活习惯的挑战。我们能做的就是，给孜孜买了很多袜子，勤洗勤换。

在长牙之前，孜孜吃了很长一段时间袜子。我为孜孜买了很多各种材质的磨牙棒，孜孜没有太大兴趣，把玩两下就扔了，唯独对袜子情有独钟。

孜孜会爬之后，经常在地上爬着爬着捡起一个物品放进嘴里。在此期间，孜孜吸吮过我的脸、手，品尝过地上的烟头、树叶、石子、零食袋等。

1 岁以前的孜孜，当发现一个新的事物时，他都会把它放在口腔里，这就是口腔在生命初期的使命。孜孜用口唤醒了手、唤醒了脚、唤醒了自己的身体，同时也用口连接和感知着世界的一切。

刘红梅

孙瑞雪：

在口腔敏感期，孩子会使用口腔探索周围的世界，这不仅是因为口腔是他们感知环境的一种自然方式，也因为这一行为有助于他们的感觉发展和认知成长。

从孜孜的行为中可以看出，他利用口腔探索各种物体，从自己的手和拳头，再到袜子和脚丫，甚至地面的石子和树叶。这种行为帮助他建立对自己身体的认识，并逐步了解物体的质感、温度和形状，是他与世界连接的一种方式。随着孜孜对环境的探索逐渐扩展，他的认知和感知能力也在不断增强。

在这一敏感期，家长和照顾者的角色是至关重要的，既需要确保孜孜探索的安全性，又要帮助孜孜安全地满足口腔探索的需求，促进孩子认知和感觉发展的自然过程。

爱吃零食的孜孜

1 岁半的孜孜最近发现小区后门和前门各有一个小卖部，周末带孜孜在小区玩时，他拉着我的手径直走到小卖部的门口，跟我说："妈妈，好吃的。"然后他走进小卖部，直接来到柜台拿一个棒棒糖，再去收银台，示意妈妈买单。

1 岁 8 个月，我们搬到了另外一个小区，孜孜与姥姥去买菜时，很快就发现了小区里的零食店。在这个很大的社区里，有好几个零食店，孜孜总是积极地要跟着姥姥去买菜。买菜之前，孜孜总是会先去零食店逛一逛，每天换不同的零食店，在一周之内逛完所有的零食店。孜孜去了后会扫视一下，立刻锁定目标，拿上就走。每次购买的零食基本相似——各种包装的棒棒糖。我也会像所有妈妈一样，担心他吃这么多糖，影响身体健康。于是，我对他购买零食的需求进行了有意识的观察和了解，我发现每次去到零食店，他会选择之前没有品尝过的口味和包装，他能清晰地说出每个棒棒糖的口味（香橙味、蓝莓味、牛奶味、葡萄味、苹果味、巧克力味）。

我发现买棒棒糖时，香橙味、牛奶味、苹果味比较多，我就问他："你怎么很少选择葡萄味？"他说："妈妈，葡萄味太酸了。"我很好奇，他怎么这么清楚，于是姥姥和我讲到了孜孜之前一周每天都选择 3 个棒棒糖，他打开一个一个地品尝，把不喜欢的给姥姥吃，喜欢的留给自己。他品尝了所有的口味后，就每次要么选择香橙味要么选择苹果味。当我看到真实的孩子、孩子真实的需求以及孩子的成长时，我的恐惧和焦虑就消失了。

又过了一段时间，某天上午，我带孜孜去零食店时，孜孜跟我说："妈妈，便利店的棒棒糖最好吃。于是，我和他走进便利店，买了一根 12 元的棒棒糖，他品尝了一下说："妈妈，这不是我喜欢的味道，我愿意分享给你。"

不知什么时候，孜孜就不再选择棒棒糖了。再后来，孜孜爱上了薯片，了解了各种口味的薯片（番茄味、烧烤味、青瓜味、原味等）。

在 2 岁半的夏天，孜孜爱上了迷你版可爱多冰激凌，于是认识了不同口味的冰激凌。在某个炎热的中午，孜孜躺在沙发上吃着草莓味的迷你版可爱多冰激凌，边吃边感叹："妈妈，我吃冰激凌的时候，感觉很幸福。"

整理这篇文字时，3 岁半的孜孜又爱上了三明治，开始了对楼下面包店的探索。

刘红梅

孙瑞雪：

孜孜的行为可以看作是口腔敏感期的延续，尤其是在探索味道和食物方面。原始的口腔敏感期主要通过口腔探索物理世界，例如吸吮、咬和尝试各种物品。随着年龄的增长，孜孜通过尝试不同口味的棒棒糖，发展和细化自己的味觉偏好，这是口腔敏感期对味觉和食物探索的自然扩展；他在选择棒棒糖的过程中学习如何作出选择，并承担这些选择的结果，这是自主性探索的进一步发展；与家人分享食物，则是在练习社交和沟通技能。口腔敏感期的延续，使孜孜的认知、社交和情感技能等进一步发展。

涂润肤露、抽纸巾

孜孜在6个月左右时，最喜欢的事情是涂润肤露和抽纸巾。每天晚上给孜孜洗完澡涂润肤露时，只要润肤露放在他能够得着的地方，他就会眼疾手快，以熟练而迅捷的动作把一大罐润肤露迅速搬过来抱住，然后示意妈妈打开。打开之后，他就开始把手插在润肤露罐子里，将双手浸泡在润肤露中，然后咯咯咯地笑。将手从润肤露中拿出来后，他会涂在浴巾上、自己的腿上和脚上，有时候床单上也是润肤露，有几次润肤露用完了，当晚洗完澡没有涂，他就会很生气，哭着到处找。他对涂润肤露的兴趣持续了1年多。

2岁时，孜孜依然很喜欢洗完澡后涂润肤露，不过他并不愿意爸爸妈妈为他涂，而是喜欢自己给爸爸妈妈涂。每次他洗完澡，要涂润肤露时，他就会说："孜孜不要，给妈妈涂。"这时候，妈妈就会躺下来，将胳膊、腿和身上的皮肤都露出来，他会认真地给妈妈从头到脚涂上润肤露。

孜孜在1岁前还有一项特别喜欢的工作——抽纸巾。在那段时间里，餐桌上从来没有放置过1包完整的纸巾，他只要看到纸巾盒，就会打开，然后开始认真地抽，一张一张地抽出来放在旁边。抽完餐桌的纸巾后，又看到茶几上的纸巾，然后又开始抽。起初抽纸巾时，他的动作还没有那么熟练，当他抽不出来时，他就会拿着纸巾盒在桌子上磕（当我观察这个动作时，发现像极了远古人类的某些动作，好像在他没有方法之前，他都会这样做，要么磕、要么砸）。刚开始时，姥姥觉得很浪费，他抽出来后，姥姥立刻进行了归位。后来发现，归位后，他会立刻又抽出来。当我观察到他在抽纸巾的过程中动作越来越麻利、越精准时，我就为他提供了很多抽纸巾的机会，后来他学会了自己打开纸巾盒抽纸巾。在这个过程中，他的手部活动开始分化。

刘红梅

孙瑞雪：

孜孜的行为展示了他正处于手的敏感期，这是孩子通过手部活动提升精细运动技能、手眼协调能力，以及探索物理世界的关键阶段。通过频繁地涂抹润肤露和抽纸巾，孜孜不仅练习了抓握和操控动作，还提高了对物质特性，如质感和黏度的理解。

孜孜抽纸巾的喜好，还隐藏着他对空间关系的探索和理解，把里边的抽到外面，认证物体在空间中如何改变相对位置，发展空间感知能力，为下一个空间敏感期的探索做了准备。

此外，这些活动还帮助孜孜在社交和情感层面进行了发展，如给父母涂抹润肤露展示了他的关怀与自主选择。

爬上爬下——空间的敏感期

9 个月的孜孜每天爬上爬下，最喜欢爬到床边和餐桌底下，用尽全身力气往床上爬，但是由于家里的床比较高，上床对于他来说还有一些困难。上床对于孜孜产生的成就感比较小，但是钻进餐桌底下可是孜孜最有成就感的。餐桌总共配了 6 把餐椅，他喜欢在餐椅底下爬来爬去，并且坐在餐桌底下的地板上，妈妈和爸爸请孜孜出来时很难，因为他会端坐在那里无动于衷，直到妈妈或者爸爸也钻到餐桌下把他抱出来。

有一天，孜孜像往常一样又穿过椅子爬到桌子底下，坐在那儿，他可能想要更多地感受一下桌子底下的空间，他尝试着扶着椅子腿站起来，但是站的过程中头碰到了桌子。由于站的时候用力过猛，他的头顶上磕了一个大包，妈妈很快将孜孜从桌子底下抱出来。安抚了情绪后，孜孜很快又爬进桌子底下了。这一次他没有再站起来，而是像之前一样端坐在那里对着妈妈笑。自此之后，孜孜再也没有在桌子底下站起来过。

1 岁半时的孜孜喜欢让爸爸用垫子把他盖住，喜欢把自己裹住。爸爸知道他喜欢玩这样的游戏。一天晚饭过后，爸爸拿来一个拆完快递的纸箱子，然后让孜孜钻进纸箱子里，爸爸在客厅里推纸箱子，孜孜特别喜欢这样的游戏，每次结束都说："再来一次吧。"

2 岁 8 个月时，孜孜喜欢让妈妈陪着玩捉迷藏的游戏。每次玩捉迷藏时，他都会藏在书柜底下的柜子里，那个柜子有一扇门，他喜欢坐在柜子里，把柜子的门关上。妈妈在房间里找一遍后问："孜孜在哪儿呀？"他都会开心地打开柜门说："在这儿呢。"他总是能很好地把自己的身体安顿在柜子狭窄的空间里，让自己坐在那里很舒适，这也许来自对空间的感觉和把握。

刘红梅

孙瑞雪：

孜孜在 9 个月到 2 岁 8 个月期间的行为展示了他正处于空间敏感期。通过在床边和餐桌下的爬行活动，孜孜探索了不同的空间大小和形状，帮助他了解在各种环境中移动和适应；通过钻入狭窄的空间如餐桌下和书柜底部柜子，展示了孜孜对空间边界和自身体积的认识；通过捉迷藏等游戏，孜孜学习如何使用环境空间与他人进行互动，这不仅增进了他的社交技能，也加深了他对隐蔽空间的理解。

孜孜在探索过程中，探索和理解自身与环境直接的关系，如在餐桌下碰到头部受伤的经历，也学习到了空间限制和身体动作之间的关系，这是他对环境适应和自我保护意识的初步形成。

捡头发丝——细小事物敏感期

1 岁 7 个月的孜孜，突然变得很细致，总能发现很多我们成人看不见的物品。例如，在小区散步时，孜孜会捡很多从树上掉下来的小果子，开心地给妈妈看。

在家里，比较有趣的是，他总跟在妈妈后面或者蹲在妈妈旁边捡头发丝，妈妈由于产后掉发比较严重，所以孜孜总是轻而易举地从妈妈身边捡起头发丝，并跟妈妈说："头发。"

一天中午，妈妈陪着孜孜在工作区玩车，孜孜很安静认真地捡着垫子上的头发丝，一根一根地捡完后，好像还不满足，他又把垫子搬起来捡垫子底下的头发丝，然后把捡的头发丝都给妈妈看。妈妈立刻欣赏孜孜："妈妈发现你好细致，发现了这么多头发丝，并且把这里的头发丝都捡干净了。"孜孜很喜悦地说："我厉害吧，你给我点个赞吧。"妈妈赶快竖起大拇指为孜孜点了赞。

刘红梅

孙瑞雪：

孜孜在 1 岁 7 个月时显示出对细小事物的高度注意和兴趣，这是孩子处于对细小事物敏感期的明显表现，孩子的视觉敏锐性和对环境的观察力都在快速发展。

细心地捡起每一根头发丝，展示了孜孜对细节的关注以及在处理小物品时的耐心和精细动作控制能力；在完成捡拾任务后向妈妈展示成果并寻求认可，这不仅增强了孜孜的成就感，也是他社交互动和自我表达能力的发展；通过与环境中的小物品互动，孜孜学习了如何操作和管理这些物品，这是他对物理世界理解的一部分。

这一时期的敏感性对孩子的认知发展非常关键，它不仅帮助孩子练习细致的手部动作，还增强和发展了儿童的注意力集中能力，同时也培养了他对周围世界的好奇心和探索欲望。

对秩序的要求——秩序的敏感期

2岁的孜孜总是有很多发脾气的情绪，因为他对生活中秩序的敏感和要求，不能总是如他所愿。

晚饭后，我和孜孜爸爸带孜孜下楼去散步。已经走到电梯口的孜孜突然大哭，吓了爸爸一跳，以为孜孜哪里不舒服了。我耐心地询问孜孜："请告诉妈妈，发生了什么呢？"孜孜边哭边挣扎着说："姥姥还没有来呢，我要一家人一起下楼散步。"这时，在客厅的姥姥闻声赶来跟孜孜解释："姥姥要换一下垃圾袋，打扫一下卫生，等会儿下楼。"听完姥姥的解释，孜孜的脾气更大了，边哭边往客厅跑："我不要，一家人一起下楼。"我问孜孜："你做一个选择，是我们等姥姥换完垃圾袋一起下楼？还是我们先下楼在下面等姥姥？"孜孜想了一下，愉快地说："我要等姥姥，一家人一起下楼。"在孜孜的要求下，长达2个多月时间，我们都是一家人齐齐整整地在一起度过晚上散步时光的。

2岁8个月的孜孜上幼儿园了。因为我拥有双重身份，既是幼儿园老师，又是孜孜妈妈，陪园期间，我带着孜孜熟悉了幼儿园环境，也向孜孜介绍了我工作的办公室。接下来每天分离后，孜孜都会叮嘱我："你去办公室工作吧。"有几次，我在幼儿园的院子里工作，孜孜看到后大哭说："妈妈，你要去办公室呀，你在办公室工作。"我告诉孜孜："妈妈有时候也会在幼儿园院子里工作。"听完之后孜孜不能理解，哭得更厉害了，而且非常焦虑。每次与我分离时，孜孜都会说："妈妈，我要看着你去办公室，你要去办公室工作。"只要看到我去了办公室的方向，他就很放心、很安然地跟老师一起去班级。

3 岁半的孜孜对玩具车的摆放有自己的想法和摆放秩序的要求。将近 3 个半月的时间，家里的地毯上、孜孜工作区的垫子上，摆满了各种玩具车。这种景象对于有洁癖倾向的爸爸和爱干净的姥姥来说，是近阶段最大的苦恼。孜孜有两个要求：一是摆放好的玩具车，不允许其他人碰；二是玩具车的摆放必须按照他的思路和秩序。对此，他很敏感、很警觉。

晚上在卧室，马上要睡觉了，他只要听到客厅有车响一下，会立刻问："妈妈，爸爸弄乱我的车了吗？"他都要立即起来出去看一下车是否乱了。

我很好奇，他的玩具车的摆放是不是有什么规律。我观察到，有的车是按类别摆放的，有的车是乱七八糟摆放的。于是，我问了孜孜："你的这些车为什么这么摆放？"

孜孜说："这是消防局呀，消防车要放在一起，要在消防局里。"我立刻明白了。

看到旁边有警车系列，我问："那这些车为什么摆在这里？"

孜孜说："这是警车呀，110。"

"哦，原来你按照功能进行了分类。这么多车乱七八糟地放在这里，占用了家里的公共空间，妈妈和你一起归位整理一下，好吗？"

孜孜说："这才不是乱七八糟，这是一条公路，这些车都行驶在公路上。要是发生交通事故了，就要打 110。要是车着火了，就要打 119。警车和消防车正在等待救援呢。"

我明白了，原来这三种摆放方式是有关联的，孩子有他内在的秩序和逻辑，并不是我们成人认为的乱七八糟。

刘红梅

孙瑞雪：

孜孜从 2 岁开始表现出对生活中秩序的高度敏感性，这反映了他处于秩序的敏感期。在这个阶段，孩子对日常生活中的规律和一致性有强烈的需求，任何偏离他们预期的秩序都可能引起他们的不适或情绪反应。

坚持固定的家庭活动，可以保持孩子心中的秩序感，比如坚持看到妈妈进入办公室后才能安心，这反映了孜孜对环境中人物位置的敏感性，以及对日常例行公事的依赖。再比如，对玩具车的摆放有明确的规定和分类逻辑，并且不允许其他人改变这一秩序，这显示了孜孜在尝试掌控自己的环境，以及他在理解和实施分类和组织的能力。

这一阶段的敏感期对孜孜来说是理解世界、形成逻辑和秩序感的重要时期。

你要经过我同意——自我意识的敏感期

2岁的孜孜和姥姥去公园玩。回家后，姥姥告诉我孜孜在公园打了别人。我详细地了解了事情发生的经过：孜孜拿着铲子在那里玩沙子，这时从远处走来一位小朋友，小朋友喜欢孜孜的玩沙工具，正要靠近孜孜时，孜孜就拿着铲子打了他。

1岁9个月开始，孜孜就对将要靠近他的人产生了一些敌意，当别人要靠近他的玩具和身体时，孜孜会用手推开别人或者打别人。因此，我跟姥姥说，最近的孜孜不太适合交往，建议不要带着他去与别人玩或者交往。

2岁2个月的孜孜开始对每日餐桌上的饭菜有占有的意愿，会指着餐桌上所有的菜说："我的，这是我的。"其他人夹菜时他会哭着说："这是我的，我不同意。"我告诉孜孜："这是大家的。"他哭得更伤心了，还边发脾气边说："不是的，这不是大家的，这都是我的。"我认为这个阶段跟他建构"大家的"这个概念有点难，因为他将所有的意识都聚焦在"我的""我拥有"。他在全身心地感知"我的"。所以，我换了一种方式，每天在所有食物出锅前，给孜孜单独盛一盘，并且告诉他，这是他的，其余的部分是大家的。很快，他就愉快地接纳了。

3 岁半的孜孜，对自己身体的归属感意识很强，在不断地体验：“我的身体是我的，你不可以动。”有一天晚上，爸爸给孜孜洗澡，我在客厅听到孜孜在浴室大哭着喊：“妈妈，快来呀，爸爸没有经过我的同意，给我洗头，太粗暴了。”我走进浴室，爸爸无奈地看着我说：“什么呀，我都没动他呢。”他说：“爸爸，你需要向我道歉的。”爸爸跟他道了歉后，我问他：“妈妈给你洗，可以吗？”他欣然答应。

“你同意我给你洗头吗？”

“同意。”

“你同意我给你洗胳膊吗？”

“同意。”

“你同意我给你洗肚子吗？”

“同意。”

身体的每个部位一一经过他同意后，今天的洗澡终于完成了。

刘红梅

孙瑞雪：

孜孜在 2 岁到 3 岁半期间的行为，反映出他正在经历自我意识的敏感期，他对自己的物品、自己的空间、自己的身体有明显的所有权感和控制需求。

孜孜在公园中对玩具的占有以及对其他小孩的敌意，说明他对自己的物品具有强烈的占有欲。这种行为在孩子中很常见，特别是在他们开始意识到自我与他人的区别时。

在餐桌上，孜孜坚称所有的食物都是自己的，这显示了他在食物共享方面的困难。他的这种行为表明他正在探索和理解个人与集体之间的界限。

到了 3 岁半，他要求在进行任何身体接触前要得到他的同意。这种行为是孩子发展中对自身独立性和自主权认知的重要标志。（这也是“身体的自我”从刚出生无意识的唤醒到有意识的开端。我们在后续的“螺旋状敏感期”一章中有详细介绍，在阅读时可以参考这个例子。）

这些行为表明孜孜正在学习如何界定和表达自己的需要，同时也在试图理解和操作属于自己的空间和物品。对于家长和教育者来说，尊重孩子的身体自主权，通过沟通和协商来进行身体接触，这有助于孩子建立自信和安全感。

八个典型的敏感期

文◎孙瑞雪

通过孜孜的敏感期发展，我们基本看到了3岁半以前儿童敏感期连续发展的一个状态。我对以上八个敏感期做一个总结。

• 视觉敏感期：这是孩子对光线、颜色、形状和运动等视觉刺激极为敏感的时期，关键在于视觉识别和视觉处理能力的发展。

• 口的敏感期：在这个阶段，孩子倾向于通过口腔探索世界，这有助于他们的味觉发展，以及对环境中物体的基本理解。

• 手的敏感期：这一时期内，孩子通过使用双手进行各种操作，发展精细运动技能和手眼协调能力，这对后续的写作能力和自我照顾能力发展至关重要。

• 空间的敏感期：孩子在这一阶段对空间的布局和方向变得更加敏感，通过探索不同的空间来理解自身与环境之间的关系。

• 细小事物的敏感期：在此期间，孩子对小物品显示出极高的兴趣，这表明他们的观察力和注意力在提升，对细节的关注有助于认知和科学探究能力的培养。

• 秩序的敏感期：孩子在这一时期对生活中的秩序和规律表现出强烈的需

求，需要稳定和可预测的环境来感到安全。

- 自我意识的敏感期：孩子开始意识到自我独立存在，学习如何表达个人需求、界定个人空间，并理解“我”和“我的”概念。

- 身体自我的敏感期：随着自我意识的增强，孩子对自己的身体有了更深的认识和控制欲望，他们开始要求在身体接触前得到明确的同意，这有助于自尊和自信的建立，以及自我保护能力的提升。

这些敏感期的发生通常与孩子的年龄和成长阶段相匹配。

以上八个敏感期，是非常典型的敏感期。孜孜的妈妈是一位幼教工作者，有着非常好的关于敏感期的专业知识，由此对敏感期的把握非常到位。所以我想就这些敏感期的特点再做一个阐述，以便所有的父母能够更好地把握孩子的敏感期。

这些敏感期的发展有如下特点。

- 发展的最佳时机：敏感期体现了儿童对特定领域内自发的高度敏感和兴趣。在这些时期，孩子由内在的驱动探索和吸收相关的知识和技能，表现出显著的热情、自然的兴趣和高效的吸收能力。

- 阶段性和暂时性：每个敏感期都是暂时的，通常与儿童的年龄和成长阶段密切相关。一旦特定的发展任务完成，敏感期会逐渐消退，孩子的兴趣可能转移到新的发展领域。

- 关键性的行为模式：在每个敏感期中，儿童会展现出特定的行为模式，这些行为模式旨在最大化他们的学习和探索。例如，视觉敏感期中的孩子可能会对光影和颜色特别感兴趣，而手的敏感期的孩子则会不断地尝试抓握和操作小物件。

- 自我驱动和探索：敏感期中的孩子表现出强烈的自我驱动力，他们主动探索和实践以满足自身的好奇心和学习需求。这种自我驱动的学习特别有效，因为它是出于孩子内在的需要和兴趣。

- 社交和情感发展的影响：敏感期不仅影响认知和物理技能的发展，同样对社交和情感发展具有重要促进作用。例如，自我意识的敏感期帮助孩子建立自我概念和自尊，而秩序的敏感期则教会孩子如何理解和适应社会规则。

• 环境的适应性和敏感性：敏感期中的孩子对环境变化显示出高度的敏感性，这使他们能够快速适应并从环境中学习。家长和教育者提供的支持和资源可以极大地影响孩子在敏感期中的学习效果。

迟到的敏感期，一个个补上来了

主人公：缇缇，2岁半～5岁

孩子忧郁了

女儿是个极度敏感的孩子，一般孩子注意不到的细枝末节，在她眼里就可能被放大成参天大树。我很早就意识到了这一点，但一直错误地以为这么脆弱敏感的孩子一定要多多磨炼。我就自以为是地一直在磨炼她，好让她变得泼辣一些！

女儿2岁半时，我们搬家了。大人当然高兴，但对女儿来说，看不见熟悉的物品，看不见熟悉的邻居和小朋友了。她曾哭着求我们把家搬回去，这当然不可能。我丝毫没有注意到女儿渐渐忧郁起来的眼神。

现在想来，女儿受的最致命的打击是3岁刚上幼儿园的第一天。那天，她带着最喜爱的图画书《红宝盒》到了幼儿园。下午接她的时候，我发现女儿的眼睛哭得又红又肿。她说图画书被老师没收了。我小心翼翼地跟老师商量："明天就送女儿来半天吧？"那位班主任老师说："这样太惯着她了，你也是当老师的，这个道理你还不懂吗？"第二天，当女儿用绝望的眼神哀求我别送她去幼儿园时，我不为所动，自以为那是对她的锻炼，只要坚持送，就能改变她的敏感多虑。

从那以后，女儿开始出问题了：憋尿越来越严重，也越来越不爱说话，即使面对妈妈。我常在晚上摸摸她的小枕头，湿湿的！但她再也没有放声大哭过。

她小小的心灵到底受过多大的创伤？我不知道。现在想来，那段日子对女儿来说一定是暗无天日的。同样的经历不一定给别的孩子留下阴影，但女儿从此陷入了恐惧中。而我却在无知中毫不留情地把她推得更远。假若时光能够倒流，我一定毫不犹豫地带着女儿搬回旧家！一定第二天就带着女儿退出那所“双语艺术幼儿园”！

后来接触到爱和自由教育理念，我才明白，敏感的孩子需要更细心的理解和呵护、更多的爱和自由。如果妈妈都不能成为她最后的安全港湾，那她脆弱如丝的心灵还能从哪儿得到抚慰？对一个孩子而言，当四面八方都无出路，她又怎能不把自己封闭起来？

康立新（缇缇妈妈）

孙瑞雪：

如果你用你的眼睛看到的是一个生命，你关切这个生命，你就会从孩子的角度看孩子，用孩子的眼睛来看世界，生命就会受到尊重。你不能为未来打造一个人，孩子不是一个东西和物件。我们只能陪同孩子走过眼下这一步，而且是快乐地走过。这是爱。我们要把这些慢慢剥离开，使我们开始关注觉察到我们的生命，而不是关注我们对未来的恐惧。

我们有一个根深蒂固的观念：孩子要锻炼、摔打，这样才能培养出坚强的、有出息的人。我们有意对孩子严厉，有意让孩子吃苦，有意伤害孩子。这个似是而非的观念给多少孩子带来了苦难和创伤？

每个父母都是爱孩子的。这是一个极好的理由，所以当孩子出了问题，我们应该自省而不是浪费时间去悔恨，然后开始学习爱，并实践爱，这是我们唯一可以做的。孩子因此就有了成长的机会。

缇缇的手

缇缇有一双非常漂亮的手，手指又细又长。

但在 3 岁时，她的手出现了问题。她总爱将手指单调地放在眼前晃动着，同时自言自语。她不断重复这种刻板的动作时，整个人经常像丢了魂一样。我想不通心爱的女儿怎么会这样?

来到爱和自由的学校后，缇缇的手渐渐恢复了自然状态，晃动手指的行为不见了，自言自语也很少了。

原来我极爱干净，可以说有洁癖，每天都把家打扫得一尘不染，缇缇的手每天都是干干净净，她的手从没有自由运用过。马老师告诉我，让她工作，她的手才能慢慢恢复正常。

我从小摊上买了一个沙包，缇缇每天都把它放在手心里，反复触摸很长时间；我们把米、面、豆子盛在小盒里放在地上，她跪在地上抓呀、撒呀，一玩就是一两个小时，她的手似乎在寻求着从未有过的满足。

与此同时，缇缇的心扉也在慢慢敞开。她哭着说出了以前从未说过的事：在原来的幼儿园，她曾因尿裤子挨过老师的打。我无法想象那时的缇缇该有多么恐惧和无助!

我终于明白，一个没有爱的幼儿园，无论它多么高级，也能毁掉一个敏感、脆弱的孩子；一个缺乏自由的家，无论它多么洁净，也很可能给孩子的成长带来灾难。

康立新（缇缇妈妈）

孙瑞雪：

本文作者提出并解答了一个问题：为什么有些孩子有多动症？为什么有些孩子不快乐？为什么很多孩子表情僵硬、木然？为什么有的孩子“自闭”了？

我们经常看到，有的学校把“环境高档、设备先进、教学有特色”作为学校的广告语，唯独不提人文环境，好像里面活动的不是一个个活泼可爱的孩子，而是一个个学习机器。

当父母开始关注孩子生命的成长，学会了爱孩子，就具有了判断学校以及老师状态的能力。这个时候，孩子的整个生存处境才会得到真正的改善。

迟到的敏感期接踵而至

缇缇3岁10个月了。进入孙瑞雪老师开办的幼儿园1个月左右的一天，她把家里所有的东西——书架上的书、橱子上的玩具、衣柜里的衣服、鞋架上的鞋子、厨房里的碗碟，所有能摔的东西通通摔在地上，然后在满地狼藉中满足地走来走去。这种“行动”持续了一个星期后就停止了。继之而来，她又开始喜欢抓、摸、捏、揉、切——抓米、抓沙、玩水、玩面、玩豆子、切菜等，这样又过了整整2个月。

这期间，缇缇慢慢迷上了剪纸，但大都是乱剪一气。每天早晨起床以及每天回家的第一件事就是去拿剪刀，剪一大堆碎纸。这样乱剪了1个多月，忽然有一天，缇缇开始喜欢按线剪了。她要求妈妈画各种线、图案，她顺着线剪出各种简单的图形。后来开始剪越来越复杂的图案。春节回老家，缇缇剪的蛇形曲线粘满了整整一面墙。

这个学期，她剪纸的兴趣开始淡了，喜欢上了涂色。刚开始她用一种彩笔随心所欲地涂，后来喜欢把所有的物体都涂成五颜六色。现在，她会很好地设计、搭配颜色了。

最近，缇缇的词语似乎也丰富起来，经常语出惊人。她把姥姥称为“乡巴姥”，把姥爷称为“乡巴爷”，还摇晃着脑袋说：“我要做主宰万物的上帝！”

楼下的小男孩想跟她要好吃的，她一本正经地说：“多可惜呀，我不愿给你拿。”我带缇缇下楼，小阿姨谎称要追上我们，缇缇大叫：“妈妈，大事不妙了，阿姨会抓住我们的！快跑！”《白雪公主》里有一个词“大事不妙”，她就借用了。

一天，我买了油桃。缇缇边吃边说：“一种桃，没有毛，它的名字叫油桃。”现场编起了顺口溜。

如今的缇缇，每天都开心而满足。作为妈妈，我真是心花怒放。我那自我封闭的女儿，在爱和自由的环境下，3 岁前几乎流失的敏感期竟这样迅速地一个个接踵而来。

康立新（缇缇妈妈）

孙瑞雪：

缇缇补敏感期像补功课一样，急切地一项接着一项。弥补敏感期需要条件，需要爱和自由的环境，需要规则，需要把儿童的心智拉回来的工作条件，使儿童回到成长的轨道上。在爱的包容下，被压制过的儿童会获得心理上的疗愈；在自由中儿童逐渐放松和解放，逐渐打开自己的心智，走向正常。

缇缇几乎是从几个月大的敏感期开始补起——把东西拨拉到地上，将一物和另一物分离开……使用手去抓握……直到画、剪、涂色……以及语言的敏感期……几乎是一个奋不顾身的强补过程。

这是那些敏感期错过、成长滞后，甚至被判断为“自闭”的孩子重新成长的极好的例证。

首先，缇缇的变化来自缇缇妈妈的努力。她以一种母爱的力量，完全转变了自己的意识，她了解了孩子生命的需求，从人性的角度重新审视自己和孩子，走过了一段痛苦、孤独、坚持不懈的成长之路，因此才带来了孩子彻底的变化。

其次是这所幼儿园，是一个成长和意识进化的平台。在这个平台上，它带领孩子、老师、家长一起成长，因此这个环境也成为至关重要的条件。

最后是这个孩子，我们该给予孩子怎样的信念（而不是信心）呢？因为环境变了，没有人强制孩子，孩子自我恢复的机制就自发地启动。而无法预计的巨大潜质，就存在于每一个孩子身上。要清楚的是，这种敏感期的补偿，是基于孩子内在自发的需求，是环境放松、安全后，孩子内在障碍释然后，回归成长轨道的自愈过程。信念就存在于每个生命中。

这是每个儿童都要经历的敏感期或称必要的敏感期。如果没有经历或者错过了，只要不超过6岁，在爱和自由的环境下，就能补上。过了6岁，还有机会吗？如果父母愿意改变自己，成长就会再开始，只要生命存在。缇缇、缇缇妈妈给了我们和许多家长巨大的信心。

缇缇的巨变

凡知道女儿以前状况的人，现在再见到她，都会惊讶于她的巨变。现在的缇缇，不再是以前那个不说话、表情木然、对别人的问候充耳不闻、忧郁恐惧、胆怯退缩、注意力不集中、从不表现自己意志的小姑娘了！她的表情一天天自然起来，兴趣一天天广泛起来，话多了，注意力也开始集中了。

缇缇也知道自己现在和以前很不一样，她说：“我以前一点都不幸福，现在，我最幸福了！”

她在电话里对爸爸说：“爸爸，你快来吧，你那里不好玩，我这里才好呢。”她自豪地对我说：“老师最爱我呀，因为我最棒！”

她喜欢老师，喜欢小朋友，喜欢学校，甚至格外喜欢吃学校的饭。如今，她经常跟马老师、杨老师开玩笑。就在前几天，当我看到她跟贝贝快乐、自如地交往时，我高兴地流下了眼泪。我梦寐以求的情景竟然实现了。

这些天每晚临睡前，缇缇都要我回答她一连串的问题：“妈妈，你以前为什么只看着别的小朋友，不看我？”“你以前为什么扶那个小弟弟童童滑滑梯，不扶着我？”“你以前为什么还搂着托托哥哥？”

奇怪的是，这全是缇缇 3 岁以前的事，她竟然如此深刻地记在脑子里！

我一一回答她。她对我的回答还算满意，但仍然反复问，期待着我同样的解释。我问她："这个问题我已经回答 20 多遍了，还需要再说吗？"缇缇说："妈妈回答 13 遍还要回答，回答 80 多遍还要回答。""13"和"80"在她看来都是很大的数目。

平时，她爸爸不常来孩子上幼儿园的城市，家里只有我、缇缇和小阿姨 3 人。有时，我正跟小阿姨说着话，缇缇会插进来，站在中间质问我："你在跟小阿姨说什么？不能跟她说！什么都不能说！"

可笑的是，我们一起买东西时，如果小阿姨帮我提东西，也会引起缇缇的忌妒："你不能提我妈妈的东西！不能帮我妈妈提！"可怜我只好"故作坚强"地自己提。

前几天，5 岁的皮皮来我们家玩。一听到我或者小阿姨跟皮皮说话，缇缇便醋意大发，怒不可遏地大喊："不能跟皮皮说话！不能跟他玩！"我和小阿姨因此特别注意，小心翼翼地照顾皮皮，不让她发现，而缇缇竟像个小侦探一样，仍会抓住我们的蛛丝马迹，一旦抓住就责问我们："你是在帮助皮皮吗？""你想陪着皮皮？不行！"

有时，缇缇试探我："妈妈，你只是爱别人一点点，你爱我最多。"我不知道其中有诈，就说："对呀，就是这样的。"缇缇立即急哭了："不！你一点点都不能爱别人，全都得爱我！"

缇缇明显地爱哭了，多愁善感了。有时她会严正地警告我或者小阿姨："我发现你爱我有点少了！"

想想以前那个不表达自己、表情木然的缇缇，我真是感慨万分！当她敞开心扉、拥抱这个世界时，当她情感的敏感期到来时，她需要的爱可能永不嫌多，我要给的爱也永不觉够。

康立新（缇缇妈妈）

孙瑞雪：

真的有“吃醋”的敏感期吗？真的。普遍吗？普遍。这就是忌妒，是儿童很早要面对的内在情绪的一种，也是“占有”敏感期的一个延续，是自我形成的一个过程。

儿童出生时，并不知道妈妈是个独立的个体，而且儿童是把母亲物化的，认为父母是神，什么都可以做，不知道妈妈也有自己的需求，看不到成人个体的需求。

儿童在两三岁的时候，会说：“我的妈妈。”看到妈妈照顾别人，会哭，会把妈妈拉过来，把妈妈作为一个整体的人来看待，妈妈“全部”是我的。

但过了5岁，儿童情绪已经成长起来，最初的占有，已经从“我的妈妈，我的被子，我的包包”，从“我的”占有物中走了出来。因此，开始关注和锁定在最重要的情感问题上：爱，情感的敏感期悄然来临。孩子开始了对妈妈部分的占有，而不是全部，重点是妈妈情感部分的、爱的占有。一旦获得了妈妈的爱的满足和依恋的充分回应，独立的步伐就会迈出。这正是孩子情感世界的基础。这个阶段没有很好地度过，成年后，就依然要全然地占有对方，否则就认为“你不爱我”。

有没有发现，5岁多的孩子可以自愿自主地离开妈妈，独自留在别人家玩一阵了。这实际上是在说：“我离开了你，太不安全了。但有妈妈的爱，我试着离开并且可以离开得久一些。”但和妈妈在一起时，就会反复试探：“你还爱我吗？”“我丢了，你会找我吗？”“你会让要饭的把我带走吗？”“你究竟有多爱我？”“你只爱我一人吗？”儿童喜欢反复问，反复让妈妈承诺，反复听，反复感受。直到有一天，当你说“妈妈爱你”，孩子开始说“你烦死了，我已经知道了”，这是一个走向独立的信号。

感觉一下，这像不像成人谈恋爱时，有些浪漫期男女的表现？女人永远在问：“你有多爱我？”“你更爱你妈，还是更爱我？”而男人却说：“你是我的。”占有让儿童感到满足和安全。反复地感觉爱正是儿童成长和走向独立的动力。但长到成人时，还是这样的心态，这实际是儿童情感敏感期的延续，是儿童化的表现。

儿童需要爱，终究的目的是走向全然的人格的独立，表现形式却是占有和依恋。这往往会使父母误解儿童，认为儿童黏人，太不独立了。对妈妈爱的依恋，是为不再依恋妈妈的爱，为离开妈妈做准备。对缇缇来说也是这样。她的安全感还不很稳定，首先需要大人悉心地照料和呵护，在这种呵护的感觉中逐渐确定爱的情感。

我们试图从成人的经历和角度来理解儿童，但不管你如何理解，获得爱对于儿童和成人依然有着不同的结果。当一个成人不断需求伴侣的爱，不断重复要对方说："你究竟有多爱我？"是否也会像儿童那样逐渐独立自主起来？会有一些，但这一成长必须是在成人有觉知的情况下来完成。否则恋爱的浪漫期一过，这种体验和关系就结束了，关系就纠结起来。这正是成人弥补童年缺失的困难所在。另外，童年是自然设置给人类的成长关键时期，而成人的成长任务已经不同，这个自然法则的错位，也使成人难以清楚自己是在弥补童年的缺失。

儿童却全然不同，获得足够的爱，儿童会在和父母的关系中独立出来。独立表现在所有的地方：心理、精神、人格，包括爱本身；也包括未来建立的关系：伴侣和婚姻。这样长大的孩子，懂得爱但不强求爱，给予爱但不乞求爱，在关系中既可以独处又可以共处。如果两个都成长良好的成人谈恋爱，就绝不是今天我们常看到的"成人的儿童化"的问题了。他们的婚姻质量和相处方式会截然不同，对孩子的爱也会截然不同，他们的后代也在父母健康的关系状态中得以进一步的改良。

我们如何做呢？

我看过一部电影，讲的是奥运会的创建者的故事。五六岁时，他的妈妈生下了弟弟，他站在楼梯上看着妈妈关照新生的弟弟，他沉默着躲在一角，郁郁寡欢。妈妈看懂了孩子的内心，走过去对孩子说："无论何时，妈妈都爱你；但是弟弟很小，如果没有成人的照顾，他会死去的。你能理解吗？”孩子释然了，心里不再有结。

在有了第二个孩子时，或者有两个孩子，你爱的能量要被分为两份，孩子是明白的。两个孩子之间的竞争是再正常不过的了，孩子争夺的目的是获得爱，获得爱的目的是成长。因此父母所做的就是如何给到足够的爱，如何让两个孩子之间有爱，可以互相支持。

如果孩子问：“妈妈，你最爱谁？”回答当然是“最爱你”。不用担心，这个阶段获得满足后，就会过去。如果孩子忌妒你关注其他小朋友，这也是孩子情商发展的机会。你可以有无数个回答的方式，原则是让孩子知道，感觉到：我的妈妈永远爱我。让孩子确定这种爱，并固化在孩子的生命中。像拜伦的诗歌一样：“雅典娜的少女呀，你是我的生命，我爱你！”

给孩子说“情话”，怎样说都不为过。当然也可以说：“你期望妈妈照顾一下你的朋友吗？照顾你的朋友，也是因为爱你。”或者抱起孩子，告诉孩子，“喜欢”和“爱”不同。我们每一个人都要照顾一下环境，你也要照顾你的朋友、照顾花、照顾你生活中的每一个生命和东西。但爱是用生命来完成的，“妈妈爱你”。

如果是第二个孩子，期望父母不要有偏向。有的妈妈有非常明显的倾向性，对这个孩子是一个态度，对另一个是完全不同的态度，自己却是完全不觉知的。婴儿出生后，和你的大孩子成长需求非常不同，在两年内是不会提出类似的问题的，把爱充分地“表达”给大一些的孩子，将日常照料的关注投注给小的孩子，当大的孩子度过了情感的敏感期，同时和小的孩子建立了感情，这个成长阶段就过去了。

也许我们没有完成童年的这个爱的阶段，但所幸我们可以学习爱，让我们的后代健康成长。

放肆的语言

随着在学校越来越放松，缇缇不仅比以前爱讲话了，而且说的话也越来越“放肆”。

马老师跟缇缇说“再见”，缇缇说“臭见”！杨老师对缇缇说“下午好”，缇缇说“臭午好”！老师教芭蕾动作，回到家，缇缇大笑着说学了“八蕾”“九蕾”“十蕾”。

听了《渔夫和金鱼的故事》，缇缇对“乡下佬”一词情有独钟，先是称姥姥、姥爷为“乡下姥”“乡下爷”，而后又把马老师叫成“马老”。

一次午餐，缇缇不想吃饭，只想吃小王子麦烧饼，我说：“先吃饭，才能吃零食。”缇缇说：“这不是零食，零食是甜的。你这个笨蛋，真是个傻瓜。”这是那个故事里的对白，听得我们都笑了起来。

缇缇的话没轻没重，有时也让人伤心。前几天，缇缇刚知道了非典型肺炎的事情，对家里小阿姨说：“阿姨，你姐姐、你弟弟、你妹妹都得了非典型肺炎了。”小阿姨气得半天说不出话来。

有一次，我跟缇缇爸爸开玩笑，随口说了句“简直有神经病”，没想到正在旁边玩耍的缇缇接着说：“爸爸有神经病，还有高血压、低血压、心脏病、大脑炎、气管炎、心肌炎……”

小阿姨想亲亲缇缇，缇缇盯着她看了一会儿，认真地说：“哎呀不行！你太丑，太矮，脸太黑，屁股太胖，腿太粗！”

早上，我搂着缇缇躺在被窝里，小阿姨进来故意说：“妈妈搂着这么幸福呀，羡慕死了！”缇缇说：“哦，你妈妈可没办法来，那你只好痛苦着吧！”小阿姨故作号啕大哭状，缇缇更是雪上加霜：“妈妈，你给她唱《小白菜》！”缇缇第一次听《小白菜》时，曾经伤心地大哭了一场。

缇缇非常羡慕大孩子，在小小孩面前有时自鸣得意。每次遇到园里的木兰，缇缇都要明知故问：“木兰，你几岁了？”木兰乖乖地回答：“2 岁半。”缇缇就说:“哎呀，你怎么还这么小呀！我都快愁死了，啥时候能长我这么高呀？”

最近，我常听缇缇跟别人吹牛:“我敢摸大狗，敢摸老虎，还敢摸狮子的嘴呢，就是我家那个玩具毛狮子。”

缇缇对一些新鲜词倍感兴趣，吃好吃的东西时她会故意馋别人:“爽呀，爽极了！”她爸爸打电脑时说了句“死机”，被缇缇听去了，过了一会儿，她躺在床上一动不动，我问她怎么了，她说:“我死机了。”小阿姨不小心一屁股坐在了地上，半天动不了，缇缇说:“你死机了！”

一次她爸爸浪费电，我说他烧包。缇缇问:“烧包是什么意思？”她爸爸解释:“就是故意浪费的意思。”第二天，缇缇故意把一盆面粉都撒在地上，我问缇缇干什么呢，缇缇很自然地回答:“在烧包呢！”

女儿的内心放松了，语言必定会越来越有趣吧。不知下一步她的嘴里又会冒出什么惊人的妙语。

康立新（缇缇妈妈）

孙瑞雪：

语言的发展是一个螺旋式的发展过程。每一个时期，对语言的敏感点有所不同（后面《语言的敏感期》一文专门有介绍）。儿童成长到哪个阶段，就对哪些语言敏感，这是一种普遍现象。当幼儿发现语言可以变成一种力量时，在成人看来就成了骂人的话。这个时候，与其说是儿童对丑的语言敏感，不如说成人自己对儿童的这类语言敏感。

实际上，儿童对效果强的语言敏感，是儿童发现语言还可以表达力量，这是对语言能力的进一步发展。很多骂人的语言被儿童使用，就是因为成人反应强烈，证实了语言的力量性。如果成人没有反应，儿童就不感兴趣了，大家不妨一试。

其实儿童还对有歧义的语言、幽默的语言敏感。一个词语有两个意思，也让他们觉得非常好玩！大家也不妨一试。

天 赋

缇缇越来越喜欢舞蹈，喜欢看电视上播放的芭蕾舞、踢踏舞、少儿舞蹈等，还暗暗地崇拜徐老师的舞姿。但她只愿意欣赏，从不敢自己上去表演，不管我们如何请求、鼓励，她总是一句话："我不行，我跳不好。"

偶然的一次，缇缇情不自禁地手舞足蹈时，她爸爸以万分惊喜的口气惊叹道："女儿，没想到你有跳舞的天赋啊！"缇缇一下子红了脸，而后含羞带笑地对我说："妈妈，爸爸说我有跳舞的天赋。"那一整天，缇缇的情绪都很高涨，并从此一发不可收拾，经常拉着家人跟她跳舞，还自编了一种所谓的"安静舞蹈"。虽然她的舞姿绝对称不上优美，动作也不协调，缺乏节奏感，但让我们惊喜的是，她的确爱上了舞蹈，最重要的是，她更自信了。

康立新（缇缇妈妈）

孙瑞雪：

其实每个人多多少少都有天赋。一些天赋依靠发现，一些天赋依靠鼓励，还有一些天赋由后天赋予，可以叫"后赋"。但有了天赋的最基本条件，还要看在相应的敏感期中，是不是得到了相应的发展环境。这就叫潜力开发。

一个不到 3 岁的孩子到了音乐的敏感期，每天都"弹琴"，用手指在桌子上、暖气片上、书上、膝盖上，不停地弹着。值得高兴的是这个敏感期被家长发现了，遗憾的是家长没有条件买钢琴，孩子的妈妈只能遗憾地眼看着这个敏感期流水般逝去。几个月后，这个孩子到了绘画的敏感期，天刚亮，就要画画，父母困觉，给了孩子一些纸，孩子画完后，便在床单上画……孩子的妈妈说，自己一点艺术细胞都没有，也看着孩子的敏感期过去……过了 6 年，这个孩子的乒乓球打得非常好，因为在孩子运动的敏感期出现时，妈妈下决心送孩子进了乒乓球少年班。

音乐的敏感期到来时，我们为孩子提供经典音乐。早晨，我们让音乐唤醒孩子；平时带孩子参加音乐活动，听音乐会、看芭蕾。没有条件的可以找视频、音频在家里和孩子一起欣赏。绘画敏感期到来时，可以带孩子看画展，和孩子一起欣赏画册……这些活动都可以进行。只是要持续进行，就像校园里常响着经典音乐，墙面上常挂着世界名画……这样你就为孩子提供了一个基本可以满足孩子需求的文化环境了。

现在的缇缇

缇缇就读于悉尼大学社会学专业，2023 年 9 月大学毕业，现已获得优秀学生荣誉，两年的硕士研究生生涯将减为一年，完成后计划继续攻读博士。缇缇的理想是成为一名大学老师。

缇缇爸爸

再谈敏感期
——理解敏感期的 30 个基本点

文◎孙瑞雪

这个世界上有些事情，说了才会知道，不说就不知道。知道了才能看见，不知道就看不见。儿童敏感期就是其中一个。

1. 缘起

在蒙特梭利《童年的秘密》中有这样一段描述：荷兰科学家雨果·德佛里斯在动物身上发现了这些敏感期，在爱和自由的学校里，我们发现儿童身上也有这种敏感期，并且可以应用于教学上。德佛里斯最早是在昆虫身上发现这些敏感期的，这很容易观察到，昆虫形态上的各种变化就代表着不同的发展阶段。德佛里斯提供的一个例子就是一只可以变成蝴蝶的幼虫。我们知道昆虫的幼虫长得很快，它的贪食会破坏树木。不过，幼虫在刚出生的几天里还不能吃完一张大叶子，而只能吃枝头的嫩芽。

像一个好母亲所做的那样，雌蝴蝶本能地把卵产在树枝交错形成的角落里的隐蔽之处，那里既安全又能遮蔽风雨。当幼虫破卵而出时，谁会告诉它头上树梢末端的嫩叶芽就是它需要的食物呢？是光线！昆虫对光线特别敏感，光线吸引着它，使它着迷，幼虫慢慢地爬上树梢，因为那里有最明亮的光线。在枝头的嫩叶芽中，幼虫找到了它渴求的食物。不过，值得注意的是，一旦幼虫长大到能吃较为粗糙的食物时，它对光线的敏感期就消失了。幼虫继续走上另一条道路去寻找其他经验和其他生存方式，并不是因为它失去了视力，而只是因为它从此对光线没有兴趣了，放弃了视力。与此同时，同样是这只曾经表现得那么贪吃的小虫子，转眼之间就被另一种强烈的敏感性改变，变得像禁食苦行僧一样不吃不喝了。在严格的禁食期内，它做了一个蛹把自己藏在里面，好像已经完全没有生命迹象了，但是实际上它正在紧张忙碌之中，然后它会变成蝴蝶破蛹而出，张开一双翅膀，熠熠生辉，光彩照人。

德佛里斯把幼虫这个时期的特点，尤其是生物这个时期的特点称为敏感期。蒙特梭利就借用了生物学上的这个概念来阐述幼儿的敏感期。

2. 精神敏感期

但蒙特梭利阐述的敏感期不同于生物的敏感期，是只有作为人——不仅处于地球生物链顶端的，而且超越了生物的人——才有的“精神的”敏感期。

生物和人类有着本质的不同，这就是人类有精神而其他生物没有。这个不同是怎样发生的？现在我们有了很多物种起源的设想，而进化论是物种起源理论中最不神奇的理论，但我们从这个最不神奇的理论中照样得到我们的神奇。从进化论的知识来看，我们被告知曾经在地球上有一段时间，可能有很多很多亿年，地球上只生长着大量的蕨类植物，不开花，植物单调，生物种类也少。但是，在大约 1.5 亿年前，有一棵植物开花了。植物进化到可以开花的时候，地球迎来了从没有过的丰盛和缤纷，各种生命如约而至，这是一个巨大的飞跃。后来，哺乳动物出现了。再后来，人类在地球上出现了。虽然这些是一次次的生命的飞跃，飞跃出新生命的起点，但其特征依然是生物的。

每个出现都是神奇的，但是最最神奇的不是人作为生物的人的出现，而是精神的人的出现。作为生物的人经历了上百万年的进化，但精神的人却只有大约 5000 年。这个时间和百万年相比，就很短很短了。人类作为万物之杰作和精灵，也就是从作为精神的人开始的。人因为精神而创造了文明，这个文明的历史在地球上只有 5000 年。由于人类的精神，人跟所有的生物不同了。由此，人类的敏感期也跟动物有着本质的不同。

3. 精神胚胎

所以蒙特梭利提出了另一个最核心的思想——“精神胚胎”。儿童敏感期是精神胚胎的敏感期。精神胚胎是了解人类儿童敏感期的基础。

在蒙特梭利提出“精神胚胎”“敏感期”这些概念以前，从未有过任何教育家提出过这一思想。5000 年前的时候，人类的精神萌芽开花了，在世界不同的文明发源地开出了几朵绚丽的花。纵观这 5000 多年的历史，近 100 年的发展速度最快，而且速度惊人。这个发展加速了——发展通常是指社会文明，但更惊人的是人类自身的发展。正是这 100 年，蒙特梭利提出了“精神胚胎”，以及使精神胚胎如何成长的“敏感期”概念。这是人类教育史上新的发现。这个发现告诉我们，精神胚胎已经成形，儿童敏感期已经在一些地方被保护，童年是人类发展最重要的时期。如果我们理解了这两个概念的深刻的理论意义，我们就知道为什么人类在这个百年里有如此长足的发展，人类的进化速度和变化，就不再是以百万年、几十万年、几千年为标尺，而是几十年、十几年。几十年之后，人类社会仅是因科技、文化的发展，就将带来我们无法预知的未来。这恰恰是因为人这种物种的童年基础带来的精神的加速发展，进而所带来各项突变。

儿童的精神胚胎，说的就是儿童精神处于胚胎阶段，儿童就像精神的胚胎一样，儿童的发展就像精神胚胎发展一样。这个概念引起我们的清醒的意识，帮助我们建设我们的教育理念和教学工作。

但是这个意义还没有被我们这个社会意识到。当我们知道它、了解它、意识到它的重要性时，它就一定会被普遍地运用在我们的教育中。在地球上，有些地域的人正是意识到和遵循了相关法则，他们文明的脚步才迈得比我们更大。

4. 人类有两个胚胎期

幼儿的生活跟在子宫里完全不同，跟已经形成的成人的生活也完全不同，它完全独立于这两种形态。它的重要性在哪里？子宫里的 10 个月，孕育了一个生物的人。0 ~ 6 岁或者 0 ~ 12 岁孕育了一个精神的人。也就是说，我们之所以和动物不同，是因为 0 ～ 6 岁这个时期，它使我们成了文明人。人类跟动物的本质不同在于人类有两个胚胎期，一个是在妈妈身体里的 10 个月，另外一个是在出生之后 0 ～ 6 岁或者更长一个时期，在这个时期儿童形成并破译了、完成了他的精神胚胎。

5. 两种胚胎

蝴蝶的幼虫是体外的生物胚胎，幼虫对光线的敏感是为了寻找食物、为了发育，做蛹期是为了孵化，使幼虫变成蝴蝶。

婴儿出生后，生物胚胎的成长似乎在继续。刚出生的婴儿对光线敏感，出现婴儿光线敏感期。如果在这个敏感期给婴儿戴上眼罩，或者把婴儿放在暗室里，婴儿的视觉就会消失，变成一个盲人。

但我们意识到这是精神胚胎开始的征兆。当精神胚胎生成后，如果某个敏感期被阻断，儿童正要形成的那个能力就会丧失或缺失。如果被干扰，那个能力就会减弱、残缺、不完整。

6. 两个胚胎的联结——实体化

精神胚胎在最初始的时候是怎样的呢？它并不是融在生物胚胎里，也不是固定在生物胚胎上面，而是等待发生和生成。刚出生不久的婴儿还不关心他来到的这个世界的纷繁，他纯粹无瑕。因为纯粹，就和这个精神胚胎的发生联结得非常好，而浑然地呈现出这一特质，成为精神胚胎自身，没有障碍。因此婴儿可以借助环境，把精神胚胎透过自己的活动固化在自己身上，固化在自己的人格中。这叫实体化。

7. 敏感期和童年

从这个宏观的视角返回儿童教育，我们看到蒙特梭利借用了生物学家对生物的描写，是为了借用“敏感期”这个概念，这可以使她在描述儿童敏感期的时候，给予人类童年完全不同的意义。

在蒙特梭利所著的《童年的秘密》中，她提出了 5 个敏感期概念：秩序的敏感期、口手的敏感期、行走的敏感期、社会性的敏感期、细小事物的敏感期。

8. 儿童的敏感

敏感不是敏感期，是在某个敏感期对相应事情敏感。儿童对童话、动画敏感，对讲故事敏感，对画画敏感，对游戏、电脑、汽车敏感。这是对基本能力敏感，对未来的存在方式和生活方式敏感，对新技术、对艺术化的技术敏感。

蒙特梭利在阐述敏感期的时候，这样描述人类的儿童跟动物幼崽本质的不同点。她说胚胎期是所有哺乳动物共有的，人类的儿童也有胚胎期，就是在妈妈肚子里的 10 个月。这是人类的生物胚胎期，和动物很相似。它具有人的潜能——只是潜能。但是后来漫长的人类童年与动物完全地区分开来。

人类是这个地球上最高的生命状态，人类跟这个地球上所有的生命都有着完全不同的本质，因为人有精神。而人跟动物差异的最根本性来自哪里？来自人类漫长的童年。漫长的童年期是生物的人成为精神的人的一个核心时期。

一只猫喜欢扑线团、玩耍，在我们看来它的目的是练习捕捉食物，这是一种本能。天鹅模仿妈妈的飞行、觅食或者求偶，这都是生存和繁殖的本能。人类超越了这种动物的本能。这种超越就是通过环境因子破译精神胚胎，这个破译表达为敏感期，儿童通过度过这个敏感期而获得超越。

9. 敏感期的长度

人类有漫长的成长期，和动物不同。普遍认为人有 18 年的成长阶段（甚至有的心理学家认为 0 ～ 40 岁都是人类成长的时期）。而动物一般只有 1 ～ 2 年的成长期，一匹小马出生后，1 个小时就会行走。一只狗 40 天就可以断奶，1 ～ 2 岁就可以生小狗。也许大象是成长期最长的动物——7 ～ 8 年。这些都是生物的成长期。

而人和动物最大的不同是，人不仅仅有生物的成长，最重要的是人有心智成长、情绪以及心灵成长的复合成长，我们把它统称为精神成长。

我们养一只小狗，养 10 年，可以和狗建立非常好的情感关系，可以叫它狗的心智。但从几个月开始，狗的这个心智就没有变化了。而人不同，人的心智几乎每天都在变化，如果不限定一个人的成长，他的变化和发展永远是超出养育者的预想的。而且人的精神终生都可以成长，即使在死亡的前一刻，成长都是存在的。

没有成形的、没有独立的精神就是精神胚胎。我们和动物一样有生命的胚胎，和动物不同的是我们有精神的胚胎。精神胚胎是在 0 ~ 6 岁孕育和发展起来的，甚至可以继续到 12 岁，我们把这个时期称为敏感期。

概略地说，敏感期是那个由内心指引，向某个对象注意、关注、被吸引，条件许可时进入、沉浸、融入、成一体、引起愉快和快乐的时期。

10. 敏感期和潜力

换言之，精神胚胎告诉我们，一个人本质上是什么，敏感期告诉我们本质上他在做什么。但是敏感期综合着童年的更多秘密，以至于我们作为旁观者，并不知道敏感期究竟帮助我们的孩子产生了怎样具体的生命特质。但有一点毫无疑问，敏感期的完成帮助一个生命成为一个健全的、完整的、有品质的、精神的生命。

实际上我们早就多少悟到了：我们经常会使用一个词语——开发人的潜力。潜力正是精神胚胎的某个特殊敏感性，这个潜力并不是不可触摸的，也不是靠外力强行放在孩子身体里的。期待潜力的开发很大程度上在于儿童是否能够将他精神的敏感性在期待的刺激下展开，在敏感期中被护航而完成。这种敏感期的完成恰恰是一个生命对潜力的一种最大的开发。但是更多的潜力像藏匿的密码，等待的是被破译的机遇。

11. 精神胚胎属于儿童自己

精神胚胎是属于每个儿童的，不是我们的，我们不是“自然之手”，也不是“上帝之手”，也不是精神胚胎的母体。创造的权利必须交给儿童自己，我们只是儿童的环境。只要环境是爱、自由、秩序（规则）的，儿童就开始天然和自动地创造着自己。我们在观察儿童时发现，儿童现实地、真实地具备这样一种把内在的潜能释放出来的能力。

12. 敏感期的特征

在 0 ～ 6 岁的成长过程中，儿童受内在生命力的驱使，在某个时间段内，专心吸收环境中某一事物的特质，并不断重复实践。顺利通过一个敏感期后，儿童的心智水平便从一个层面上升到另一个层面。敏感期内，儿童只对环境中的某一方面、某一项特质专心，而拒绝接受其他的事物。儿童不需要特定的外在理由对某种行为产生强烈的兴趣。儿童会不厌其烦地重复，一直到这种重复突然爆发出来某种新的动机为止。

蒙特梭利说，儿童的敏感期相关的敏感性，在儿童时期尤其是生命头 6 年，即年龄越小的时候，敏感性的出现就越密集。它是一种暂时的倾向，通过一种短暂的刺激，使儿童在这个暂时中获得特殊的品质。一旦获得这种品质之后，这个敏感点或者敏感性就消失了。

13. 适时帮助敏感期的孩子

一天，我在江边散步，看到一个 1 岁的孩子拿着奶奶的一个小 MP3，MP3 正在播放音乐。当走近的时候我停住了脚步，孩子看着我，马上把那个 MP3 抱在怀里，很警觉，身体往后退着。我马上就知道他的敏感期到了物的所属和自我形成的关键点上了，因为他必须靠区分你、我、他，你的、我的、他的来完成这个内容，这个感觉正需要通过话语切入，以语言确立它。我就蹲下来慢慢对他说“那个，是你的”，然后我把我的手机拿出来，让他看着我的手机，我说“这个，是我的”。最后我又重复对他说“那是你的”，又说“这是我的”。我每一次说的时候都配合上肢体语言，我反复说了 3 遍、4 遍，然后这个孩子出了一口气，了然了。我知道他明白了我说的话语的意思。

这就是儿童在形成个体存在的敏感期的时候，在意识中区分这些个体的时候，在这个敏感期前端的时候，区分你、我、他的概念时一个主要的特点。如果成人知道这个情况，话语适时切入，就帮助了儿童。如果成人不知道这个情况，可能会把这个敏感期给错过，或是破坏了，这个敏感期就会等待以后修补。这就会对这个孩子形成一个曲折的路，甚或一个有断点的路。

14. 口的敏感期

所有人类的婴儿在出生以后的头 1 年，基本上都是用口来认识世界的。无论他出生在亚洲、欧洲、美洲、大洋洲还是非洲，出生之后第一年都是用口来认识这个世界的。而这种敏感性一旦获得满足之后，这个现象就会在儿童 1 岁左右以后的生命中消失。你无法完全知道这一现象究竟给儿童的未来带来了什么，在我们的认知界限前，人的精密和复杂性就表现在这里。

儿童的口的敏感期说的是，宝宝出生的时候，口是自我表达的核心。认知外在世界只是通过口。婴儿第一个能控制的也是口。因为口的指向需要，所以婴儿可以比较自由地转动头。除了头之外，儿童甚至连手都没办法控制。就是说儿童的意识还没办法走到手上，或者说，儿童还没有办法支配到他的手。

所以儿童的认知方式只拥有口。当你把手放在儿童腮边的时候，儿童就靠用头和口转过去够寻你的手，由此看出，儿童这个时候认识世界的方式几乎全是靠口来完成的。当然，儿童靠哭声来表达自己的意愿，哭是儿童的交流语言。

儿童靠用口吮吸来认识他的外在世界。在众多的实物中，感觉什么东西可以吃，什么东西不可以吃。当然远不止这些，儿童用口能感觉什么东西硬、什么东西软。儿童要知道这个东西的味道。实物对口的意义，是它对人类的基本的意义。

儿童同时还可以用口来唤醒手。所以，我们能看到的是当手苏醒的时候，所有婴儿做的第一件事情就是，一定会把手放到口里来完成这个过程。

当儿童通过口把手唤醒以后，儿童的口就逐渐地不用了，或者就少用了，儿童这个时候就会用手抓住东西，使用手以后，再把手里的东西往嘴里放。等到儿童的手使用得非常熟练的时候，儿童口的功能就完成了，儿童口的敏感期就过去了。儿童需要 1 ～ 2 年的时间完成口的敏感期。

15. 阻止口腔敏感期是不对的

孩子到了口腔的敏感期，有的人在孩子手指头上涂辣椒或者戴上手套，以防孩子把手放进口腔里，或者把他绑在襁褓里……无知使我们看不见儿童。或者太多的育儿知识和育儿理论使我们无所适从，感到茫然。这些做法可能是在我们浑然不觉知的情况下发生的，我们在下意识中无意识地做着什么。这样都使我们错过了儿童的敏感期的发展。

16. 空间敏感期

婴儿从出生开始，从妈妈的子宫里出来，突然空间变大，睡着时出现“一伸手”的惊吓。爬行则不断地产生“扩大”的感觉。感知和适应这一过程就必须用肢体。

幼儿把桌上的东西推倒在地上，并反复进行。把东西扔出去。更有甚者，大概很多家庭都会发现儿童喜欢把锅顶在头上、盆顶在头上。

1 岁的儿童喜欢把抽屉里的东西拉出来，把外面的东西塞进去。我们也知道 2 岁的儿童经常会把东西从楼梯上扔下去，或者从高处扔到下面，或者从窗子扔到外面。1 岁和 2 岁的孩子经常喜欢把沙发垫立起来，造一个房子，躲在里面，或者躲在一个角落里，或者跟大人捉迷藏，躲在柜子里。

孩子大一些的时候，喜欢钻进大衣柜里，喜欢在桌子下面，喜欢在纸箱子里面，喜欢钻在被子里面；喜欢从高处往下跳，越跳越高；喜欢从台阶上、窗台上往下跳，甚至从低矮的屋顶上往下跳。这些都是儿童通过实物来形成空间感的敏感性。

我们可能会这样猜想儿童的敏感期，我们猜想人内在的空间是否与此有关，或人类的很多智能是否与此有关。比如建筑、雕塑、舞蹈、历史，比如数学、物理学，这些都是以空间感为基础的。空间感太重要了，几乎一切感觉和概念都建立在空间基础上，包括时间。

17. 内在空间

有的孩子会这么说：“我知道爸爸在用他的方式爱我，尽管那个方式我感到不好，但是他在以他的方式表达对我的爱。”从这些情况来看，儿童的内在空间已经能够容下很多很多的东西，容下挫折、容下博爱、容下障碍、容下和朋友之间的失交，这些都是对内在空间的一个非常好的发展。心智的成长，就是心智空间的成长。孩子空间感发展得好的话，等到长大后，比如小学以后，我们会发现孩子的心智和生命的内在被建构得也很宏大。我们经常会发现很多孩子长到八九岁的时候，他们在对父母的理解上可能远远超过父母对他们的理解。

18. “我的”敏感期

在儿童 1 岁多时会说那个是“我的”，我的衣服是“我的”，我的被子是“我的”，我的妈妈是“我的”……我的感觉是“我的”。“我”这个无形的概念，是通过有形的事物表现出来的，然后发展到我的情绪是“我的”，继而发展到我就是“我”。这是一个生趣而高级的过程。

这是儿童的一个敏感点。所有的妈妈大概都能够发现这个敏感点，但是“我的”不是自我，也不是自我形成。

19. 自我形成敏感期

自我形成是敏感期最核心的一个点。儿童是依靠自我的创造，也就是说依靠精神胚胎来创造出一个自我的，而这个创造的模式我们是可以通过敏感期来观察到的。我在《完整的成长》这本书里其中一章详细地解释了自我形成的过程。从一开始的敏感点一直发展到最后自我形成的全部过程。这些现象基本上都是通过敏感期表现出来的。有一句话叫“道法自然”，儿童的成长丝毫不造作和人为，让人感慨和庆幸，这样一个纯粹的精神的东西，它是如此自然地表现在生活的每一天。它是儿童自然表现出来的，而且是可以被我们触摸到、被我们看到，可以被我们理解的。这样我们就能够帮助和支持儿童来发展自己。

20. 自我形成敏感期：“打”

幼儿还不会说话的时候，在表达他的意愿时，会举手打人，“打死你”。如果让他做不愿意做的事情，他就会用打的方式来完成“不愿意”这个过程。也就是说，“我不同意”，用一巴掌打上去，就叫“我不同意”“我不喜欢”。但儿童并不知道这是成人意识中的那个“打”，儿童只是在表达排斥的意思，就是“我不愿意”。因此，你经常会观察到几乎在这个年龄阶段（1 岁左右），或早或晚会出现这种敏感期的特征。这是儿童自我形成的一个隐性的敏感点。

21. 自我的敏感期：说“不”

自我的敏感期是在 2 岁左右产生的。儿童在 1 岁到 2 岁之间，在他会说话不久后，就会不断地说“不”。吃饭吗？“不。”睡觉吗？“不。”回家吗？“不。”甚至边吃着饭边说着“不”。说“不”，什么都是“不”。“不”的意思是：我的想法是“我的”，我不同意你的。“不”是个有趣的现象，和“我的”不同，有时候，“不”在“我的”前面出现。这个时候儿童就产生了另外一个更高级的东西，我要把我和你区分开，我的想法就是“我”。“我要把我和你区分开来”，不再共生。但分开得慢慢进行。儿童这样说：我先要占有我的私有财产，同时我要对你说“不”。我的想法是“我的”，我跟你的想法不一样。由此我用说“不”的方法来拒绝你，但妈妈是“我的”。

22. 创造自我的敏感期链条

敏感期最主要的功能是依靠儿童自己创造一个自我。儿童有情绪、有心理、有心智，都是围绕着这个自我，这些东西也在漫长的童年期形成和成长。一个孩子生命状态正常健康的一个标示，就是一个敏感期接一个敏感期地出现。在某一个敏感期时段，儿童会高度专注于某一个事物，而且重复不断地操作那一事物，直到满足儿童内在的需求，儿童才把注意力转向另外一个敏感点。它们形成一个敏感期链条。

但是很多家长可能没有办法把它们串在一起，原因是很多家长在生下自己的孩子以后，或者没有持续养育孩子，或者只能观察到眼前孩子出现了什么，或者只有一个孩子可观察，无法发现众多孩子普遍性的特征。这都使我们无法宏观了解儿童 0 ~ 6 岁这一段时间内生命的状态。所以，可能会经常出现很大的茫然区。

23. 螺旋状敏感期

我在这本书中写到一个概念叫“螺旋状敏感期”。螺旋状敏感期指的是儿童从 1 岁开始一直到十几岁，相同的敏感期会在不同的年龄阶段重复出现。螺旋状敏感期有很多，例如，音乐、空间、语言。这些都是儿童从 1 岁开始一直长到 12 岁，要不断出现的敏感期，当然深度和广度已经不同了。

24. 爱

怎么样才能够保证儿童敏感期持久地发展，不被遏制，不被错过？这就是敏感期发展的条件。我们认为敏感期的发展有 4 个条件：一个是爱，一个是自由，一个是规则，一个是平等。

爱指的是什么？从支持儿童敏感期角度来说，爱就是为儿童提供一个和谐的环境。所谓提供一个和谐的环境，就是让妈妈的生命能跟孩子的生命产生联结，使儿童有安全感。这种安全感会让儿童不会找爱，不会分心，不会惊恐，不会恐慌，不会害怕，也就是会自动地把注意力放在自己生命内在的建构上，会把注意力完全放在他有兴趣的事物上。

25. 自由

敏感期发展的第二个条件就是自由。为什么是自由呢？因为儿童内在的敏感期什么时候出现，出现哪个敏感点，我们是不能预测的。我们不是儿童内在的预言者，我们不能够知道儿童内在的情况和状态。例如儿童对书写的兴趣，并不是所有的儿童都在 4 岁或者 5 岁时对书写有兴趣。有的孩子是这一天开始对书写有兴趣，有的孩子是那一段时间对书写有兴趣。所以，我们说儿童的敏感期只有靠儿童自己来破译，由此我们必须把自由给儿童。

从敏感期角度，自由指的就是支持儿童自己开发自己的潜能，允许儿童破译自己内在的精神密码，允许儿童遵循自己内在的生命法则。我们看到，如果把自由给儿童的话，儿童就会呈现出他们生命内在的自然倾向。那个自然倾向就是敏感期发展的一个指向。

自由引发成长，创造一个内在的世界，但更重要的是自由中的儿童会奠定一个自由的内心，从而形成对外部世界创造的潜力。这部分的详细阐述，请参看《爱和自由》。

26. 规则

敏感期发展的第三个条件是规则。在“爱和自由”的幼儿园里，几乎看不到老师的影子，孩子自得其乐地在玩耍。儿童大约 5 岁的时候有个敏感期——建立规则与秩序，一旦规则建立，儿童就自由了，老师也自由了，成长自由了，快乐与和谐就出现了。

有序、和谐、安宁的环境是儿童成长的必要条件。这里既指物质的环境，也指人文的环境；指社会环境，也指家庭环境；指心理的环境，也指复杂的关系环境，以及养育者的状态。混乱、多变、无序的环境，会造成儿童内在的秩序混乱。

不是所有的阻碍都来自外在环境，儿童本身也有成长的烦恼。但这些烦恼在爱的环境中，会尘埃落定，回归成长。

外在的和内在的综合的环境构成了孩子成长的总环境。规则帮助我们把这样复杂的环境理顺，保护孩子的生存和发展空间。建立一种每个人都遵循的基本秩序，这个秩序是关系中的，也是孩子内在的；是社会和家庭的秩序，也是成人和养育者内在的秩序。规则是一种低成本的解决方案和生活方式，它让复杂的问题简单了。

我们内在有天使的品质，也有一些“黑天鹅”的部分（《天鹅湖》里有一只白天鹅和一只黑天鹅），儿童内在也没有完全进化到使他全然地走向自然法则的目标。我们都有动物的“小尾巴”，那是我们生命内在的纷争。

我们都有非常复杂和不可控的情况、时候和因素。我们的环境也是这样。有时候孩子发脾气，成人会很恼火，我们的脾气就对着孩子发出来了。或者我们有时候过分地掌控孩子，我们勒令孩子做什么，让孩子听话，使孩子产生情绪。再加上有时成人本身先有情绪……那么规则是什么呢？规则是要把外在的和内在的这种破坏环境的东西都挡住，让孩子顺着自然的法则，捕捉他生命内在的敏感性，让孩子得到健康的发展和成长。

如果有可以遵循的规则，复杂和多变的生活就可以被简单化。如果不懂得、不知道这些规则，就会觉得养育孩子很艰难，有些父母就把孩子完全交给同样不懂规则的老人和保姆。

规则让我们不急于处理，而学会观察，不仅观察自己的孩子，也观察身边的孩子，因为你自己观察到的，又是很多孩子普遍发生的，这个会让我们确信儿童发生了什么。规则会帮助我们提醒自己。规则让我们警醒和反思。

规则让我们从过去“集权”的家庭、幼儿园的模式中走出来了，孩子会大大节约集权中关系的成本，人生的成本、成长的成本都大大降低。儿童把自己的生命和精力放在生命成长上了。这部分我们会在《自由中的规则》（即将出版）中详细阐述。

27. 平等

敏感期发展的最后一个条件就是平等。这里成人、家长、教师和孩子的关系最值得关切。如果说老师是权威的，家长是权威的，有一个比孩子更强大的人是权威的，那么这个权威就会认为我是对的，你必须听我的，我让你坐着你就不要动、不要站着。我让你画画你就画画，即使你不爱画画。我让你干什么你就得干什么。

6年时间对儿童生命来说弥足珍贵，这种权威却剥夺着儿童成长的机会。它剥夺的是0～6岁的潜能开发的机会，它剥夺的是一个生命建构自我的机会。当另外有一群孩子在另一个地方自由地忙碌着做自己喜欢做的事情，充分地成长着，不平等就意味着成长的机会不平等。

权威也意味着在和儿童的关系中有着一种强制和依附。我们知道权威的关系容易让人产生自卑和无价值感，如果造成了这些心理上的问题，儿童就没有办法把注意力放到敏感期的开发上，没有办法放到他的兴趣点上。儿童无法使用他全部的精力，他必须用部分精力应对强势、应对对他产生威胁的权威。生命的精力就无法集中在他要开发的品质上，成长的机会就失去了。

很多的机遇失去、很多的心理问题都是不平等导致的，包括成长。

当然，引起成长的平等同样奠定平等的意识和内心，加上遵守规则的习惯，那是成人世界法律面前人人平等和享有社会尊严的人人平等的基本法则，那是将来社会文明的基础。

28. 弥补敏感期

每个人的生命发展最重要的就是头 6 年，然后接着一个再 6 年。我们今天成为什么样子，大部分是因为童年形成的，很多人说，如果我的孩子的敏感期错过了，还能不能在未来的时间里补充上？ 6 岁之内是可以的，6 岁之后存在较大的风险。因为这些敏感期错过之后，儿童上了小学，他基本上难有机会再弥补。例如，3 岁孩子对空间有兴趣，在沙发上爬上跳下，成人是可以理解并接纳的。如果 3 岁对空间的敏感期被压抑和禁止后，7 岁或者八九岁，这些敏感期再次出现，想象一下，这个年龄的孩子还在沙发上跳上蹿下，成人就认为孩子是多动症。再例如，在我们的小学，有一个小朋友口腔的敏感期没有完成，所以在一年级的整个一年中，他基本上都是在用口做很多的事情。他用口不断地舔他的手掌，用口舔书、舔铅笔盒，持续了 1 年的时间，度过了他原本 0 ～ 1 岁时要经历的敏感期。这样的例子比比皆是。有的敏感期幼儿只用几个月完成，如果后补的话，时间就会增长，而在这个漫长的时期，成人的耐心是有限的，外加这个年龄所需的适时成长也会错失。注意，所有的儿童在拥有成长的时间上是平等的。

敏感期到来了，错过敏感期真的是经常发生的。这是不小的缺憾，甚至使成长小有疾患。但是儿童是天然的治疗师。如果错过了，6 岁以前，只要有爱、自由、秩序（规则），他就会自然地给自己疗愈。但是需要妈妈爸爸有足够的耐心。

29. 敏感期和养育者

精神胚胎是作为区别于生物的、人的那部分的成长的胚胎，敏感期是精神胚胎成长的方式，我们就意识到敏感期对于成为一个“人”有多么的重要。这个重要性的意识被养育者接纳，我们就会从养育者和传统教育者变成一个观察者。

我们首先需要爸爸妈妈成为一个观察者，有了这个意识的爸爸妈妈一定能够很快地发现，儿童会在长达几个月的时间内对一个事情不断地重复做，那么我们就可以明确断定那个就是儿童的敏感期。我们所要做的就是，看见、懂得，并支援儿童去做，提供儿童所需要的环境。

当我们建立起了精神胚胎、敏感期概念时，我们就对儿童的状态和成长的即时状态、心理和需求敏感。如果儿童的一个敏感期得到保护，那个方面就会完整发展，能力突显，或成绩优良。如果儿童的一个敏感期在一个方向持续不断，且不断地得到支持和保护，使得在那个领域不断深入，儿童就将成为天才、成就者。

儿童的敏感期，能够使我们每一个家长比较有信心面对孩子的成长，可以比较踏实地知道孩子成长的过程，这样我们就不会偏离生命原本的轨道太远，我们就不会扮演上帝的角色，着力去创造一个儿童。我们会遵循自然法则，我们会尊重这个生命，让这个生命内在最丰富的东西、最微妙的东西、最是我们难以假设的东西，在头6年或者12年中发展出来。

儿童敏感期是一个时机，人一生只有这个时期具备这样的时机，把精神的近乎神性的要素人性化，并开创了发展的无限的可能。那是神性的，我们这样称谓它，那个可能绵延着，直到有一天可能被破坏了，它就或许是那时的人的而不是神性的产物了。

精神胚胎蕴含着神奇的秘密，而这秘密想要把自己呈现成我们可以看见的状态，想要把它破译出来，也就是把它实体化，这就要透过儿童的敏感期来完成。这是一种特别的创造，一种呈现，如同一个艺术家把自己的设想变成一件艺术品一样。这种创造的神奇内设在人类的童年，内设在儿童自己，儿童从那里发展出来，那就是我们有时所谓的主体。这样发展出的人，才是我们所说的理想的人的状态。错过了这样的童年，你就错过了神性的你，错过了智慧和创造的你，错过了最佳人性的你。

30. 敏感期理论的意义

我们在头6年里，保证让一个生命按照它生命的轨道、按照生命成长的法则、按照自然的法则来发展，是最好的。这正是敏感期理论系统的意义所在。

这个理论是天才的发现。这个理论的基础工程最难，工作量最大。幸好蒙特梭利有这个发现，做了这个基础工程。蒙特梭利给我们搭了一个天梯，引领我们登上一个崭新的广阔的平台，看见了一个新的世界。蒙特梭利本人提出了“精神胚胎”的理论，同时提出了5个“敏感期”的概念。这是敏感期概念的提出和创建时期。

经过几十年来对上千个儿童的仔细观察，我们不仅发现敏感期的存在，而且发现0～6岁的时候，儿童的敏感期不仅仅是5个，而且也不仅仅完全局限在0～6岁。如果儿童的敏感期不被人为地破坏，可以再延长6年。

我们用几十年的时间，透过观察儿童，形成了敏感期的理论系统，确立了完备的蒙特梭利提出的敏感期概念。

观察让我们知道，童年是由一个接一个的敏感期来完成的，尤其是在0～6岁。敏感期的经历也因孩子的不同而不同，有的孩子是在几个月内完成一个敏感期的发展，有的孩子则是一个月或几周完成一个。敏感期的前后顺序，也因孩子的不同而不同，但大概的时间差不多，此间儿童会用兴趣和专注点告诉我们。

我们不知道这样的敏感期的完成对这个生命的未来究竟会产生怎样的一个特殊的品质，例如，儿童专注于音乐音符，但他可能在形成对恒星的秘密的感觉。概略地讲，如果一个成人也能像儿童敏感、快乐、沉浸、快速掌握，他就和儿童那样有着对时代、对环境、对未来的敏感。画画中有着详细的有形化、图形化，是精神和现实的纽带。音乐仅仅是音乐吗？那里有频率的节奏的无限种组合，又是数学中傅里叶三角级数的特别体例的感觉化，那里就是关于自然、精神、宇宙的组建的至深秘密。儿童对电脑和游戏非常敏感，掌握非常快，但是，儿童不见得是为了游戏或电脑，他可能是为了发展语言和逻辑，发展反应速度，或者其他什么，而借助游戏和电脑这种平台。因为那里面有逻辑树，有战略、策略、机智、组织、资源选择、思维速度等因子。等到他发展到某个时候，他的敏感就会消失。一个语言、逻辑、反应都好的成人，就不会对游戏敏感。难道我们不应当设计和发展出一种不伤害儿童视力、不影响儿童身体活动的电子游戏用于教育中吗？

我们不知道敏感期中儿童获得究竟怎么样的一种特别的心智，我们只是知道品质和心智的产生。这正是人的神奇的特征，就像我们不能预言孩子将成为科学家、文学家、政治家、音乐家、技师、工匠等的哪一个，因为在我们的潜意识里都知道，儿童有所有的潜能。

儿童敏感期的复杂性，正是人类在地球生命中最高级的地方，有一点我们是可以确定的：儿童越好地完成敏感期，儿童的人格状态和心智状态也就能够越好地形成，其未来就越容易成为一个完善的、自我实现的人。

我们也观察成人，知道一个正常的成人也必然在不断成长中。这样的成人在现实中不多，我们的期待首先是让儿童的敏感期正常化，在成年后又能延续。这是一个巨大的社会工程。一旦这个工程发起，我们社会的飞跃就要来临了。

在《捕捉儿童敏感期》这本书的目录里，我们把敏感期清晰地罗列了。在书中我们把0～6岁中几乎所有的敏感期都以详细的实例故事写给了大家，有少部分是超过6岁的。我要告诉读者的是，这些故事中每一个敏感期、每一个孩子都是真实的描写，没有一个故事是虚构的，也不是文学创作。所以，读者可以通过这些故事发现孩子的敏感期在哪里。你可以翻开这本书的目录，寻找详细描述某个敏感期的敏感点在哪里。当然最好是了解本书的全部。

通过这些小故事的阅读，就能发现儿童敏感期的特质在哪里，儿童敏感期到来的时候表现在哪里，以及我们如何去做。

第二章

0岁~2岁半

视觉——刚生下来，对明暗相间的地方感兴趣。

口——包括用口进行的味觉、触觉过程。用口感觉事物、认识事物，不断练习使用牙齿、舌头。

手——喜欢抓东西，用手探索环境、认识世界。

走——从最初的要成人拉着手跳，到独立行走，到要上下坡、爬楼梯，到专门爱走不平的地方。

空间——喜欢探索空间，最早表现为爬、抓、移动物体等，稍大一点则喜欢爬高、旋转、扔东西等。

细小事物——对极小而精致的东西感兴趣。

秩序——急切需要并保护一个精确且有秩序的环境。

模仿——最早表现为模仿一个词或一应一答，重复进行；也模仿动作。

自我意识——表现为咬人、打人、说“不”等。

审美——要求食物或用具必须完整。

视　觉

刚生下来，对明暗相间的地方感兴趣。

树叶和缝隙

小区的院子里有一个两三个月大的宝宝，他的妈妈正抱着他坐在一棵很高大的榕树下。当我们走近孩子的时候，发现他正目不转睛地看着上方。我顺着他的视线看去，惊讶地发现，透过树叶间的缝隙，可以看见很多斑驳的光点，光点和树叶正好形成明暗的对比，而这个孩子正是被这个景致深深地吸引了。

王瑞君

小托蒂的悲剧

一个名叫托蒂的意大利小男孩有一只十分奇怪的眼睛。说“十分奇怪”，是因为眼科大夫多次会诊得出的结论都相同：从生理上看，这是一只完全正常的眼睛，但它是失明的。一只完全正常的眼睛何以失明了呢？

原来，当小托蒂呱呱坠地时，这只眼睛因轻度感染被绷带缠了两个星期。正是这种对常人来说几乎没有副作用的治疗，对刚刚出生、大脑正处于发育关键期的婴儿托蒂造成了极大的伤害。由于长时间无法通过这只眼睛接受任何外界信息，原先该为这只眼工作的大脑神经组织也随之衰退了。

小托蒂的遭遇并非偶然。后来研究人员在动物身上做了很多类似的试验，结果都一样——生命的器官严格执行着“用进废退”的原则。

杨傲林

孙瑞雪：

小托蒂的悲剧在于错过了眼睛感受光的敏感期。

经验证明，在各个敏感期，如果儿童受到干扰和阻碍，不能正常使用他们的身体的各种功能，相关的功能就会丧失。不使用鼻子，鼻子就会失嗅；不使用耳朵，耳朵就会失聪；不使用眼睛，眼睛就会失明。

在我们的现实生活中，当婴儿开始使用口和手时，成人的干涉就开始了。这种干涉刚开始还限于一些老人、低龄保姆和少数无知的父母，随着幼儿的活动越来越频繁，成人的干涉就越来越多。当儿童开始使用他自己的意志和思维时，成人的干涉会更厉害。

试想儿童不能自己思想，不能使用自己的意志，那意味着什么呢？

视觉的敏感期

文◎孙瑞雪

荷兰的植物学家、遗传学家德佛里斯列举过这样一个例子：他发现雌蝴蝶本能地把卵产在树枝和树干交接的地方，这个地方既安全又隐蔽，当幼虫出壳时，它对光线非常敏感。光吸引了它，它朝着树梢最明亮的地方爬去，恰巧在那里有它赖以生存的食物：树梢的嫩叶。当它长大后，失去了对光的敏感，这种本能也就失灵了。植物学家把这称为：动物的敏感期。

一个刚刚出生的婴儿，是怎样感觉光的呢？在黑暗的隧道尽头，一个光点出现了。因为在黑暗中，这个光点显得格外奇妙、明亮和有意义。光点逐渐变大，但它依然在黑暗中，强烈的光明与黑暗的对比，使得这一点光充满了意义。直到光明完全吞噬黑暗，就好像一下子扑进光的怀抱中，光明包围了婴儿。婴儿扑到了光里，进入了另一个世界。

刚出生的婴儿，会到处寻找淡淡的阴影和阴影的边界。随着时间的推移，婴儿很快就能寻找到生活中那些明暗相交的地方：一幅画、窗帘或者书柜里的书产生的那些明暗相交的地方，婴儿会高度投入地一直注视着那些地方，直到疲倦为止。这不同于人们想当然认为的彩球对婴儿更具有吸引力。

罗曼·罗兰在他的巨著《约翰·克利斯朵夫》中也有描述——从黑暗墙壁上高高的窗户射进来的光线，给婴儿带来了第一个惊喜和欢乐。

在哈佛大学的戴维·H. 休伯尔和托斯特·威塞尔对视觉的敏感期非常感兴趣。他们发现了一个一只眼有先天性白内障的孩子，在做了白内障摘除手术后仍然不能复明，然后他们做了一个模拟实验，同时把一只新生的小猫和一只成年的猫眼皮缝上，实验的结果是这样的：小猫眼皮的线拆除后，依然失明，这是因为小猫脑内负责处理那只眼睛的视觉信息的神经元不能和其他神经元建立联系，或者说负责处理失明的这只眼睛，它的视觉信息的神经元即使和其他神经元建立了联系，也只是帮助另一只眼睛传递视觉信息。而成年猫则不然，拆线后它的视力立刻恢复了正常。

这一实验的结果表明人在早年的某个特定阶段，脑内的神经元需要适宜的环境条件以便使其和其他的神经元发生联系。否则，大脑的发育会受到永久性的影响。

婴儿视觉的敏感期是在出生时唤醒脑内神经元的工作，或者说，这是一种脑内完全的建构工作，所以这个时候，儿童的视觉从不会偏离在生活环境中的明暗相交的地方。这个过程结束后，视觉将在孩子头6年的过程中产生意想不到的作用，有的教育家甚至认为儿童对外在世界的认知靠的就是一只大眼睛，好像我们说的外星人一样，只有一只大大的眼睛。这样的说法实际就是为了强调视觉对儿童的重要性。

实际上，对一个出生头半年的新生儿来说，尽管他同时具备其他的感觉能力，例如听觉、触觉、味觉，但是在头半年的发展中，视觉和味觉在他的发展中就像一首交响乐中的主旋律一般，起着至关重要的作用。

当婴儿畅通无阻地度过了一个敏感期时，他就走过了一个发展的台阶。

这给婴儿带来了愉悦和持续性的满足，也释放出了婴儿生命中的能量。这也是婴儿从出生到认识、了解自己和这个世界的过程。

口

包括用口进行的味觉、触觉过程。用口感觉事物、认识事物，不断练习使用牙齿、舌头。

吸手指和咬勺子

2岁的淼淼近来出现了口腔敏感期。

午睡时，他先用一只手背不停地轻轻拍打自己的嘴唇，接着把大拇指塞在嘴里吸吮，几分钟后又把食指塞进嘴里吸吮，就这样一个指头一个指头轮流塞进嘴里，最后5个手指一同塞进去。整个过程他的表情很放松。

吃饭时他也用嘴玩勺子。先把勺子放在嘴里不停地咬，不停地往嘴里伸进拿出，伸进拿出；接着又咬勺柄的前端，也是不停地伸进拿出，伸进拿出；最后把整个勺柄往嘴里塞，可能想感觉勺柄的长度，有两次竟把刚吃下的饭呕了出来。整个过程他的表情仍然很放松。

同时，他还把教具中的珠子、生豆子放进嘴里不停地咬，同时用舌头控制着珠子，在嘴里不停地换位置。

还有一次，他竟然在衣帽间里咬一只鞋的后跟，当即被薛老师制止并拿走鞋后，他马上拿起另一只鞋接着咬，一副迫不及待的神情；最后老师把他抱离衣帽间时，他还恋恋不舍地回头望着那只鞋。

吕玲

孙瑞雪：

儿童口腔的敏感期在半岁左右来临，婴儿首先要使口的功能建立并独立起来，其次才用口来认识世界。显然，由于家里过度的保护，淼淼口腔的敏感期推迟了。

我们还观察到，部分2岁的孩子在咀嚼一些食物（如馒头、面包、硬一些的水果）时，口形和咀嚼的方式像老人，牙齿无力。显然，2岁以前他们吃的食物几乎都是稀软的。在长牙的敏感期，应该给幼儿提供较硬的食物让他们练习咀嚼，他们常常会嚼了吐，吐了又嚼，但从不咽下，有时会被卡住，但幼儿会自我调整。华亭的幼儿园里，一些孩子2岁多时这个敏感期仍未度过，他们最爱吃的水果是梨、萝卜（我们把萝卜当水果用），最爱吃又便宜又硬的饼干（大概是嫌高级饼干太酥了），咀嚼时又专注又认真又满足。很多小床的边缘都被孩子的牙齿啃坏了。

口腔敏感期过渡时间的长短跟所提供的满足条件有关。口腔敏感期严重得不到满足的孩子会抢别人的食物，随意拿别人的东西，捡掉在地上的食物，注意力固定在食物上而无法学习。建议家长在发现孩子进入此敏感期或尚未顺利度过这个敏感期时，一定为孩子提供自由选择和享用食物的机会。

根据我们的观察，儿童敏感期被延误后，有的敏感期因为孩子年龄已大而不再出现，有的敏感期却总要出现，如口腔敏感期。

爱咬人的玮玮

前一天中午刚吃完饭，2岁的小男孩玮玮就把明明的手咬了。明明大哭着，玮玮满脸歉意和恐惧，语无伦次地为自己辩解，说是为一个玩具吵了起来，然后就用牙齿咬了明明。

我觉得有点奇怪。玮玮是一个很乖巧、语言表达能力较强的孩子，平时没发现他有侵犯性行为，为什么会咬小朋友呢？解决了他们之间的矛盾后，我突然想起，前几天发现玮玮在用嘴巴啃桌子，很是“津津有味”。当时我还以为他是无聊，就提醒他去工作。现在想来，玮玮可能是在用舌头和牙齿感知物体、探索环境。

第二天刚吃完加餐，几个孩子爬栅栏玩，玮玮也在其中。老师在旁边看着他，以防再次出现意外。玮玮正和洋洋跳垫子，只见他突然抱住洋洋在洋洋脸上咬了一口，速度之快让老师猝不及防！

老师抱起洋洋，她的脸上有了一圈牙印，而玮玮似乎没有意识到自己做了什么，愣愣地看着洋洋，不知所措。下午玮玮的妈妈来接他时，老师跟她谈了这件事，妈妈很生气，说玮玮在家也咬爸爸的手。

文文

孙瑞雪：

我们发现一些2岁左右的孩子会出现用口腔即舌头、牙齿探索环境的敏感期，这个敏感期应该在2岁以前完成。儿童出现这些现象时家长一定要注意，使儿童顺利补上口腔的敏感期。

玮玮是在用“咬人”这种方式来弥补自己落下的口腔敏感期。我对他妈妈说：“这些天留意玮玮，给他提供可以咬、尝的东西，比如橡皮圈，各种软硬不同的食物，干净的、不同质地的物品等，以满足他的口腔的味觉和触觉。”在老师和家长的共同关注下，过了一段时间，再也没有发生玮玮咬别的小朋友的事。

儿童无意中用口、用牙齿认识事物，和人有意使用牙齿攻击有着本质的区别。儿童长牙时要使用牙，舌头发育时要使用舌头，这是1岁左右孩子的特点。

很多孩子在2岁左右开始“咬”人。这时我们给孩子提供了一些东西，如大象的鼻子等，但效果不是很好，有时孩子会明确告诉你，咬橡胶不好，咬皮肤的感觉才好。咬皮肤似乎能很快满足这一敏感期，并让孩子迅速度过这个时期。然后，儿童会出现高度的宁静和下一步的智能需求。

口的敏感期

文◎孙瑞雪

坐在火车上，我看到一个3个月左右的婴儿，躺在妈妈的怀里，正高度专注地将手往嘴里放。努力地试了好几次，他成功了，顺利地吮吸着他的手，发出很大的“吧唧吧唧”的声音。母亲低下头，满脸笑意地说：“不讲卫生，不讲卫生。”一边说着，一边将婴儿的手从他的嘴里拿出来，婴儿突然恼怒地哭了起来，母亲依然笑着说：“哦，宝贝你怎么了？哪里不舒服？尿湿了吗？”我笑着对她说：“他正在工作，你打扰了他。”

看到母亲脸上一副茫然的样子，我说：“吃手就是他的工作，等他的手再放进嘴里，他就会安静下来。”母亲听完，半信半疑地将孩子的手放入口中，小婴儿便立刻发出“吧唧吧唧”的声音，满足地投入这种吮吸中。对一个3个月的婴儿来说，他能用口首先是为了发展和独立口的功能。其次，他使用口来认识的先是他自身，他要认识甚至唤醒自己的身体，他透过这样的吮吸来把手解放出来。最后，他用口来认识这个世界。他手的感觉是这样开始的，他的世界也是这样开始的。

小哲哲10个月了。他坐在那里，周围摆放着一堆玩具。他玩耍的方式是这样的：抓起每样东西都往嘴里放。我们看到，他品尝完积木又抓起了橡皮牙子，然后是塑料圈。他那充满激情的样子，整个身心都投入在用口上，好像这个世界是不存在的。他高度专注的状态，似乎要把所有的东西全部塞进他的嘴里。实际上，哲哲这样做已经有好几个月了，无论他抓到什么都不自觉地往嘴里放。有时候妈妈刚一转身抱起他，他已经抓起了一条毛巾往嘴里塞，有时候妈妈衣服上的一条带子也被他抓起来塞进嘴里，吃的塞进嘴里，不是吃的也塞进嘴里。

我们这样猜想：他究竟在用嘴干什么？他在用口来认知？这些东西究竟让他感觉到什么？在我们成人看来，无非是这样的：硬的和软的，无味的和有味的，不同质地的，可吃的和不可吃的，还能有什么呢？但对一个幼儿来说，他正是用这种方式感觉他口的各种能力，口的部位功能以及口的极限。与此同时，他也在体验着他周围的世界，在学会选择他究竟能够把哪些塞进他的嘴里，建构只属于他的自我世界。而这些是同步进行和完成的。

我们把小哲哲长达几个月的这一过程，称为儿童的口腔敏感期。

当儿童出生时，他能够使用的器官是他的口、眼睛和体感。尽管他刚一出生便有了视觉的敏感期，但脑科学认为儿童的视觉并没有达到完善，他看

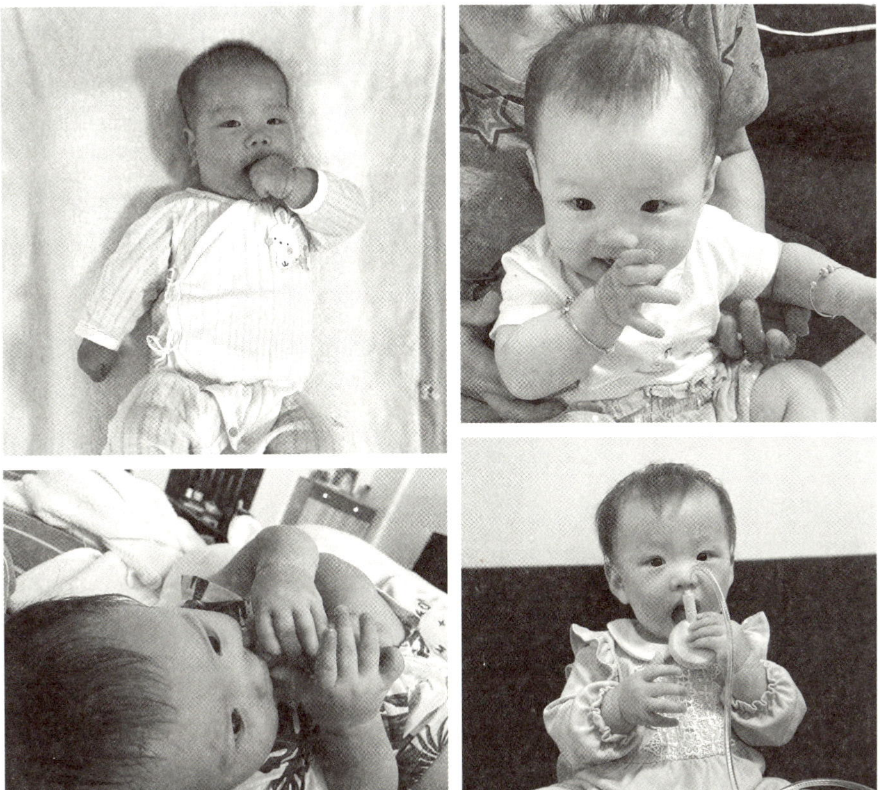

口不仅仅用来饮食，在最早先，口肩负着一个重要的使命，就是用它来唤醒身体的其他部分，并且用它来认识外在的世界。

世界时是模糊的，而口不一样，他刚出生时就能熟练地使用——口是他连接自己和这个世界的最自然通道。最初儿童仅仅是用口认识手，发展到后面，儿童会用口认识周围所有的一切，什么东西都能放到嘴里。这个过程也完成和健全了口的功能。并不是儿童不知饥饿，仅仅是因为儿童是用口来认识世界的，直到手被完全地唤醒，手的敏感期到来，又帮助和加快了口的敏感期的发展。直到儿童无处不在地到处触摸，口的敏感期就这样逐渐过去了。

我们可能永远都无法知道这些究竟给幼儿的是什么样的感觉和认知。但有一点是肯定的：全世界的幼儿都是透过这个过程走向我们这个可触摸的世界，他们是用嘴来打开这个世界的大门的，用嘴来和这个世界建立亲密关系的。这样的一个过程对幼儿的发展是必不可少的，是生命的初始。没有这个阶段，未来的成长就会有很多的缺憾，这个时间段要持续 1 年，物质世界的大门就这样用嘴来打开了，为孩子伸出双手迎接世界做了一个最早期的准备。

手

喜欢抓东西，用手探索环境、认识世界。

小吉祥的“手抓饭”

吉祥 6 个多月了，妈妈给吉祥剥了一个橘子。吉祥用胖胖的小手把一瓣橘子送到嘴里。怎么这么难咬？于是又吐了出来，放在手里观察了一会儿，然后用手剥开了橘子膜，果汁流了出来。吉祥似乎猜到了这个像水一样的东西味道不错，于是又把那瓣橘子放进了嘴里。果然，小家伙眉开眼笑了。小家伙以后就这么吃了，哈哈。

从8个月开始，吉祥开始尝试自己吃饭（每次喂饭都让我和宝贝感到很沮丧。快乐第一，于是我就不喂饭了）。当然，她是不会用餐具的，直接捧着碗喝或者用手抓，每次都吃得哈哈大笑，酣畅淋漓。从头到脚都能“吃”到饭，基本不会忘记身上的任何一个部位，呵呵。

吉祥9个月，初夏了，各种水果陆续上市，草莓、番茄……吉祥每次吃到新鲜的水果都开心得不得了，而且一吃三用。一部分吃进肚子补充了维生素，另一部分直接涂到脸上身上做美容了，还有一部分当染料，顺便把衣服换个颜色，外面绝对买不到的颜色，呵呵。

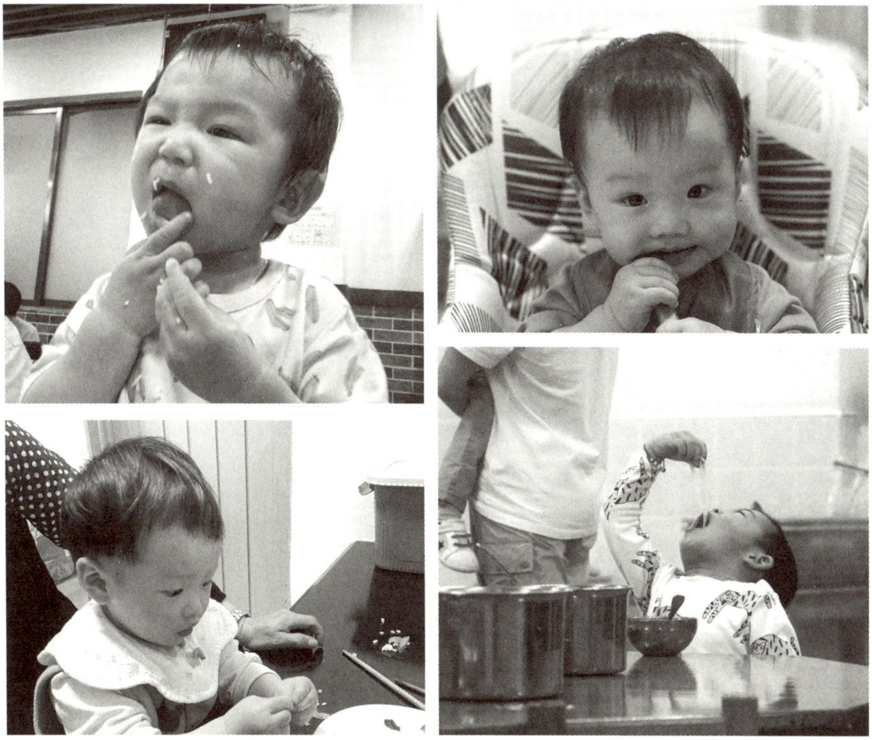

八九个月的时候，孩子非常喜欢用手抓捏黏稠和软的东西。反复抓捏之后，再放进嘴里品尝，这是孩子这个时期最喜欢的，孩子喜欢抓面条、抓草莓、抓香蕉、抓蛋糕，黏稠的东西比沙更进一步，使儿童容易抓捏住，并在孩子的抓捏之下完全改变。这实际是一种智能的活动。

现在已经1岁多的吉祥，最近学会自己剥香蕉皮、鸡蛋壳了。她剥皮的时候超级专注，做完以后也很有成就感，吃得很开心。

吉祥妈妈

孙瑞雪：

只要可能，婴儿会抓捏一切到手的软东西，果酱、面条、香蕉、蛋黄、炼乳、泥巴……

坐到餐桌前，孩子喜欢吃饭时用手抓饭、玩饭。甚至趁成人不留意时，孩子会抓“屎”，去体验那“黏糊糊”的手感……

记得有一种玩具，软乎乎、黏糊糊的，像大鼻涕一样，扔哪儿粘哪儿，十分受孩子的欢迎。很多成人不理解——孩子怎么喜欢玩这种恶心的东西。

八九个月的幼儿非常喜欢抓捏软的物体，手的活动不只是手的活动，而是有着智性的目标。成人常常因为无知，给儿童设置了很多障碍，剥夺了他用手的自由，也剥夺了他认识世界的机会。

儿童在用手思考

文◎孙瑞雪

米开朗琪罗在西斯廷礼拜堂作的天顶画《上帝创造亚当》里，亚当躺在地上，上帝的手一触，使他醒来……画面核心位置展示的是两只手：一只是上帝的手，指向亚当；一只是亚当的手，向上帝伸出去。这两只手似乎蕴含着某种秘密和含义。“最伟大的艺术奇迹之一就是米开朗琪罗怎样想出了这种办法，从而使圣手的一触，成为画面的中心和焦点，他怎样通过造物手势的轻松和力量使我们体会到万能者的观念。”这给我留下了深刻的记忆，以至这两只手，变成了我熟悉的一个情景。如果让我来诠释这幅画，我会这样诠释：

人的意识的奥秘，可以依靠手来实施和诠释，假如没有手，所有的思想，即使是上帝的思想也无从实施。

手是人类智慧的工具。表现在儿童身上，甚至可以这样说：儿童是用手来思考的，手的自由的使用不仅表达了儿童的思维，也表达了儿童思考的过程，禁止了儿童手的活动，就相当于禁止了儿童的思考。

丁丁出生的时候，妈妈发现，丁丁唯一能灵活使用的是他头的转动，而头可以转动的原因好像是因为婴儿可以自主地支配他的口。口的感觉引导了他头部的转动。妈妈想，看来吃是婴儿或者其他生命的首要大事，大概这是生命赖以生存的途径吧。但是在近一个月内，妈妈又发现丁丁不断努力地把手往上举，有时候举到了嘴里，很满意……有时候举不到嘴里，划破了额头，看上去会有些懊恼。在头两个月里，丁丁就这样艰难地、不断地把手往嘴里放……这是他出生头几个月中最持续做的一件事情。

妈妈逐渐发现，丁丁用口吮吸着手，手被放进嘴里，成为婴儿一种持续的活动，这种举动使婴儿显得很满足。经过无数次这样往口里放，丁丁手的敏感度和准确度大大加强了。就好像依靠口的吮吸唤醒了手一样。这个观察的过程，使妈妈产生了一个想法：婴儿似乎不全是为了吃或者饥饿，吮吸手好像还有其他的用处……婴儿身体的一部分，好像在被吮吸的过程使用着，这个过程虽然很慢，但其后一定会有很大的作用。

在其后的过程中，妈妈又发现，丁丁手的动作几乎又快又准，当她弯身抱起丁丁的时候，她甚至都没发现丁丁顺势就抓起一个东西塞进了嘴里，这跟当初手放不进嘴里，有着多么大的差别啊！当丁丁的手到处抓着东西，往嘴里放时，妈妈发现丁丁喜欢抓着一样东西然后松手扔掉，再拿起来再松手扔掉。不仅如此，他还喜欢拿暖瓶盖，盖住，再拿起来，再盖住，再拿起来……这个活动一做就是一个小时。有时候他喜欢抓握一样东西，抓住以后松开，再抓住，再松开。抓握的方式都是一把手全上去，这个过程看起来真是奇妙。

几个月后，妈妈又发现丁丁的手不再是一把抓了，而是喜欢两指抓，抓细小的事物：毛线头、小纸屑、床上的一个小碎物。丁丁把东西抓起来后就塞进嘴里，有时候塞了满满一嘴的东西，掏出来一个又一个。这让妈妈大惑不解：从一把抓到两指抓，这肯定是一个进化，但为什么还是往嘴里放呢？

又过了不久，妈妈发现，丁丁喜欢更高难度的动作了，比如喜欢把吸管往软包装里插，大人拿走后就会大哭，一插就是几十分钟；喜欢玩妈妈的钢笔，玩法跟插吸管差不多，喜欢反复将笔身插进笔帽。

又过了几个月，妈妈发现丁丁见方的就按，见圆的就拧……不仅如此，当他的腿可以带动他走动时，他到处翻、拉，里面的倒出来，外面的塞进去。有一天他发现了大米袋，他喜欢从米袋里抓大米，然后运输到另一个地方……乐此不疲。

再过些时候丁丁的动作已经发展到用一个指头就能准确无误地做一些事情了。又过了几个月，丁丁喜欢上了捏香蕉、捏草莓，把盘子里的食物抓来抓去，搞得黏黏糊糊，然后再放到嘴里。他竟然用手在感觉各种不同质地的东西。这让妈妈感到惊异，以前她认为孩子在活动手，但并未意识到：手，也在认知着东西。当妈妈观察到这些的时候，产生了一个奇异的感觉：好像手是大脑似的，在辨认着东西。发展到这里的时候，妈妈猛然醒悟过来，她的儿子从出生开始就在练习他的手。自己是个外科医生，她在想：难道儿子的手也需要如此精确到位吗？手拥有着和大脑一样的功能吗？

事实上，如果一个人想要把他的想法表达出来，那他有两个最便捷的工具——语言和手。实现和完成就必须使用他的手，而且必须训练他的手来准确表达他的所想。手的肌肉有记忆和认知的功能。丁丁在头两年中，就完成了这样一个对于孩子来说，具有创世纪历程的工作——唤醒身体，而首先唤醒的是身体中最主要的部分——手。

妈妈了解到这个过程后，倒吸了一口冷气，因为在丁丁成长的这两年中，在丁丁每一个动手的环节中，她都有一种想要制止他的冲动。但每一次，她都抑制住了自己的冲动，给孩子一个使用手的空间：对于孩子来说，动手的能力是很重要的。基于这种想法，她无意识地保护了丁丁成长的过程。

手是身体功能中最伟大的智慧的工具。

我不知道，是否有妈妈阻止了孩子的这一过程，但我想说的是，这个阻止的过程将会给孩子带来很大的损害。

走

从最初的要成人拉着手跳，到独立行走，到要上下坡、爬楼梯，
到专门爱走不平的地方。

走台阶

2岁7个月的樊真刚来我们班，大概是还没适应一个新环境吧，她显得很胆小。

吃完早餐，我见她站在楼梯边，一直不动地盯着楼梯看。我走到她身边，伸出手，她把手放在我的手心，我们一步步地走下楼去。下楼过程中我告诉她下楼梯的正确方法：手抓住旁边的扶杆，眼看着脚下的台阶，一级一级地走。

来到院子里，她松开我的手走向一个有台阶的地方，然后沿着台阶，一级一级往上走。她的动作很缓慢，从9:30到10:30整整一个小时的时间里，她一直在这样走，走累了就坐在楼梯上休息，然后接着走。我发现她此后的每天都重复这一活动。很快，她就能独立在大厅及院子里四处活动了。

谭雄洁

孙瑞雪：

攀爬楼梯的敏感期一般在2岁前出现。这时儿童开始喜欢在楼梯上爬上爬下，先用手判断上下楼梯之间的空间距离，然后试着用脚来判断。因为成人总担心这样危险，并觉得孩子用手摸地不卫生，常常阻止，破坏了这一敏感期的正常发展，对大多数孩子来说，这一敏感期往往滞后到2岁半甚至3岁才出现。

走的敏感期大概从 7 个月开始出现。起先孩子拒绝坐，不断要妈妈拉着双手跳，一段时间后，他开始走，看上去像是在跑。这可能是父母最累的时候——不会走，但到处走；会走了，就无处不走；上楼梯、下楼梯都要自己来，不管需要多长时间；哪里不平偏要往哪里走……走路的敏感期中，儿童是一个自由、活跃的个体，他对空间的把握能力从此跨出了一大步。

这时，成人应该放弃自己的走路节奏、生活节奏去配合孩子，让孩子在敏感期内得到充分、良好的发展。

当走的能力发展起来时，孩子可能会重新回到妈妈的怀抱寻找慰藉、爱意和温情。他会走了，但他开始说：“妈妈，抱抱！”

走：换个角度看世界

记得儿子在八九个月大的时候，总是不停地想站起来，当我把他放在我的腿上时，他就会使劲地蹬他的腿，把我的腿踩得很痛。我当时特别疑惑，他腿上的力气怎么会这么大？等到 11 个月大时，他渐渐地可以自己蹒跚着行走了，便乐此不疲。这个时候的孩子根本不知道“累”，在他的字典里，仿佛只有一个字，那就是“走”。这让我感到了生命的奇妙。

当儿童把所有的注意力都放在一件事上，并反复地重复这件事时，我们知道，这就是儿童的敏感期。

当走的敏感期出现时，几乎所有的家长都能观察到孩子对走的钟爱。这时，孩子喜欢不停地走，尤其刚刚学会走的孩子，甚至可以走好几里地那么远。但孩子的走和成人的走是完全不同的，成人是为了目的而走，而孩子是为了学习走而走，为了建立自己的存在而走。

孩子一旦学会了自己走路后，他的世界就发生了变化。他的活动不再必须依赖于成人而进行，同时他的活动范围也迅速扩大。此时，当孩子看到一个喜欢的东西，不再需要成人的帮助，而是自己走过去拿。这对孩子来讲，是一个多么大的突破！这意味着生活开始由他自己支配了！

因此，蒙特梭利说，这个时期是孩子的第二次诞生。从孩子出生开始，经历了抬头、坐起、爬的全部过程。在孩子第一次尝试着通过自己的努力，而迈出第一步时，他的身体开始走向独立。而周围的环境也刺激着他、鼓励着他继续前进。尽管此时孩子的内在并没有目标，但是，他的走就是全部目标。慢慢地，孩子开始由一个不能自主的人，成长为一个积极主动的人，而这个发展过程，完全是由他的个人努力完成的。

几乎所有的妈妈在孩子“走的敏感期”出现时都有一个深切的体验：孩子总是充满热情地走着，而我们却疲惫不堪地跟着。在孩子的这个特殊时期，许多成人选择抱着孩子，而不是让孩子按着自己的步伐和节奏去活动去探索，这就剥夺了孩子通过自己的努力获得成长的机会，也阻止了孩子靠自己的努力走向独立的脚步。

值得注意的是，一旦孩子学会了走路，到2岁左右时，他就再也不想自己走路，他会想尽一切办法让你抱着他。因为，这时候孩子“走的敏感期”过去了。

王瑞君

空　间

喜欢探索空间，最早表现为爬、抓、移动物体等，
稍大一点则喜欢爬高、旋转、扔东西等。

“爬”向世界

儿子8个月大的时候终于会爬了！他常常无比兴奋地高昂起那张灿烂的小脸，使劲到处爬，搞得自己满头大汗。这让我高兴的同时也有一丝担忧：

儿子呀，你的能力提高了，危险也就增大了，一定要小心啊！

一天下午，我带儿子到楼下玩。玩了一会儿，只见他冲着石阶外一片茂密的植物迅速爬了过去。已经接近石阶边缘了，他丝毫没减速，这时我突然反应过来——石阶外的地面比石阶矮很多，植物的高度却与石阶相近，儿子不可能知道那是一个大陷阱！说时迟那时快，儿子左手已重重按到了叶子上，整个人头朝下栽了下去，叶子一阵晃动，儿子不见了，只剩一双粉红色的小脚在石阶边上挂着。我冲到石阶边，手忙脚乱地捉着那双小脚把儿子捞了上来。

宝贝儿子的身体没有受伤，更奇怪的是他居然没哭。我定定地看着他，出乎意料，在他的眼神里我看到了迷惑，千真万确，是迷惑！

我把他轻轻放下，他又迅速向石阶边爬去，但在离石阶30厘米远的地方停了下来，俯下身子，慢慢爬到边缘，极小心地伸出手去按叶子，又退回来，又向前爬，按了按叶子，然后转身往回爬。

我知道，他什么都明白了……

看着他一左一右扭动的小屁股，我心里无比欣慰。

策策爸爸

孙瑞雪：

策策的父母在孩子还没出生前，就接受了爱和自由的幼儿教育培训。父母精心准备的结果，就是对孩子的心智成长有了足够的了解，并因此具备了科学的、高水平的爱孩子的能力。这也是我们心目中接纳新生命的理想状态。

因此，策策出生后，他们没有像其他年轻父母一样，因为无知而对新生命有很多疑惑和担忧，他们把全部精力放在了帮助孩子生命成长上。在这篇文章里，读者能看出，他们清晰地知道策策的认知发展到了哪一步，需要什么样的帮助。

困　难

一天，我带策策到后花园玩。他仔细抠着石板上的一个孔和小石子，我走到不远处的小草坡上等他。玩了一会儿，他果然哼哼唧唧地爬过来找我了。爬到小石路与草地的交界处时，他突然停了下来，然后一左一右来回爬，就是不肯向前。我心里疑惑，他离我只有三四米远，怎么突然不肯向前了呢？他越来越急，最后干脆哭了起来。我走近才发现，原来他面前有几棵杂草，高度刚刚够到他的脸。他就是被这几棵歪歪斜斜的杂草给挡住了。天哪！这个已经能爬小山坡、爬进小河蹚水的20多斤重的“小伙子”，居然被这么几棵杂草挡住了。他隔着草，泪流满面地看着我，要我伸手抱他。我伸出手，轻轻地说：“策策，爬过来。”他见我伸出了手，停止了哭泣，但当看清楚我并不是要抱他时，哭得比刚才更伤心了。我伸直胳膊，手离草只有20厘米，轻声说：“策策，爬过来！”他奋力睁了睁泪眼，哭声变成了号叫，紧接着双眼一闭一头撞了过来，趴在我怀里一顿痛哭！

打那儿以后，策策不仅再也不怕杂草，而且在10个月的时候，就能跨越草地周围35厘米高、35厘米厚的灌木隔离带了。他先是寻找一处看上去不太密集的地方，用肚子将灌木压住，然后整个身体向下压，爬过去。到目前为止，我还没见过其他同样大的孩子做这个动作。谁能想到，他曾经被几棵歪歪斜斜的小草难为过一次呢？

策策爸爸

孙瑞雪：

因为父母的原因，策策对环境建立了很好的安全感。在8个月时，策策就开始全方位感知空间、探索空间了。

如果一个孩子在几个月时就知道如何战胜阻力、不断探索，你能够想象他的未来是什么样子吗？探索世界是人的自然天性，这一天性能否得到发展取决于是否得到了及时、足够的爱和能够探索的自由。从这个角度来说，很多孩子从出生那天起，就以分钟计算被淘汰出正常孩子的行列了。

爱扔东西的楠楠

1岁5个月的楠楠不久前刚学会走路，他喜欢扶着床边走。看见床上的枕巾，拉下来扔在地上，很满足地看一看，继续走；看见书，把书推到地下；自己的玩具也一件件通通往地上扔。

有时候，他扶着墙走到鞋架旁，把鞋架上的鞋一个个全扒拉到地上。

王灵雪

孙瑞雪：

我们设想，幼儿早期可能以为自己和外界是一体化的，要明白自己和他物是分离的、物与物也是分离的道理，幼儿需要2年至3年的时间。当他能够行走，使用手、移动物体就成为幼儿早期探索世界的集中表现。手的敏感期、走的敏感期、空间的敏感期接踵而至，使孩子开始“征服”他能够涉足的任何地方。

抛撒、搬运和垒高

“哗”的一声，2岁6个月的小宝宝又将豆子撒了一地。这已经是第三次了。我和王老师对视了一下。看来暂时不能指望她归位了，我过去帮她归位。她很快发现老师在不停地将豆子归拢，这个发现让她更起劲地将豆子撒到其他地方。伴随着豆子“啪啪啪”落地的声音，她的脸上透着微微的惊喜。

小宝宝还喜欢将教具搬来搬去，把立体几何组拿到梯道里或者和其他小朋友一起将它们藏到工作毯里。如果圆柱体插座的洞穴里有珠子，不用问，那一定是小宝宝干的。

有一天，小宝宝发现粉红塔与棕色阶梯可联合垒高，她欢呼雀跃地站到了小椅子上，要与那塔状造型比高。在工作时间里，老师不断发现小宝宝将彩色圆柱体组从她的工作毯上扔到别人的工作毯上，或者把珠子、蚕豆一颗颗地扔在教室的地上。

在餐厅里，常常可以看见小宝宝推着小椅子跑来跑去。

看来小宝宝空间的敏感期到来了。

吕景玲

孙瑞雪：

儿童通过抛撒、移动物体来探索空间，感知他和物品、和空间之间的关系。把里面的东西取出来，把外面的东西塞进去，是幼儿认知空间的最初过程。

空间、时间的敏感期

文◎孙瑞雪

空间、时间的敏感期是所有敏感期中最有趣的一个敏感期，因为透过时间和空间，我们一下被界定在一个位置，这个位置在早先还是一个感觉的状态，在其后的发展中，位置就逐渐转换秩序。如果没有对时间和空间的感知，就不会发展出更为抽象的秩序。

所有的孩子出生时从子宫摔落到一个大空间中，首先要体验的必须是空间。他要在空间中体验空间，使用自己的身体体验空间，然后透过超越自己的身体，探索这个物质世界的空间，才能够把自我跟现有的物质世界完好地结合在一起。

同样，儿童从出生开始也必须感觉时间。刚开始——有了需求，哭，马上就要得到，不懂得这是需要时间的。然后，在成长的过程中，急切感逐渐得到一些缓解。想要——得不到，哭声可以不那么急切。再然后，想要，不是什么都可以马上得到，可以稍微缓冲一下。直到5岁，儿童才逐渐发现，所有的事情和愿望是要通过时间来完成的……直到孩子在内心不仅感觉而且可以把握时间。不仅事情需要多少时间，而且获得什么样的心理和智力需要多长时间，也开始在孩子的内在建构出来，时间的智能变成了一种高智慧的历史感，世界和自己就被放进历史的长河和宏观的把握之中了。这个过程是依靠孩子在自由的环境中完成的。

所有这些心智都是在具体的生活中，依靠儿童的兴趣完成的，它体现在生活的点点滴滴。所以儿童喜欢做什么，就变得很重要。

满满喜欢寻找下水井盖上的洞洞，然后将小东西从洞眼儿塞进去；在墙上发现一个洞眼儿，也会往里面塞东西。塞东西到一个洞洞里成了他乐此不疲的工作。妈妈看他忙乎着，虽然不打断他，却满心疑惑。

我们知道儿童空间敏感期的发展从0岁开始一直持续到6岁，而最早的空间敏感期是这样的：他首先会发现这一物体和那一物体是分离的，所以他喜欢把一些东西从高处拨拉到地上，然后寻找，再拿到高处，拨拉下来。这是儿童最早的对空间的感受。这个感受过去之后，儿童就会发现：一个空间里边的能抖出来，外边的能塞进去。所以儿童见了洞洞就会把一个东西塞进去。这个活动在儿童1岁左右的时候非常频繁。

紧接着儿童开始不断垒高、推倒，再垒高、推倒，这是最典型的感知空间发展的一种能力，是对空间感受的过程。这个感受是儿童智能发展的关键所在。接着儿童会对一个狭小的空间非常感兴趣，比如钻到大衣柜里、桌子下面玩耍。之后儿童对爬到某个高处开始有兴趣，我们常常看见小朋友反复爬楼梯，实际上，这都是儿童在运用身体对空间把握的一个过程。比如说，儿童不用腿走着下楼梯，会倒着下，原因是儿童对手的把握要超出脚，所以儿童必须对手有把握以后，才有决心和心理能力使用他的腿，这样结合起来，他才觉得能准确把这个楼梯的过程走下去，这就是身体对空间的探索。这时候的孩子对爬窗台、爬桌子、爬楼梯、爬栏杆都会有巨大的兴趣。

这个阶段过去以后儿童的能力又得到了提升，开始喜欢从高处往下跳跃。这个过程除了儿童在感受空间的大小外，他还在用他的皮肤、他的肌肉、他身体所有的东西来感知这个空间有多大、多高、多远。儿童发现自己从这个高度往下跳的时候，心理已经能够承受了，就会跳下去。儿童透过经验发现对这一空间高度得到把握，能够再一次承受，就会探索更高的空间。所以对空间的把握，完全取决于一个人在心灵上能够承受多大的一个空间的状态，这决定了儿童未来对这个世界的探索能力，为未来发展奠定了非常重要的基础。

空间的敏感期可能给家长造成的危机感比较大。很多妈妈因为害怕，不许孩子趴在桌子上，不许从窗台上往下跳，不许孩子钻到一个小地方……实际上很早的时候国际上就有一个“视崖实验”：儿童在玻璃板上爬行，但凡看到玻璃板下面有一个在视觉上表现出低洼的部分都不会爬过去。这证明儿童对环境的把握是有天然的自卫意识的。我们可以跟在孩子几米以外保护他，而不要没完没了地唠叨，不要设置那么多的限制，不要在孩子刚有点不平衡的时候就把手支上去扶住。妈妈需要有承受危险的心理力量，不要把这种危险“说”给孩子，这会给孩子带来巨大的危机感，破坏儿童自己保护自己的能力，同时也使他丧失了探索世界的机会。

所以我们要告诉家长的还是那一句话：给孩子爱和自由。所有的孩子在这个年龄段都会有这样的需求。空间敏感期对空间的探索，是儿童一个自我创造的过程、一个突破极限的过程。

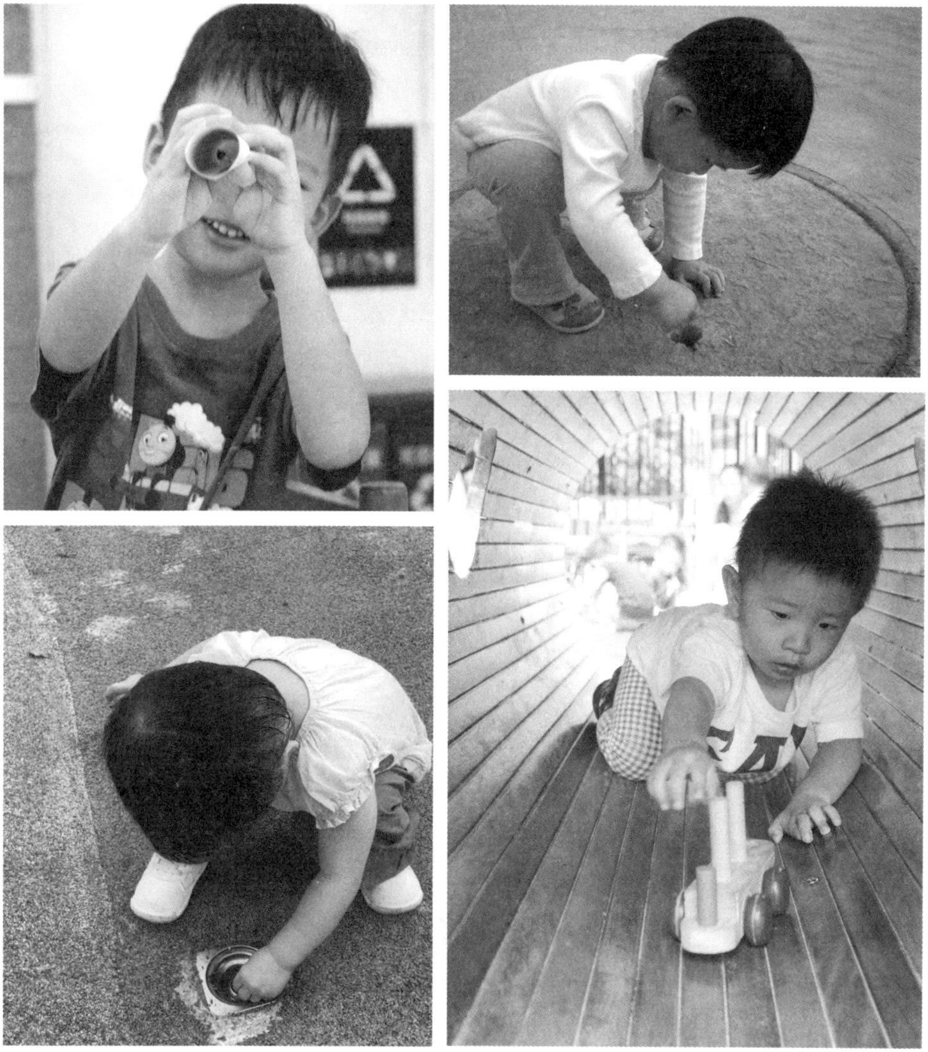

无论洞在哪里，都会被孩子发现，因为孩子的生命此刻就对洞感兴趣。

孩子需要在各种各样的空间中来感知不同的空间。上下、里外、空旷与狭小、方圆。只有在小的空间中孩子才有明显的空间感。孩子透过感知不同的空间进而建立空间的概念。

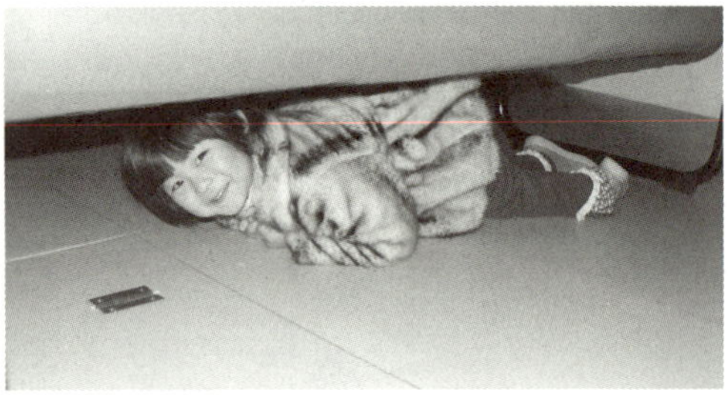

感受空间，发展到承受更大的空间，这实际同时也是一个心理承受能力发展的过程。

同样是空间，体验的模式是不同的，孩子在静态的空间体验中逐渐走向动态的体验，通过物体的运动探索空间。

细小事物

对极小而精致的东西感兴趣。

“这个？”

刚学会走路时，贝贝对她能够活动的范围内的细小事物极感兴趣。在小区的喷泉周围散步时，贝贝看到地上有很多小彩灯，便蹲在地上用手指按呀按、抠呀抠的；平时走路时看到地上的瓜子壳、小石子、小纸条，都会捡起来研究一番；和她一起讲故事时，大大的画面上她通常会指着角落里不起眼的小花、小草问：“这个？”

一次，爸爸把买来的动物挂图挂在墙上，让贝贝认识动物，贝贝指着挂图上的图片一个个地问：“这个？”爸爸就一个个地说明解释，还不时地为每一个动物配音，贝贝听了很是兴奋。忽然挂图掉了下来，贝贝走上前指着挂图上方用来固定在墙上的小眼儿问：“这个？”爸爸想着如何用简单的语言解释，贝贝已经趴在挂图上很认真地研究这个小孔的作用了，于是认识动物的活动无法继续。

赵艳红

孙瑞雪：

看微小的东西需要专注，需要耐心，需要聚精会神，需要时间。这些甚至比那观察的对象本身还重要。

蒙特梭利说过，儿童在 1 岁半到 2 岁时会有一个对细微事物感兴趣的敏感期。细微事物的敏感期使儿童掌握事物的细节，但这不意味着儿童总是这样的，一些成人想当然地认为关注细微事物是儿童所有时期的特征，这是把一种敏感期“泛化”地理解了。儿童的敏感期很多很多，每个敏感期出现的时间都不固定，同一个敏感期中儿童的表现也不尽相同。

细小事物的敏感期

一位家长带着孩子来参观幼儿园。她的孩子1岁2个月，刚刚会走。在参观时，我发现这个小宝宝总是停下来，去看地上的小东西。我走近一看，原来是一颗绿豆。她捡起绿豆，用拇指和食指小心翼翼地把它捏在指尖，还不时地用眼睛搜索着周围的地上，看还有没有绿豆。于是我也蹲下来，帮助孩子寻找。这时，一种感觉油然而生，生活原来可以与自然这样的接近。而儿童的生命就是这么的接近自然。

一颗绿豆大小的石头粒，一根细细短短的小线头，一片指甲盖大的小纸屑，丝毫不会引起我们成人的注意，可是它们都是吸引孩子的好东西。孩子就是在这些东西上，探索和发展着他们的触觉和视觉能力。

1岁到1岁半左右，是儿童能够将手的活动和整个身体的平衡联系起来的时期。在这个时期，腿是儿童的运输工具，把儿童从这里带到那里，而手就用来探索和工作。随着手和身体平衡的发展，儿童的手和腿都开始有力量了，他们的活动开始变得灵活起来。对儿童来讲，观察和抓、捏细小东西本身，就是在发展他们小手的肌肉和手眼协调能力，而这就给以后发展他们的精细动作打下了基础。

皮亚杰认为，儿童首先是通过简单图式发展认知和认识外在世界的。因此，儿童起初对世界的认识一定是从微观开始的，并且外在世界在他们的眼里也是微观的。儿童在能够实现行动上的自我控制后，就开始尝试着用各种各样的方法来增加对环境的认识，在这个认识的过程中，简单图式不断地增加，并且不断地通过调节让本能的感觉活动上升到知觉状态。认知的过程就这样展开了。

另外，在儿童的世界里，探索、观察自然是他生命的一种特殊现象（和成人相比较）。因为这是生命自我创造的过程，所以儿童对整个世界充满着好奇和兴趣，甚至是热爱。世界在他们面前生机勃勃，对他们具有强烈的吸引力。与此同时，在他们的耳朵里、眼睛里、嘴里、鼻子里、手上都蕴藏着巨大的探索的能量。他们必须发展并越过本能感觉的阶段。这正是儿童的生命不同于成人生命的地方。成人用知识和大脑来理解世界，儿童则用自己的经历将环境内化了，这就是创造生命。这与忙碌的、感觉麻木的成人形成了鲜明的对比。

所以蒙特梭利说：儿童对细小事物的观察与热爱，是对已无暇顾及环境的成人的一种弥补。

王瑞君

“什么不起眼的小东西都逃不过我的眼睛哟。”

秩　序

急切需要并保护一个精确且有秩序的环境。

萱萱的秩序

萱萱最近有些不一样。

早上到幼儿园，她一定要先去把小熊送到楼上自己的小床上，才肯下来吃早餐；上午参与主题课，她一定会早早地坐在绿线上，等待老师过来，然后坐在老师旁边；在手工区工作时，萱萱在工作完了之后，必须把桌上的和地上的“作品”全部放在书包里，放学后带回家；午休前，她一定要自己选择一套衣服，把上午的衣服换下来；午休时，她必须盖上有小熊的毯子（她有两个被子），并且要自己盖；午休起床时，无论有多么重要的事，萱萱一定要先穿袜子，再穿裤子，再扎头发；吃饭时，萱萱一定要自己选择菜，如果未经允许把菜盛进萱萱的餐盘里，她会把饭倒掉，然后再装一份……

原来，萱萱是到了秩序的敏感期。无论做什么事情，她都会依据自身内在的秩序来完成，否则，她会哭着说“不”，并且把事情再做一遍！

邓小彦

孙瑞雪：

对儿童来说，秩序通常意味着一种可预见和可控制的环境。这样的环境有助于他们建立信任和安全感，从而更容易专注于学习、探索和社交。秩序也能教会儿童如何规划时间、设定目标和解决问题，这些技能在日后的生活和工作中都是非常重要的。

萱萱正处在秩序的敏感期。这个时期程序和秩序给儿童以安全感。如果程序和秩序被打乱，会给儿童带来极大的混乱和不适。对这时的幼儿来说，世界是以不变的程序和秩序而存在的。这种程序和秩序进入幼儿内心，成为幼儿最初的内在逻辑。这就是儿童的思维，有时称“直线式思维”。后来，儿童的这种逻辑在形式上开始改变，不变的逻辑核心被抽象出来，在此基础上，事物的形式可以变化，甚至千变万化。

秩序成习惯，习惯成自然，自然成人格，这一切来自童年，是童年造就了一个人的基本品格和素质。

秩序的敏感期

文◎孙瑞雪

秩序的概念

在儿童发展的背景下，秩序指的是事物有其确定位置和一致性的规律。它不仅包括物理空间中的物品排序（如玩具、喝水的杯子、吃饭的座位和书籍的固定位置等），还包括生活中的常规和习惯（如餐饮、睡眠和游戏的固定时间等）。秩序帮助儿童建立对世界的理解，提供一个可预测和安全的环境，这对于他们的认知和情感发展至关重要。

秩序敏感期的重要作用

• 提供安全感：在这一敏感期，固定的秩序和常规为儿童提供了安全感。当儿童能够预测接下来会发生什么时，他们感到更加安心和舒适。

• 促进认知发展：通过理解和遵循秩序，儿童学习分类、排序和逻辑关系。这是基本的认知技能，为后续更复杂的思维能力打下基础。

• 支持自我调节：当儿童在日常生活中期待并遵守一定的秩序时，他们在自我管理和自我调节方面也会有所提升。例如，知道某个活动后接着是午休，可以帮助他们调整情绪和行为。

- 增强责任感：秩序的敏感期还鼓励儿童学习责任。明确的物理和时间秩序让儿童知道他们需要参与维护这一秩序，如整理玩具或遵守作息时间表等。

父母应对儿童秩序敏感期的策略

- 提供有组织的环境：保持家庭和教室环境整洁有序，每样物品都有固定的位置。
- 建立常规：创建并保持一致的日常常规，如固定的用餐、洗漱和睡眠时间等。
- 教育秩序的价值：通过游戏和日常互动，向儿童解释秩序的重要性，让他们参与创建和维持秩序的活动中。
- 灵活应对：虽然秩序重要，但也需要教育儿童学会适应变化，培养他们在不同情况下保持平衡和灵活性的能力。

理解并支持儿童在秩序的敏感期的需求，是帮助他们建立一个稳固、有序且富有成效生活基础的关键。这不仅对他们当前的安全感和满足感有益，而且对他们长远的发展和成功也具有深远的影响。

秩序是文明的基础

文◎孙瑞雪

为什么幼儿在出生不久就自发地要求秩序呢？

这种需求到底对孩子意味着什么？

这种品质的建立，又对孩子意味着什么？

对人类社会有什么意义？

一个生命的有机体，肯定是结构和秩序的，这是大自然的定夺，也是一个科学的系统。这种秩序还表现在系统的存在形式上。就像医学对人体的认识一样，我们有呼吸系统、神经系统、血液系统、泌尿系统……它显得奥妙、有趣和复杂。这些系统既独立工作，又在一个整体的结构中连接、彼此牵制和支持。

上面的这个说法非常重要，你可以假设：人这样一个生命体，以如此的秩序化的结构系统存在着，他所产生的无形的内在的心理活动、认知活动和精神活动又如何不彰显秩序和结构呢？这几乎是不可能的。我们尝试着说，认知是以逻辑的秩序表现的，精神是以法则的秩序表现的，心理是以规律的秩序显现，统合起来我们说内在的秩序是以智慧表现的。

如果秩序是大自然的定律，那么环境的秩序在教育中的意义就一定是配合孩子，帮助孩子发展内在的秩序，和孩子内在的秩序配对了。

所以，我们把秩序分为内在秩序和外在秩序。

如果儿童的内在一定是秩序的，那就一定需要外在秩序的配对，结果是造就了秩序的人和秩序的环境，然后这个秩序的人又会创造一个秩序的社会。

还有一个秩序蕴含在生命的后面——成长也一定是秩序的。这个秩序蕴含在成长的秘密里。我们把这种秩序称为成长的法则，这是其中之一。发现和观察出这一点尤为重要。

假如这些都被尊重了，那我们的孩子将是怎样的呢？

通过观察我们知道，一旦儿童有了良好的秩序感，自我的形成就成为可能，内在就是和谐的。

有了内在的秩序，人与人之间的关系就变得有界限、承诺、规则、友善，关系就可以持续发展下去，关系也将是和谐的。

环境中的秩序表现在规则中。每个孩子在一个群体中生活，都知道自己的位置，该干什么，并能专注于自己的发展中。这似乎意味着，因为人遵守了内在的秩序，并且在外在也执行了这种秩序，生命的能量就有了目标，孩子就把注意力集中在自我成长、探索未知的世界之中了。

秩序还是诚信的基础。一个孩子在秩序的环境中长大，会形成程序意识、规则意识、独立意识和契约意识……这样的孩子成人后，就成为一个有秩序的社会人。这个社会的人就会遵守秩序并创造秩序……这样，人和社会就都有了安全感，开始信任社会和他人，就有了尊严。长此以往，这种感觉就逐渐成了人的基本品质，人也就会变成一个诚信的人，社会也变成一个诚信的社会。

秩序的破坏会给儿童带来不安全感，思维的混乱、感觉的混乱、情绪的混乱、心理的混乱，儿童不得不把精力转移到对无秩序环境的抗争中，不得不浪费生命成长的时间。在一个混乱的社会里，由于生存的机会不具备公平性，由于无规则和秩序，人的权利在无序中取决于其他……这样就产生了一些适合这样社会的品质，如卑微、讨好、投机、钻营、权力欲、暴力。

有可能我们没有太多的能力把握生命内在的秩序，但我们清晰地知道，秩序的敏感期到来时，我们应保护儿童、理解儿童、尊重儿童、协助儿童，尽可能给儿童提供一个有秩序的外在环境。

区分内在秩序和外在秩序本身并不是秩序中的关键。儿童内在的秩序我们无法改变，它就像生命需要成长一样，是自然法则的一部分。我们可以把握的是环境的秩序性，这是我们确切可以做到的。环境的秩序指的是物质环境的秩序、人文环境的秩序、心理环境的秩序。

外在物质秩序大概容易建立，我们可以为孩子的发展设计一个有序的、整洁的物质环境。但人文的、心理的环境取决于人，这就变得复杂和游离起来。

内在秩序和外在秩序之间存在着一种关系，儿童的生命世界和外在的物质世界，在早先是由人来连接的，这就产生了一种关系，这种关系也是人文环境的一部分。人文环境的核心，是儿童生存和成长的心理环境，它必须也是有秩序的。

这是最难以保证的，它取决于成人，成人的一系列状态……为了保证心理环境的秩序，所以就需要建立基本的规则，不是儿童遵守，而是成人尤为要遵守的规则，这样才能把关系中的权威变换成规则。这是一个文明的上升。

规则是每个儿童得到均等发展机会的保证，是儿童全方位发展的保证，还是儿童建构智能、独立平等以及文明品质的保证。所以，秩序必须人人遵守。

一旦成人不能保证这种秩序，它就会被权威代替。在一个权力本位的社会，决定孩子一切的是教师，就如同决定教师一切的是校长，秩序就不是掌握在每个人的手里，不是自发的，而是靠外力强制而产生的纪律，秩序就变成了权力。因为这一点，才使儿童惧怕学校，惧怕成人尤其是教师，也使家长讨好教师，企盼教师对自己的孩子好一些。这种环境造成了一系列心理问题，造成了智能的平庸、人格的卑微、人生的乏味。

这是秩序背后的秘密。

秩序对于成长中的孩子意味深长。

模　仿

最早表现为模仿一个词或一应一答，重复进行；也模仿动作。

宝宝学说话

阿萨1岁8个月。一天晚上，家人一起在餐厅吃完饭后，出了餐厅门，没见到爷爷，于是芊芊（姐姐，5岁）大声喊：“爷爷——”忽然，又听到一个嫩生生的声音：“爷——爷——”

哇，原来是阿萨，这是他第一次叫爷爷。他叫爷爷的时候特别卖力，向前弯着腰，伸着脖子，皱着眉，用力喊：“爷——爷——”似乎这是一件要用全身的力气才能完成的工作。

阿萨学说话了，当教他叫爸爸的时候，他小心地、轻轻地发出“吧——吧”的声音，后来我们发现不论是教他说什么，当他不熟悉的时候，他都轻轻地、小心地、郑重地，像吐出一个宝贝珍珠似的吐出那一个一个的音，而在我们大人这里，这些字已经被我们用得一点感觉都没有了。但对这个刚学说话的宝宝，这些字却好像无比珍贵、无比神圣，不能够随意地吐出。

教他叫姨，他轻轻地说“姨——”；叫妈妈是响亮而充满期待的“妈吗”；叫姐姐，虽然发音不准，“姐——及——”姐姐却是最能听明白的一个。要拿奶瓶吃奶了，阿萨总是认真地滚在自己的小枕头上，远远地伸出一个小手指头，通常是食指，喊着：“奶——奶——”

特别好玩的是，会说些字之后，他不再随地尿尿了。想尿尿的时候，伸着两只手，冲向妈妈，嘴里念叨着：“浇——浇——”那个意思是，抱起来，把尿浇出去。刚开始，我们谁都没听懂，急得阿萨在地上直转圈，后来用手捏住小鸡鸡，对我们说：“浇——浇——”妈妈这才猜出来，急忙抱着他去卫生间，小宝宝长长地出了一口气。

2 岁左右，阿萨非常喜欢模仿大人的话，尤其是给他读故事书的时候，不论句子多复杂，妈妈讲完一句，阿萨总是很认真地跟着念一句，用他稚嫩的、有些含混的声音，间断地念出长长的句子，一句不落。

就这样，从一个字到两个字，再到三个字以上的句子，阿萨的语言进步飞快。在 2 岁 2 个月左右，已经会说“姐姐上幼儿园”“爸爸开车上班”“坐爸爸车车去海淀公园玩”等复杂句子了，虽然发音还不是那么准，常要我们猜猜他吐出的一大串发音是什么意思。还好，5 岁多的姐姐在这方面很在行，是他的小翻译。

孙颖（阿萨妈妈）

孙瑞雪：

语言模仿是儿童模仿的一个重要的内容。最早，是对一个字或一个词的模仿，在某一段时间是对一句话的模仿。其后就是自己对语言的内化和创造了。

学　舌

下班回到家，我问小帅奶奶：“妈，小帅（1 岁 8 个月）早晨几点起床的？”小帅这时正在茶几上玩小汽车，他听到后，又开始学着我们说起来。

小帅：“小帅早晨几点起床的？”

奶奶：“好像 8 点半吧！”

小帅：“好像 8 点半吧！”

我又问：“他吃东西了吗？”

小帅：“他吃东西了吗？”

奶奶：“吃了几块饼干，刚才又吃了一点米饭。”

小帅：“吃饼干、吃米饭呢！”

我问：“韩阳还没有回来吗？”

小帅：“韩阳还没有回来吗？”

奶奶：“回来了，又下楼买电池去了。”

小帅：“回来了，又下楼买电池去了。”

我和小帅奶奶再也忍不住了，就“哈哈”地笑起来。小帅也学着我们“哈哈”假笑了几声。但他这时还是在继续玩车。

小帅正处于日常语言建设的敏感期，在这一时期他总是不断地模仿成人在生活中的常用口语，并不断地重复练习这些口语。

秦莹

孙瑞雪：

在日常语言建设的敏感期，儿童模仿口语，练习口语，感觉语言的音韵，并不断重复使用语言，在使用中把语言内化。这是儿童学习语言的方式。家长或老师一定要注意自己的口头语言，要说文明的、规范的、准确的、富有美感的口语。

茵茵总是学朗朗

班上的茵茵到了模仿的敏感期，特别喜欢模仿，而且模仿的相似度很高。

在餐厅里，茵茵和朗朗坐在一起，朗朗做什么动作，她都跟着做。朗朗用舌头舔舔勺子，茵茵也跟着舔舔勺子；朗朗站起来，她也跟着站起来；朗朗坐下，她也马上跟着坐下。

在卧室，茵茵也模仿别的孩子。豆豆用被子盖住头，她也跟着用被子盖住头。豆豆举起手，她也跟着举起手。甜甜说："老师，我要喝水。"茵茵刚喝完水回到床上，但她也马上说："老师，我要喝水。"

在教室里，主题课的时候，羽晗的右腿动了几下，茵茵也马上模仿着动了几下。羽晗看到后笑了一下，她也跟着笑了。

茵茵看到什么都会模仿一下，而且模仿得很像。我知道，她在通过模仿来构建自我。

左海梅

模仿的敏感期

文◎孙瑞雪

模仿的敏感期是指儿童在特定发展阶段对模仿周围环境中的成人和其他儿童行为、语言，表现出特别强烈的兴趣和能力。这种敏感期通常开始于婴儿期，并在儿童早年持续显现，大约持续到6岁左右。在这个阶段，儿童通过观察和模仿他人的行为、语言和情感反应来学习和适应他们的文化和社会环境。

模仿的敏感期是一个螺旋状的敏感期，这意味着这种敏感期不是线性的，而是会随着儿童成长经历不同的阶段而呈现出周期性的增强和减弱（在本书第八章有详细说明）。儿童可能会在某个阶段表现出对特定行为或技能的强烈模仿欲望，随着时间的推移和技能的掌握，这种强烈的模仿需求可能会暂时减弱，直到他们遇到新的挑战或发展任务，模仿的需求又会再次增强。

这种螺旋式的发展模式反映了儿童在成长过程中对环境的不断适应和整合新技能的能力。在模仿的敏感期中，儿童不仅仅是在复制成人的行为，更是在通过这种行为来理解和内化社会规范、技能和知识。这为他们提供了一种通过观察和实践学习的强大方式，是他们社会化过程中不可或缺的一部分。

孩子必须通过模仿才能形成自我

文◎孙瑞雪

一位妈妈说："我儿子现在 1 岁 4 个月，非常喜欢去厨房看大人炒菜、蒸饭、烧开水，喜欢自己打开橱柜，拿出勺子、铲子、油桶、酱油瓶、水壶玩耍。我个人认为只要安全，又有大人看着小孩，就尽管让他看，让他玩。他玩的过程也是学习的过程。而我婆婆认为要让小孩懂规矩，要让小孩明白这些是厨房用具，不能用来玩，认为我太惯着他了。真不知哪种观点是正确的？"

"模仿"这个词，使用在这个 1 岁 4 个月的孩子身上是最合适不过的。只是很多老人并不知道"模仿"是 0 ～ 3 岁很重要的智力发展过程。

"模仿"是指孩子重复原型所显示的行为，表明儿童的心智已经发展到领悟和掌握某行为背后能力的时候了。

模仿是儿童对自己身体行为上的一种确认，就好像儿童可以停在某一种系列的动作中，然后将此动作重复出来，最终形成自己的能力。由于它是身体的，因此是动作的模仿。这也是刚开始的模式，发展到后来，当然是对更抽象的事物的模仿。比如，语言的模仿、个人气质特质的模仿、风格的模仿……

成人后，模仿也是启动与模仿者心智相接近的某种智能和生命内在的需求，最终超出模仿者，形成自己的特质。但无一不是从模仿开始的。这实在是一种了不起的成长模式。就好像一个音乐家在听完一首美妙乐曲时，可以在乐器上重复一样，只是人们不称其为模仿。就如同一个学生喜欢他的老师的一切：行为、气质、语言、思想、思维模式等。事实是，那就是模仿。模仿是成长的一个临界点，模仿存在于人的一生中，一直发展到确定他们所属的范畴，也就是将自己的属性归类，模仿才结束。

对于儿童来说，如果他看到某一行为自己无法确定而不能完成时，就不会模仿，而会苦恼和焦虑。或是儿童根本没有发现这个行为的时候，也不能模仿。2岁左右最明显。

在许多儿童的科教片和儿童认知发展的教材中，我们很容易找到这样的例子：婴儿躺在垫子上，父亲的脸对着他，伸出舌头，婴儿也伸出舌头，父亲笑了，婴儿也报之以微笑。这是婴儿在几个月时，有选择性地模仿。因为这时候，婴儿对自己口的使用是最有能力的。如果做出同样手的动作，儿童的敏感度就不够或者根本不会察觉和模仿。

当孩子成长到2岁时，孩子不但模仿各种行为，而且开始模仿社会性行为，并且可以把行为协调起来，系列模仿。儿童有选择性地模仿，基本集中在对父母行为的模仿上。所以父母炒菜，他也炒菜；父母扫地，他也扫地。与此同时，我们会发现孩子还会经常性地重复父母的语言、表情，重复父母的某些特定行为。儿童要透过这一个过程，由一个简单的生命状态过渡到一个更高的状态中，也是儿童从内在世界走向外部世界最早期的实践过程，这个过程大约会持续半年的时间。表面上看这一阶段的孩子似乎没有自我，但我们要知道的是，孩子必须通过这一阶段才能形成自我。

如果这个过程没有很好地度过，这一阶段的发展就会滞后，所以我们也常常看到五六岁的孩子模仿老师或一些大孩子的行为。

上面那位妈妈说的模仿行为相对更容易接受。日常生活中还有一些看起来似乎更加无聊的模仿，比如，有些孩子模仿摔倒，再摔倒，再摔倒……每一次摔倒都带着巨大的喜悦。父母不明白孩子为什么重复这样毫无意义的举动，就会制止儿童。而这个制止的过程恰恰破坏了儿童敏感期的正常发展，从而妨碍儿童智能和认知的发展。智能发展的阻碍必然会伴随相应的心理问题的出现，这都是成人后大脑平庸的一个早期的现象。

J. 凯根说："对于儿童，模仿可以是一种获得愉快、力量、财富或别的渴望目标的自我意识的尝试。"所以我能给父母的最好建议就是：一是让孩子去做，模仿没有对与错；二是尽量放慢自己的动作，满足儿童模仿的需要，给孩子成长的空间，使孩子平稳地度过这一时期。

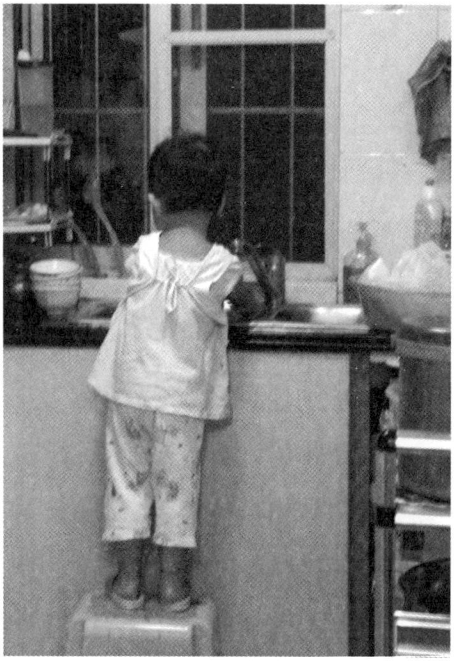

2 岁的宁宁正在厨房里模仿大人忙家务呢。

自我意识

表现为咬人、打人、说“不”等。

把饭装进口袋带回家

小意3岁，刚入幼儿园不长时间。最近小意天天口袋里装着饭菜回家，口袋里油乎乎的，有米饭、菜、鸡肉、面条，有一次还装了个饺子。

妈妈问小意：“为什么把饭装进口袋里？”

他说：“装回来给妈妈吃的。”

妈妈说：“妈妈不吃，这样装不卫生，有细菌，还把衣服裤子弄得脏脏的，不要再装了，装回来也是不能吃的。”

起初妈妈还很感动，孩子这么小就这么用心。可给小意说过后他还是装饭回来。于是小意妈妈找了老师沟通，询问老师是不是要求孩子必须吃干净饭菜，不能剩，而孩子吃不完又害怕就装回来了。

老师主题课确实讲了用餐礼仪的内容，讲了吃多少盛多少，不要浪费。但老师也跟小意说了，确实吃不完就倒进垃圾桶，不能装进口袋里，这样不卫生。小意还是继续把食物装进口袋。

于是老师又观察了几天小意吃饭的情况。小意每天都会尽量吃完饭，吃不完的时候老师就上前主动找小意说：“可以倒进垃圾桶。”并带小意一起去倒，可小意走到垃圾桶旁边就是不倒。老师提示可以倒掉了，小意就哭着说：“我的饭，给妈妈吃。”

原来是因为饭是“我的”，“我”要决定如何处置“我的”饭。

老师向小意妈妈反馈了情况，请她和学校一起，尊重小意的选择，不强迫他。

过了一段时间，小意果然不再装饭菜回家，吃不完会像大孩子一样倒进垃圾桶。

王灵雪

孙瑞雪：

在自我意识敏感期，孩子通过物质上的拥有来体验抽象意识中的“我的”，通过自由支配自己的物品来建立起自己和他人的界限。这一点非常重要，没有“我的”的存在，就没有真正的人格力量。

审　美

要求食物或用具必须完整。

不完美的花卷

牛牛在餐厅吃早餐，自己选择了三个花卷，一个一个拿起来看，看完放在桌面。

我过去询问他：“请问你吃吗？”牛牛不回答。

我又问：“你是不喜欢花卷，想吃其他的吗？”此时我也把其余食物移到他跟前。

这时牛牛有些着急，说“我要吃”，然后指着被他放在桌面的花卷说：“这个有裂缝，这个有洞，这个缺了一个口。”

我说：“这些都不完整，你需要吃完整的，是吗？”牛牛愉悦地点点头。

然后我就给牛牛找完整的花卷，他开心地吃起来。

杨嘉玲

孙瑞雪：

审美的敏感期通常出现在儿童的成长早期，孩子开始对周围的环境和物品的美感有更加明显的反应和要求。

- 对美丽和整齐的事物特别感兴趣，如对颜色、形状或物品的完整性有明确的偏好，就像牛牛对花卷的完整性有特定的要求。
- 对不完美或缺陷特别敏感，任何小的缺陷，如裂缝、洞或其他形式的不完整，都可能引起他们的不满或拒绝。
- 通过情绪表达对美的感知，如果他们的审美需求没有得到满足，可能会表现出焦虑或失望，如牛牛的着急和最终的愉悦反应。

应对审美敏感期，家长和老师需要注意什么呢？

- 鼓励并尊重儿童的审美选择，即使这些选择看起来对成人来说并不重要。例如，如果孩子选择食物时对完整性有特殊要求，应该尽量满足这一需求。
- 当孩子因审美需求未被满足而感到不安时，父母和老师要提供必要的情绪支持，帮助他们理解和表达自己的感受，同时引导他们学习如何适应环境中的不完美。

审美的敏感期

文◎孙瑞雪

审美的敏感期通常出现在儿童 2 岁半至 6 岁之间。在这个阶段，儿童对周围世界的美感有着天生的吸引力和响应，他们倾向于注意和欣赏美丽、完整、和谐、整洁、有序的事物和环境。

在这里，我们不得不重申儿童的审美对儿童的重要性。儿童的审美教育与他们的精神和道德品质的形成密切相关。审美教育不仅仅关注于艺术和美的认知，更是一种全面的情感和伦理教育。因为儿童对美好事物的欣赏能力，在潜移默化中让他们追求和维护美好环境和高尚情操。

有些父母在和我们沟通的过程中告诉我们，当孩子看到电视上那些违法违纪的事情时，他们不是对那些事情有兴趣，他们的认知可能还达不到对法律和道德规则的理解，但他们会说："为什么那个环境那么乱、那么脏呢？为什么人都是怪怪的？"小朋友已经能够观察并感受到环境的质量和氛围。他们知道哪种环境是令人舒服的，哪种环境是令人愉悦的；哪种环境是不安全和不适宜的。这种直觉是孩子社会化过程的一个重要的方面，它帮助孩子区分正常与异常的社会行为。

因为孩子在幼儿园的环境或者家庭的环境非常干净、有序，有审美，那么小朋友就根据这些经验，对脏乱的环境以及怪异的人的描述，来表达他们对这种情况的情感反应和道德判断。这正是审美教育给孩子带来的益处。他们已经可以透过自己的观察和询问来学习社会规范和道德价值。这正是透过审美为儿童奠定下来的一种道德基础。所以我们期望，父母和教育工作者能够意识到，审美对儿童的重要性。

审美与儿童的哪些品质有关呢？

审美教育可以帮助儿童建立积极的世界观和价值观。当儿童学会欣赏和创造美好的事物时，他们往往会发展出一种内在的秩序感与和谐感。这种感觉可以转化为对生活环境的尊重以及对他人的同情和理解能力。

- 审美体验的力量：体验美的过程本身就是一种强烈的情感体验，这种体验能够深刻影响儿童的情感和品性发展。例如，通过音乐、绘画或诗歌，儿童能够体验到人类情感的深度和复杂性，这有助于他们理解和表达自己的情感，也促使他们更加关心他人的感受。

• 环境与行为：一个整洁、有序且美观的环境可能会激励人们表现出更好的行为，而混乱和不愉快的环境可能会引起焦虑和负面行为。因此，为儿童创造一个美丽和积极的生活、学习环境是非常重要的。

• 道德与审美的联系：道德教育和审美教育之间存在天然的联系。通过艺术和美学体验，儿童不仅学习如何欣赏美，更是在学习如何做人和如何与世界和谐相处。美的体验常常与高尚、正义、和谐等概念联系在一起，通过这些体验，儿童可以建立起正面的价值观和行为模式。

儿童的审美教育是其整体教育的重要组成部分，它关乎情感、认知以及道德发展。通过美的体验，儿童不仅能够形成健康的心理状态，还能建立起对美好和正义的追求，这对他们成长为有责任感和有同情心的成年人至关重要。

审美如何在儿童的生命中产生影响?

当我们清晰了儿童的审美教育对儿童的意义后，我们回过头来看一下，审美体验究竟是如何在儿童的生命中产生影响的。

儿童可以通过审美体验，探索和表达自己的情感。艺术作品和美丽的环境可以引发强烈的情感反应，帮助儿童理解和表达喜怒哀乐。例如，听某种音乐或观看某种颜色组合可能会使儿童感到安心、兴奋或安静，而混乱和杂乱无章的房间会让人感到焦虑不安。

一些人研究家庭环境和教育成果之间的关系，他们认为儿童发展过程中，环境对学业是有影响的。有序的家庭环境，有助于孩子发展良好的学习习惯和自我管理能力，尤其是对理科和数学尤为重要。那么，反向理解就是，家庭杂乱无章、混乱，对孩子的理科和数学学科的影响比较大。这个研究结果让我感到非常有趣。至少说明一点，家庭整洁、环境有序一定对人的心理和情绪有非常大的影响。因为有些学科是需要人高度集中注意力，并且进行抽象思维的。混乱的环境可能会导致儿童的压力和焦虑，影响他们集中注意力。

审美活动，如观察艺术作品、参与舞蹈或音乐表演，能够促进儿童的观察力、记忆力、抽象思维和问题解决技能。例如，通过绘画或雕塑，儿童学习如何将抽象概念具体化，并在过程中锻炼其空间和视觉智能。

审美体验可以激发儿童的创造力和想象力。面对一个开放的、多解的艺术创作任务，儿童可以自由地探索和实验，这种过程促进了儿童的创新思维和自我表达。儿童可以透过某种具体的实物，比如泥巴、彩纸、水彩、画笔，把自己内在的情感和想象表达在具体的实物上，并呈现出来。

儿童在进行艺术和美学体验时，可以学习如何理解和欣赏不同文化和背景下的美学表达，这有助于培养他们对多样性的尊重和同理心，促进社会和谐。

参与艺术活动和成功创造美丽的作品，可以增强儿童的自信心和自我价值感。艺术成功的体验对于儿童建立积极的自我概念是非常重要的。我们这里指的成功，不是说儿童的作品获得了什么奖，或者是艺术成就高的作品。只要儿童能够把自己内心的想法、感受、想象、意愿，完整地呈现在一个具象的实物上，那么这就是一个成功的作品。

艺术和美学不仅是表达个人创意的方式，也是文化和历史的载体。儿童通过艺术，可以接触和学习不同时代和社会的历史背景及文化价值，有助于他们形成全面的世界观。比如，在不同的节日创作不同的作品，剪纸、做糖葫芦、做汤圆、包粽子、写福字、写对联……对儿童来说，不仅了解了不同地域的文化和历史，同时这些也是儿童的作品，让他们充满了成就感和喜悦。

儿童在审美的敏感期中对美的反应是直观和情感的，他们通过这种美感体验来理解和联结世界。儿童可能会被特别鲜艳的颜色或某种音乐旋律深深吸引，或者对某种图案或设计表现出强烈的喜好。例如，在新年的时候舞狮子，大红的狮子配着音乐，可以让孩子兴奋无比，而且孩子也非常喜欢红色的灵动的狮子……在审美的敏感期中，为儿童提供美观、有序且富有艺术性的活动，可以支持他们的整体发展。

审美的敏感期不仅是儿童对美的感知，也是他们情感和认知发展的重要部分。通过与美学元素的互动，儿童可以发展其观察能力、情感表达和创造力。此外，这也是他们学习如何欣赏和创造美好事物的基础，对他们长大成人后的艺术欣赏和个人审美有着深远的影响。

儿童审美成长的历程

文◎孙瑞雪

孩子2岁的时候，有一天，你将一个苹果切开或者将一块饼掰开给你的孩子时，孩子会突然大哭起来，并且把饼和苹果扔了。究竟发生了什么事情呢？你可能会想：这个孩子太贪婪了！他为什么要那么大一个？那么大他是吃不了的！但是，对一个2岁的孩子来说，他认为一个完整的苹果才叫苹果，一块完整的饼才叫饼。

在幼儿的世界里，孩子在发现着一个巨大的秘密：完整的东西才是完美的。审美，并且是宏观的审美，在这个时候悄悄地走进了人类早期的感觉和思维中。

最早期儿童是透过吃开始的，因为吃维系着孩子的生命，审美也就从吃开始了：苹果是不是光洁？是不是红润？孩子能够迅速从盘中找到最好的那个。假如有一个斑点，那这个苹果就不能走入儿童的世界，也绝不会被儿童吃掉。对于一个儿童来说，吃掉那个苹果等于把那个不完美吃进了身体。这种完美会形成某种心态，薯条自然必须是一整根的，不能断掉；红薯交到孩子手中时，红薯皮自然要完整地包裹在红薯的外面，剥掉了是不完美的，就如同香蕉的皮不能被剥掉给孩子一样……审美的情趣就这样如同食物一般被吃进了儿童的身体，成为他生命的一部分。

但这些要求总被父母误解为生存经验一般的东西。在几个月的时间内，这些行为由于成人的忽略而很快被破坏掉了。

其后，儿童审美的注意力会放在他所使用的事物上：纸不能有豁口，不能折；一笔画下去没有遂愿，这张纸自然就不完美了，扔掉；化化丹（儿童的食物）的瓶盖没有了，自然是不可以的，找不到瓶盖那是一件多么痛苦的事情——找到盖子，并且把它盖上，一切变得完美起来！实际上这正是儿童审美敏感期到来的景象。而成人是这么认为的：纸折了一点还是可以再用的；一笔没画好可以重新再起一笔，否则就浪费了；化化丹的盖子找不到可以不找，找那个细小的瓶盖是多么麻烦啊！正是两个世界的不同，成人没有办法知道儿童究竟需要什么。儿童建构自我的机会就在成人的误解中丧失掉了。

当儿童把高度的审美透过外在事物完善之后，就会回到自己的身上，对自己的身体以及和自己有关的事物产生强烈的兴趣。在我们的幼儿园里常常看到，冬天里女孩子是怎样痴迷地穿着白纱裙，并且感受着白纱裙穿在身上时公主般的感觉，这是对自身审美的需求。我们同样可以看到，一个 3 岁的孩子，穿着妈妈的高跟鞋，如何艰难地从楼梯上走下来，如何艰难地迈出每一步。高跟鞋在这个孩子脚上穿了 3 天，第三天后她放弃了，因为她找到了与自己的审美相和谐的东西。我们还可以看到，孩子是如何把假发别在头上，又如何在装扮的过程中最终学会欣赏自己的头发……这个物化的过程，最终透过一连串的尝试，内化为儿童审美和文化的一部分，成为儿童生命的所在——这就是审美敏感期的作用。

今天我们常常看到白色的墙上有着黑色的脚印；跨进楼道，我们看到墙面到处是污垢、痰迹；公共绿地的各个角落里扔满了食品垃圾……我们生活的环境有太多的混乱、肮脏，这些东西实际是我们内在生命的外在展现，是我们破坏了早期儿童敏感期的一种代价！

如果我们保护了儿童审美成长的整个历程，我们就保护了自身的道德。因为道德品质不来自道德自身，而来自人类最早期建构的审美。

分享成长

有些文章没有放入某个敏感期，放在这里，以供分享。

沙和孩子的成长

幼儿园里有4个沙池，每个孩子入园时，无一例外都留恋沙子，这种留恋会持续几个月甚至几年。带着孩子到湖边、海边、植物园玩耍时，还是沙子抓他们的心。玩沙，玩着玩着，就和水玩到了一起，玩沙总是和玩水连在一起。正如我们所见的，孩子玩沙玩到一定程度，一定会玩水。

小欧来幼儿园的第一天，进了沙池，抓起一把沙，沙从他的小手指缝中流出，落在手臂上，再从手臂上落下，这感觉让他惊喜万分。李宗林刚进幼儿园时，好动得不得了，但只要一进沙池，马上就变得宁静下来，能在沙池里玩好几个小时。半年后，李宗林专注的品质形成了。回想十几年的教育生涯，我很难找到一个不爱沙子的孩子。

孙瑞雪

孙瑞雪：

沙到底给了孩子什么？

有人说，沙发展了孩子的数学心智，我还没有琢磨出其中的道理。我的发现是：儿童对符合自己心智并且变化大的玩具兴趣大……任何一种人为的玩具都无法与大自然的赐予相媲美，沙和水适合所有心智状态的孩子，玩法变化无穷，每个孩子依据自己的心智，进行自己的玩法。这就是大自然赐予孩子最好的礼物。

沙既是固体的，又是流体的，它变化无常又易被掌握，它那无穷尽的形态和用之不尽的玩法，从本质上满足了儿童内心的需求和操作中的创造性。加上水，水可以将沙固化，也可以将沙液化，和沙一结合，就变得奇妙无穷。

大概除了水之外，没有任何一种东西比得上沙的奇妙，也没有任何一种玩具能如此多方面地满足孩子的需要。最后，无一例外，孩子总是将水和沙融为一体，在沙水之间找到新的玩法。

我常常看到，孩子拿着各种小容器，一趟趟穿梭在班级和院落之间，一次只盛一点点水、一点点沙，几个小时乐此不疲地来来回回，那情景如天国一般。

实际成人也乐意玩沙，在海边，大人踩在沙上，用这样的方法亲近自然，满足人那原始而永不会放弃也不能放弃的心理需要。

酷爱高跟鞋的芊芊

从1岁2个月会走路的时候，芊芊就开始对高跟鞋感兴趣。到2岁多时，她更加狂热地喜爱高跟鞋。家里妈妈所有的鞋，凡是带一点跟的，都被她找出来，排成一排，每天都要把每一双鞋穿一穿，在家里走来走去。妈妈是不爱穿高跟鞋的，因为芊芊又去买了两双中跟鞋，虽然这还没有达到芊芊的要求（她最喜欢那种又细又高的跟），但已经能让她欢喜了。你常常会很惊奇，那个小小的脚，穿上大大的带跟的鞋，居然也走得有模有样，很少崴脚。

我家附近有一些小店，摆着一些好看的鞋，芊芊几乎每天都要去，试一试那些她看中的鞋。然后对妈妈说："妈妈你以后穿这双鞋。"店员小姐都已经认识了这个爱高跟鞋的小宝宝了。

一次我们去旅游，在一个不太大的城市的商场，人不多，她几乎把柜台上所有的鞋都试穿了一遍，有100多双。

2006年夏天，芊芊刚2岁5个月，我们去成都旅游。其间去一个朋友家玩，我那个朋友很爱高跟鞋，选鞋的品位也很好，她的鞋柜里有各种各样的漂亮高跟鞋，产自不同的国家。芊芊一下子就被吸引住了，试穿了各种不同的高跟鞋，最后选中一双黑色带白边的高跟皮鞋，产自意大利，很漂亮的流线型，细细的跟大概有7厘米高。芊芊欣喜极了，将小脚伸进去就再也不肯拿出来了，穿着它走来走去，还上下台阶，居然一次都没崴脚，看她的表情，满足而愉悦。

到了我们该走的时候了，无论怎么劝说她都不肯把鞋放下，朋友很爽快地答应可以把鞋带回酒店。芊芊开心极了！

从朋友家出门，芊芊就穿着这双大大的、带着细细高高跟的皮鞋，走到车上，一直到酒店门口，下了车，依然不肯换自己的鞋。于是我们就跟着这个2岁多的穿着大人的细细高跟鞋的小姑娘，一步一步穿过酒店大堂，在众多的惊奇的目光中，上了电梯，走过了过道，到了房间。此时我的朋友的眼睛湿润了，她告诉我她太感动了，芊芊对美的追求是那么的执着。

在房间里，芊芊不论干什么都要穿着她的高跟鞋，一直到睡觉，她把那双鞋好好地收在床旁，然后才上床睡觉。可是，不知睡了多久，她又醒来，有点像梦游似的，拿着湿纸巾把鞋子仔仔细细地擦了一遍，包括鞋底和鞋跟，摆好，才又上床睡了。

我们在四川旅游了10天，那双鞋就一直带着，不论到哪里，只要在旅馆一住下，你就能听到高跟鞋“嗒嗒”的声音，那是芊芊在过道、大堂走路的声音。直到回北京之前，和芊芊好好地商量了一下，她才同意还鞋，最后是她自己把鞋用纸巾擦了，包好，送还给了那个阿姨。

孙颖（芊芊妈妈）

孙瑞雪：

孩子的个体差异和男女差别，决定了孩子的部分审美。许多小女孩对服装、服饰有着极高的敏感度，有的孩子对高跟鞋如此痴迷，有的孩子对服装如此痴迷，有的孩子对小饰品痴迷……就像男孩喜欢军装，女孩喜欢裙装；男孩喜欢武器，女孩喜欢头饰……这些带有性别特征的审美取向，滋养和柔软着这些孩子，使男孩更加阳刚，女孩更加柔美。如果你仔细观察，就可以发现这些都彰显在孩子气质中。

第三章

2岁半~3岁

自我意识产生——私有意识产生，明确指明“这是我的”。
秩序——需要并保护一个精确且有秩序的环境。

自我意识产生

私有意识产生，明确指明“这是我的”。

“我的㞎㞎是我的”

几天前，时代廊桥幼儿园的一个小朋友，在走廊上拉㞎㞎了。就在老师去给她拿裤子的时候，她把自己的㞎㞎包了起来，老师来时发现不在了，就以为是打扫卫生的阿姨来收拾了。在卫生间里，老师帮她洗屁股，她告诉老师，㞎㞎已经被她扔了。拉完后，她再也没有让任何人动过她的书包，包括平时可以动她书包的老师她也拒绝不让动。幼儿园的老师都知道她这段时间一直是这样，所以没有太在意。放学回家后，妈妈爸爸打开书包一看，大吃一惊。原来，她把她的㞎㞎带回了家。在问孩子原因时，孩子的回答更令人惊诧：“这是我的。”

看完这个故事，你一定会被孩子的举动惹得捧腹大笑。尽管这是一个比较特殊的例子，它却让我们了解了儿童的一个秘密，那就是自我意识的产生。

其实在孩子2岁左右的时候，许多妈妈都开始注意到，当其他的小朋友来家里玩时，自己的孩子不愿意和别人分享玩具，也不愿意让别人看他们的书，就算是他自己不想玩的、不愿看的也决不让别的孩子动。谁一拿，他立刻就说：“我的。”有的小朋友在户外玩耍时，见到别的小朋友玩东西，就要跑过去不由分说地抢过来，而且振振有词地说：“我的。”然后强行据为己有，妈妈们总是被弄得哭笑不得。

我们在幼儿园也能看到处于这个阶段的孩子，他们上幼儿园时带的所有东西都不许别人动，也不让老师帮助他们提书包或别的东西。有时候书包特别重，有时候还要带被子，孩子就宁愿把东西拖在地上拉着走，也不让老师帮助，必须亲自拿着，因为那是他的。即使是进教室时脱下的鞋子，也要坚决地放在自己的书包里，当然就更不愿意给别人分享任何东西了。在这个年龄的孩子，什么都是“我的”，拿什么都是“我的”，总之全都是“我的”，好像这时候他们唯一的事情就是看着“我的”所有的东西，除此之外的任何事情都不重要了。

这些时候父母常常感到不解，感到难堪，觉得没法改变和说服孩子，甚至习惯性地把孩子的这些行为解释为自私的表现。如果这种现象再持续下去，家长们就会说：“我这孩子怎么越来越自私了，什么都不让别人动，动不动就说‘这是我的，这是我的’。”实际上，这个时候孩子的表现跟自私是毫无关系的，我们一定要区分清楚自我和自私的关系。自私指的是在利益上发生冲突的时候，我们选择了损害他人的利益，而满足自己的利益，这样的情况才叫作自私。那么自我呢？指的是一个人可以按照自己的意愿、情感、心理和意志的需要行使自己的计划、支配自己的行为。

那么，孩子为什么会有这样的表现呢？

儿童在一出生时，他是没有自我的，他和世界是浑然一体的，儿童的成长过程就是一个自我建构的过程。在这个建构的过程中，最初儿童是通过占有属于自我的东西来区分自己和他人的，当儿童占有了自己的东西，当这个东西完全属于他时，儿童才能够感觉到“我”的存在，这也是儿童的自我诞生的标志。

此时的父母应该满足儿童的这个需求，不要谴责孩子的行为，这样，我们就给了孩子一个良好的成长环境，因为这是儿童建构自我的开端。

王瑞君

孙瑞雪：

儿童出生时，意识是混沌和与万物浑然一体的，要从这样一片汪洋大海中脱离出来，是自我分离和发现自我的过程。分离是一个庞大的系统工程，孩子占有的表现是这个系统工程的一个环节（在后面“自我的诞生”一文中会有详细描写）。

“这是我的”

在托儿班中，2～3岁的孩子正处于自我意识的敏感期。这个时候，他们经常使用“我的”“我不”“我不同意”等表达，这成为了老师日常需要处理的问题。例如，有一次我带着两个孩子，嘟嘟和多米，在户外活动时发生了一个关于书包归属的争议。当多米动了嘟嘟的书包，我询问“这个书包属于谁”时，两人同时坚称“是我的”。

这种情况下，我问他们：“如果你说是你的，这个东西真的是你的吗？”其中一位孩子摇头表示否认，但仍旧说“是我的”，虽然并没有真正拿走那个物品。这类对话几乎成为他们的日常语言。据班级老师所述，最难解决的就是当你问一个孩子某物的主人是谁时，他会坚称是自己的，而班上其他几个孩子也可能跟着说“这是我的”。

老师认为孩子的概念其实相当清晰，他们只是喜欢表达“这是我的”。因此，老师的任务就变成了帮助孩子明确每件物品的真正主人，确保概念的清晰。这种表达不仅仅是模糊不清的语言游戏，而且孩子试图通过语言确认和表达自我。除了明确“我的”，老师还需教导孩子理解和构建“你的”“他的”“别人的”等概念，这是自我意识发展的一个重要阶段。从“我的”开始，逐步扩展到认识和尊重他人，这是孩子社会化过程中关键的一步。

杨嘉玲

孙瑞雪：

2 ~ 3 岁，儿童开始明显表现出自我意识的萌发，这是他们发展过程中一个关键的阶段。

在这个阶段，孩子通过使用“我的”来标识属于自己的物品或空间，这帮助他们建立“自我”与“外界”的界限。这是自我认同发展的起点，孩子开始认识到自己是一个独立的个体。

“他打我了！”

院子里有哭声，我跑出来一看，3 岁的宝宝正哭喊着，旁边的小男孩毫无表情地摆弄着手里的玩具。我问宝宝：“你怎么了？”

“他打我了！”

我问男孩：“你打她了？”

小男孩抬起头，毫无表情地说：“我没打她！”

我又问宝宝：“他说没打你？”

宝宝大哭说：“他打我了！”

小男孩还是面无表情，边玩边平静地说：“我没打她！”

我感到疑惑，想了一会儿，问宝宝：“他怎么打你的？”

宝宝用手一指——平整的水泥地上有一个堆得尖尖的小沙堆。宝宝说：“我让他踩一脚，他不踩。他就这样打我了！”

啊……这原来就叫打？！

该如何处理呢？我看着宝宝的眼睛，对她说：“宝宝，他可以踩，也可以不踩。你不能强迫他。”

宝宝吃惊地看着我，逐渐平静下来，然后转身走了。

小男孩自始至终都很平静，没有辩解。

我们的一位家长曾经骄傲地对老师讲，当他强制孩子时，孩子对他说：

“爸爸，我有自由意志，你不能强迫我！”

多年的实践经验，使我越来越坚信：在一个没有权威的环境中生活，对孩子是多么重要！他们学会用自己的眼睛认识生活和真理，寻找幸福和把握自由。

孙瑞雪

孙瑞雪：

在这里，儿童用“打”这个词表示“他不照我说的做”。儿童2岁时自我开始苏醒，“打”是儿童的心理语言，儿童用打表示“不愿意”“走开”。

儿童的语言和成人的语言有差别。我们一直要求老师和家长倾听孩子，让孩子把所有的纠纷自己说清楚，要求成人用更高的心灵和精神同孩子交流。

自我的诞生

文◎孙瑞雪

有人说，婴儿出生时同世界是一体的。我观察过许多婴儿，相信这个说法。但是，婴儿长到2岁甚至不到2岁时，就开始发现自己同世界实际是分离的。自我就这样开始悄无声息地萌芽。

因为这一点，幼儿从2岁开始，就惊人地以自我为中心。

0～6岁的儿童（有的孩子一直持续到12岁），几乎将他全部的热情和注意力集中在了自我的建构中。因此，皮亚杰透过观察发现，0～6岁的儿童是以自我为中心的。如果没有这样的激情和全部的投入，婴儿就永远无法形成自我，最后也无法走出自我，成人后就真的以“自我为中心”了，也就丧失了“我”与他人、社会分离的机会和界限。成人世界许许多多的纠葛，就是无界限造成的。

没有自我，就等于混同其他人，并在人群中消失。我们所期望的创造力、幸福感、独立性、意志就无法出现在我们的身上。

让我们看看自我在儿童的成长中是如何表达的。刚开始，幼儿用打来表达他不同意、不喜欢的态度。这里打的含义是排除、不同意的意思。但这个时期很快过去，接踵而来的是说“不”，什么都是“不”，做与不做的都是“不”。这是意识上的最早分离，通过语言表现。在这样持续的发展和深入的重复中，儿童感受着“我”与他人分离的快乐。

儿童在自然法则的感召下，一刻不停地形成自己。这就告诉我们，儿童必须走他想走的路。走自己的路就必须先形成自己。已经形成的自我，在以后的几年里会表现得更为充分——从排除他物，到说出“不”，到坚定不移地坚持自己的看法，到在形成自我的过程中，建立和派生出优秀的个人品质、专注和意志。一个人最核心的部分就形成了。

当儿童选择了他要做的事情，他就必然专注。任何一位家长和老师都能发现这一点。成人也如此，人天生喜欢按自己的意志做事。因为能做自己喜欢的事，儿童便不断产生对人和环境的信任和依赖，并因此心满意足，变得安静、专注起来。这种持续性的生活，最后形成儿童的意志，独立也随之而来。独立促使儿童会用自己的眼睛看世界。

实际上，大多数孩子生长到9～12岁时，已经开始思考许多本质的问题。例如，“成人为什么是不可改变的？”“为什么书上说的和现实社会不一样？”“为什么大人对待孩子和农民对待驴一样？农民打驴是为了让它快走，父母打孩子是为了让他学习，这实际并没有差别。”“难道人活着就不会有别的意义了？”这些都是孩子的原话。

丧失自我的孩子，内心充满了挣扎。成长到12岁时，一个拥有自我的孩子，和一个没有自我的孩子，在处理同一件事情时，人格状态有巨大差异。例如，一个吸毒者引诱一个意志独立而坚定的孩子，说：“吸一口吧！不吸就不是男子汉。你是胆小鬼吗？”这些语言不会使独立的孩子产生犹豫和挣扎，因为他归属于已经形成的自我，他不需要从归属别人那里而寻求安慰，并且他能清晰知道对方的意图。但丧失自我的孩子，因为有人对他说“这样做”“那样做”，他容易在别人的自我中迷失了自己，于是，他可能屈从别人，寻求归属。

没有自我，不能归属于自己，必归属他人。

自我意识

文◎孙瑞雪

儿童的自我意识是他们对自己作为一个独立存在的个体的认识和理解。这种意识包括了解自己的身体、情感、心理、想法、精神和与他人的区别。自我意识的发展是儿童成长中一个重要的里程碑。

在我看来，我们怎么形容自我意识的重要性以及自我意识的神圣性，都不为过。

自我意识的诞生犹如一道曙光，它揭示了一个全新的世界——一个孩子开始觉知自己，把自己从混沌中区分开来，逐渐创造自己、统合自己、主宰自己内心的世界。这一刻，标志着他从依赖到独立的重要转变。

自我意识的出现在儿童发展中不仅是一个关键转折点，而且可以被视为生命的第二次诞生。这一阶段的到来，标志着孩子从依赖直觉和感觉反应的存在，演变为能够有意识地认知和调控自己行为的个体。

我们需要从两个维度来理解自我意识，也就是说，自我意识在儿童生命中有着双重作用：一方面，它体现了孩子对自己的了解和认识；另一方面，在自我形成的过程中，它起着内在的统合作用。

我们先来看看自我意识的内在统合作用。

儿童从刚出生起，是依赖感觉反应存在的，或者还有直觉。自我意识的诞生，让儿童的内在拥有了一种自我组织的机制（我猜想，这个时候这种机制的诞生，完全是自然界赋予的一种天赋本能）。儿童通过自我意识开始内部整合。儿童通过五种感官获得的所有的信息，包括感觉的、情绪的、情感的、行为的，以及早期最简单的心理活动及智力萌芽，形成了一个较为混乱的感知状态。

自我意识的初步形成帮助儿童逐渐理解、调控、综合自己的体验情绪、感觉、心理系统，将体验和感受内化为有意义的信息。一个新的自我也在这个过程中重新形成，并在此基础上逐渐延展、扩大、螺旋上升。

这种能力使儿童能够从混沌的感觉和体验中辨识出模式，构建对事物的连贯理解。例如，通过区分喜悦和不适的感受，儿童学会寻求会令他们感到快乐的活动并避免不愉快的情境。

- 内在对话的发展：随着自我意识的形成，儿童开始与自己进行内在对话，这是他们理解自身行为和感受的方式。这种内在对话是自我发展的关键，因为它允许儿童在思考、行动前后进行自我评估和自我调整。

- 情绪整合：在自我意识的帮助下，儿童学会将自己的情绪体验与具体的事件或内在的想法联系起来。这不仅帮助儿童理解自己的情绪反应，还让他们能够找到更适合的应对策略，从而更好地管理和调节自己的情绪。

- 经验的连贯性：自我意识使儿童能够将过去的经历与当前的体验相连，形成一种时间上的连续性和逻辑上的一致性。这种连贯性是个体身份感的基础，它使儿童能够在生活的不同阶段维持一个稳定的自我概念。

- 决策和行为指导：当儿童的自我意识发展到一定阶段时，他们开始根据自身的价值观和目标来指导行为和作出决策。这种自我引导的能力是自主性和责任感发展的关键，它允许儿童在复杂的社会环境中作出适应性强的选择。

通过这种多方面的内在统合作用，自我意识不仅帮助儿童形成一个稳定、有凝聚力的个人身份，还能够有效地导航他们的社会世界和情感生活。在这个过程中，儿童的自我意识是他们从依赖到独立，从感知到理解，从反应到自主行动的桥梁。这种从内在到外在的发展，是儿童成长过程中最为根本和关键的部分。

再者，自我意识建构儿童对自己的了解和认识。

随着自我意识的觉醒，儿童开始理解和管理自己的情绪和行为。他们识别到自己何时感到生气或悲伤，并学会寻找成人帮助；或采用基本策略，如有意识的大哭、深呼吸、自我安抚。这种自我调节能力是学习更复杂社交技能的基础，也是避免冲动行为和发展良好人际关系的关键。

此外，自我意识的增强使儿童开始理解他人的感受和观点，发展出初步的同理心。他们学到自己的行为会对别人产生影响，并开始调整自己的行为以适应社交规范和他人的感受。例如，具有自我意识的儿童可能会意识到分享玩具可以使同伴感到高兴，从而促进更和谐的玩耍氛围。

在学习方面，儿童认识到自己在某些活动中表现良好或感兴趣后，会更有动力参与这些活动。自我意识的提升帮助他们理解自己的学习风格和偏好，使他们能够更有效地参与学习，从而在学业上取得更好的成就。

自我意识的发展还帮助儿童更好地理解和表达自己的情绪。他们开始用语言描述自己的感受，比如，“我难过，因为我丢了我的玩具”或“我开心，因为妈妈来接我了”。这种能力是情感智力发展的关键组成部分，对建立人际关系和未来的心理健康至关重要。

最后，随着自我意识的提升，儿童在面对决策时能够更加理性和明智。他们开始评估不同选择的后果，并根据自己的需求和长远利益作出选择。这种决策能力的提升是个体向更成熟、独立生活过渡的标志。

透过以上的内容，我们可以看到，自我意识在内统合出一个更加强大的自我的同时，其他部分作为一个系统也在同步成长着。我们把这部分称为不同层面的自我。如身体的自我、情绪的自我、感觉的自我、心理的自我、认知的自我、精神的自我。这些自我，像一个庞大的复合支持系统，最后会统合出一个完整的、整合的自我。它们最终将在生命中起着一个统领的作用。

自我意识的培养是儿童发展中的一个多维度过程，涉及多个层面。这种内在的成长是我们形成一个完整自我的核心目标，它是生命中最为根本和关键的成就。

秩　序

需要并保护一个精确且有秩序的环境。

重新开门

2岁10个月的苗苗入园已经3个月了。自入园以来她情绪一直很稳定，但最近开始，她总因为一些小事哭闹不停。她执拗的敏感期提前到来了。

爸爸妈妈开车来接她回家，妈妈抱着苗苗，爸爸顺手将车门打开，苗苗忽然大哭起来："让妈妈开车门。"爸爸赶紧把车门关上，妈妈重新打开了车门，可苗苗就是不上车，在妈妈怀里挣扎着："不要现在打开车门，要妈妈刚才打开车门！"爸爸妈妈无奈地等着，直到她情绪稳定了，才上车回家。

爸爸早晨送苗苗来，我正在为其他孩子脱衣服，她爸爸自己推开了教室的门，苗苗哭着不进来："要冯老师开门。"爸爸关上门退出去，我在里面重新把门打开。可是已经晚了，苗苗叫嚷着："要刚才冯老师开门！"

冯轶芳

孙瑞雪：

儿童秩序的敏感期呈现螺旋式上升的3个阶段：第一个阶段，为了秩序的破坏而哭闹，秩序一旦恢复就会安静下来；第二个阶段，为了维护秩序而说“不”，自我意识开始萌芽；第三个阶段，为了维护秩序而执拗，一切要重新来。

孩子执拗的这个阶段可能是老师和父母最为苦恼的时期，因为执拗的要求具有不可逆性，让人感到无奈。但尊重孩子这一生命现象是首要的，所要做的就是：一、成人放慢速度，注意观察和倾听孩子；二、已经发生了，就陪伴孩子，准许孩子把恼怒哭出去，让孩子把情绪哭出去，孩子自己就会接纳已发生的事实。

车走了新路线

3岁的胡杨坐校车回家。一次，司机马师傅送完媛媛后没有像往常一样掉车头，而是继续往前开。胡杨突然大哭起来。我惊恐地过去察看，发现她在座位上安然无恙，忙问她怎么了。她边哭边喊：“我要回家！我要回家！”

我忙解释：“马伯伯是送你回家，马上就该你下车了。”可她还是不断地哭，焦躁不安。

我不明白，又给她解释：“老师送你回家，马上就该你下车了。”可她还是哭着说：“我不走，我要回家，我要回家。”边说边焦急地指着后面的方向。

我恍然大悟：今天的车没有按原来的路线走。以前送完媛媛，车就掉头送胡杨，马师傅今天改走另一条路了。

我忙给胡杨解释：“这条路和那条路都可以到你家，马上就到。”可她一直没有停止哭，见到妈妈时还在哭。

从这次以后，每当改变路线时，我会提前告诉孩子，特别要解释给那些处于秩序敏感期的孩子。

王灵雪

孙瑞雪：

秩序感是蒙特梭利揭示出的儿童的重要敏感期之一。现实生活中，成人随意打破儿童的秩序会使儿童经受痛苦，而成人常常不了解这一点。

我们还不知道儿童心里到底有多少秘密，正如蒙特梭利所说，儿童的心灵是一个神秘的深渊，照料他的成人并不了解它。当我们不了解的时候，让我们怀着敬畏之心，给他们爱和自由。

毛巾归位

早晨，我从消毒柜里拿出毛巾，毛巾很烫手，烫得我没法将它们逐个挂在衣钩上，只好先搭在上面，抓紧时间整理教室。

整理完教室，才想起要把毛巾归位，走进洗手间一看，咦，毛巾已经整整齐齐挂好了。“一定是徐老师挂的。”我没太在意，直接上楼去为孩子准备早餐。

第二天早晨，依然是毛巾刚刚消毒，很烫，我依然先将毛巾搭在衣钩上。这时，刚入园不久的3岁的高忱跑进来：“老师，我要尿尿！”

“需要我帮助吗？”她没有回答，而是盯着毛巾看，然后烦躁不安地走过去，急不可待地拿起毛巾，把它们一条条挂在衣钩上，边挂边大声嚷嚷：“不是这样的，不是这样的嘛！”忙完这一切，她才走进卫生间。

也许昨天的毛巾也是她挂好的？

高忱不但注意毛巾是否摆放整齐，也很留意小朋友的鞋是不是归位了。如果有人把鞋放在门口，她会毫不犹豫地把鞋放在鞋架上，然后再去做其他事情。

文文

孙瑞雪：

儿童从出生几个月一直到6岁，秩序的敏感期是呈螺旋状发展的。儿童需要一个有秩序的环境，按一定的规则和习惯整理环境、把环境秩序化。这说明儿童已有了内在的秩序，这个内在秩序反过来检测环境、修正环境，要求环境符合他的内在秩序。

一个环节都不能错

幼儿园院子里传来孩子的哭声。我立刻跑了出去，看见贝贝正在哭。我问他：“怎么了？”他指着旁边的一个小朋友说：“他打我。”我正准备给他们解决问题，贝贝却指着他正在流出的鼻涕，示意我给他擦。我马上去给他拿了纸，他却摇着头说：“不！不！”我问他：“你要怎么样？”他说：“我要用我的毛巾擦。”我立刻想到了幼儿园给小朋友配的小毛巾。于是我抱着他上楼到洗手间，准备拿毛巾给他擦，他又说道：“不！我要用我的毛巾。”我先是迟疑了一下，然后问他：“你的毛巾在哪里？”他把我带到了他的书包前，打开书包侧面的小拉链，先拿出一个空的食品包装袋，然后拿出一小包吃的，最后拿出了自己的小毛巾。但是他并没有马上擦鼻涕，而是先把刚才拿出的东西放回书包里，并且拉上拉链。等他擦鼻涕的时候，动作已经是象征性的了，因为这时鼻涕已经被风吹干了。擦完后，他又拉开拉链，把小毛巾放进去，拉上拉链。

这一系列活动结束后，贝贝伸开双手，让我抱着他去解决问题。他的行为让我忍俊不禁，我不知道还有没有比这个孩子更有秩序的人了。对他来讲，被打了不重要，鼻涕干了也不重要，只有符合秩序的活动才重要。

其实，孩子从出生后的几个月就开始出现对秩序的喜好。在孩子的小脑袋里，“秩序”包括：他第一次看到某样东西放在哪里，那么就会一直坚持它所在的位置；每天回家的路线是不能改变的；出门一定要穿衣服、带包……总之，每一件事情都一定要符合秩序的需求，而这样有秩序的环境渐渐地使孩子产生了安全感。孩子透过有秩序的环境，来和自己的内部秩序配对。外在的有序可以使孩子形成内在的秩序——知觉归类。他将所有看到的归为一类，听到的归为一类，摸到的归为一类，闻到的归为一类，尝到的归为一类。当他发展了所有的感官后，就会从对感觉的认识上升到对知觉的认识，这样就形成了智能。这时，孩子对外部世界便有了自己的认识。

当秩序的敏感期到来时，孩子往往表现得非常“固执”，而正是对秩序的追求，使他开始理解这个世界，理解每个位置上的事物，从而达到和环境的融合。

人生之初，让孩子来决定怎样开始吧！因为他们都知道该怎么认识这个复杂而奇妙的世界。

王瑞君

秩序带来智慧和理性

文◎孙瑞雪

我们需要清晰“秩序”这个概念。秩序是指每件事情，划分清楚、井然有序、运作顺畅的状态。秩序的反义词应该是混乱、无序。

在这里，我们把秩序分为两种：一种是内在的秩序，一种是外在的秩序。内在的秩序，指的是人的认知发展，指人的智慧和理性。外在的秩序，指的是环境的井然有序、干净整洁，更重要的指一种社会的有序、和谐、文明。

对于儿童来说，理性尚未形成，智慧也尚未形成。但认知正在建构，建构认知就是将感觉秩序化的过程，是儿童成长的过程中，逐渐使儿童的内在秩序化，而不是走向混乱。秩序化的过程是形成智慧和理性的过程。

儿童认识世界的方式是用感觉来完成的。视觉、听觉、嗅觉、味觉、触觉——看、听、闻、吃、摸，当孩子把他看到、听到、闻到、吃到、摸到的这些景象，放入生命里边，放入大脑中的时候，他要把它们变成概念，或者是语言的碎片。而如此之多的东西，想要把它们逐渐转化成有序的内容，一定要秩序化，否则是无法形成思维的。这正是内在秩序化的意义。所以我们才会说，内在的秩序是形成智慧的关键。

而外在秩序是内在秩序形成和内化的条件。

我们大概都知道儿童是要按秩序来生活的。一日秩序是每一日的生活安排：早餐—活动—午餐—午休—活动—晚餐—睡眠，以及怎样活动的，听音乐的时间，吃酸奶、水果的时间，睡前阅读的时间，基本的框架是秩序化的。这是最简单的一日生活的秩序。

但是，如果你想让孩子能够自由地支配自己的生活，自主地行动，就需要在生活的细节上秩序化。衣服、鞋子摆放在何处；杯子放在一个固定的地方，渴了孩子可以自主地去拿；卫生间的设施，孩子内急时可以自己解决，无须成人帮助就能自己完成；孩子吃饭时坐的位置；等等。如果把这些东西在生活中全部秩序化，儿童就对他生活的空间和环境有了真正的把握，他的自主意识、安全感、自由度就会变大。

逐渐地，哪些是孩子的东西，哪些是爸爸妈妈的东西，哪些是家庭共用的东西，它们的位置都在哪里，该如何使用，这些在孩子的成长中都变得有序的时候，儿童的内在就和外在一样，清明有序，有边界，有条理。有句老话说“木匠的孩子易成才”，我猜就是因为木匠做任何事情都要测量，有边界，而且确定。我们在家里的秩序实际上就是为了做到这些：有边界、有条理、有位置、清晰明确、自主使用。

在这样的环境里，孩子的自由度、自我支配的能力、自主意识、界限意识、清晰度就开始大了起来。我们不是靠说教来完成这些的，而是靠生活，以及生活中的所有细节，来建构起这些意识状态和精神状态。你可以想象一下，当你的生活这样有序安排的时候，一粒种子已经发芽，有序地开始成长；一个树干慢慢抽出，一个树杈伸展开来，一片树叶有序地舒展……这就是生活的魅力，生活就是在这些细节中展开。

分享成长

“你永远都是妈妈的小宝宝”

我的表姐最近生了一个小男孩，她的大女儿3岁，正好刚上幼儿园，她就说也要喝妈妈的奶。我表姐特别接纳，她把挤出来的奶放在一个奶瓶里面。弟弟吃奶，姐姐就拿着奶瓶在旁边喝，大概喝了两周的时间，大女儿就再也不喝了。

湛颖瑶

我们家姐姐也试过。有一次她突然跟我说：“妈妈，我也想穿尿片尿尿。”她那时候应该8岁了吧，妹妹还在穿尿片。我说：“好啊。尺寸不太合适，妈妈帮你定个大尺寸的回来。”

我真的就给她买了一包试用装，加大码的。我说：“来，宝贝。货到了，你试一下。”她真的穿上了，然后她说：“妈妈，我发现尿不出来。”这是一个很有趣的现象。其实孩子背后的心理就是，她也想退化到小宝宝的时候，想再重新感受一下那种全然被照顾的、全然被看到的那种小宝宝的感觉。我们就看到孩子这个需求就好了。

你不用担心她会一直这样子，只要她这个需求被看到、被满足了，真的是从实际的表现当中满足，不是你嘴巴上说说而已。就像你说你表姐真的把奶给大宝喝；就像我，我真的把尿片买回来让她穿了，让她感受到。

你从语言上、行为上、情绪上都表达出来——

“你看，我的大宝宝还是我的宝宝。”我就这样抱着她。

“你永远都是妈妈的小宝宝。”

她那一刻表现得就像个小宝宝。不用半天，她就真的又回归到她自己的成长轨道上去了，她就觉得满足了。这种希望被妈妈全然照顾的心理，被妈妈看到了，她满足了，也就过去了。

杨玉萍

孙瑞雪：

我们每个生命，从刚出生到老，都希望能够受到关注。关注，是我们获得生命能量的一个方式。

当家里再出现一个婴儿的时候，父母的关注就会往更为弱小的婴儿那边倾斜。因为婴儿需要更多的照料，否则难以活下去，但是这个局面会直接影响另外一个孩子。这个大一些的孩子会想重温婴儿时期的状态，希望也能够像婴儿那样受到照顾。

重温婴儿期被照顾的感觉，大概是每一个人在面对挫折时都有的梦想，因为婴儿是全然地被父母关爱的。被父母爱着、关注着的这个感觉非常有吸引力。这个孩子认为，如果她穿上尿布，那个感觉就会再次回来。

婴儿的生命状态就是和世界浑然一体的，作为婴儿存在的时候，我们是看不见其他人的。但是作为一个已经脱离了婴儿状态的孩子再去像婴儿一样体验的时候，他是带着自己的感觉去体察、去辨识所有的发生的。他会自然地感觉到：我并不真的需要喝妈妈的奶，我穿上纸尿裤并不是那么舒服，像婴儿一样被照料并不是现在的我所需要的爱……他会因此对自己有一个更深的认识，跟自己的弟弟妹妹有一个更好的连接，父母的允许会让孩子看到自己，看到家里的婴儿，同时也看到爸爸妈妈和爸爸妈妈对自己的爱。

他的世界因为“看见”而扩展了，他能够看到一个关系更为复杂的世界。所以当母亲理解孩子的这份需求，用一个最具体的方式允许孩子回归婴儿的状态，这个孩子经历这个过程之后，成长又往前迈进了一步。

养育孩子需要付出巨大的爱心、耐心、精力、时间，需要常常面对被放下的自我去理解孩子的需求，更何况多照料一个婴儿。所以这些爸爸妈妈真的是非常好的爸爸妈妈。成人之后，很多心理治疗也是重温童年的历程，如果在小时候就在父母那里完成这一步，是多么难得的机会呀。

“我是孙悟空”

2岁半的胖胖是我们班的新生，他最大的兴趣就是模仿孙悟空。初次见面我就领教了他的这个本事。

“你好，我是你的老师，你可以叫我徐老师。”胖胖睁大眼睛直愣愣地看着我，好像没听懂我的话。不一会儿，他竟然舞动着金箍棒找妖精去了！这可把送他来的“亲友团”急坏了，赶紧把他追回来，重新把我隆重地介绍一遍：“胖胖，她是你的老师，就像唐僧是孙悟空的师父。”胖胖果然一点就通，立刻叫了我一声：“师父！”

新来的孩子第一天情绪都不太稳定。还好，我们这天坐车到火车站上戏剧课，一路的景色让胖胖暂时忘却了离开家人的苦恼，我亲了一下怀里的他：“哈哈，被我亲到了吧！”我以为他会开心地笑，没想到他一语惊人：“妖精才会‘哈哈’地笑，孙悟空是‘哼哼’地笑！”

胖胖每天带着金箍棒来幼儿园。他认定自己就是孙悟空，把打妖除魔视为己任。一天，娄域戴着奥特曼的面具在后院里玩，被胖胖追打得满院跑，说是要打妖怪。平时胖胖的一言一行也都模仿孙悟空，与小朋友发生冲突就说：“看俺老孙怎么收拾你！”回家时则对我说一句：“师父，老孙告辞了！”

为了帮胖胖建立正确的概念，我反复跟他说这个世上没有妖怪，也让班里的每个孩子都告诉他“你是胖胖，不是孙悟空”。刚开始他并没有理会，可大家都这样说的时候，他一下子委屈地哭了。那一刻，我开始怀疑自己这样做是不是正确，我不能肯定他的状态是一种单纯的模仿，还是一种神游。

徐颖

孙瑞雪：

儿童向往神通广大。很多儿童喜欢孙悟空，因为孙悟空神通广大。大多数孩子都曾想象过自己是孙悟空，有些孩子收集孙悟空的书，画孙悟空，反复看电视剧《西游记》。

儿童有“神”的敏感期，崇拜“神”，热切地认识“神”，收集“神”的故事；想象和实施“神”，进一步夸张和设想“神”，编织“神”的神话；希望“神”在现实中出现，想象自己和“神”在一起，想象或期待自己就是“神”，“神”游天下。模仿“神”的各种特质和细节，收集“神”的各种内容，一个都不放过，全部研究清楚。刚开始，儿童不能把自己和故事分开时，就会认为自己就是那个“神”。把这个现象称作“神”游最名副其实（此“神”游和蒙特梭利所指的歧变中的“神游”是两个概念）。根据儿童发展是人类发展缩影的理论，我们可以从现存的神话和宗教以及一些供奉神的原始部落印证这一点。

四五岁或者更早一点，儿童就会根据自己的心理状态去崇拜一些偶像。通过观察我发现，那些成长在强权中的儿童崇拜强大的、有暴力倾向的神，这有点像人格替换，借助强大的神去面对强大的父母和老师；那些生长在平和环境中的孩子，会崇拜智慧和美丽的神。

这个年龄段的儿童正处在身份确定的敏感期，他会选定一个偶像并时时模仿——“我是忍者神龟！”“我是超人！”我常常听到这些话。通过吸收偶像的人格特点，儿童建构自己的人格状态，最终形成自我。我们推想胖胖也可能正处在这一时期。

这个敏感期过去后，你再这样一叫他，他可能会不高兴，会说："我就是我。"

我们要和孩子一起度过人类的童话期，帮他走向成人。

进入一个新环境

孩子来上幼儿园，这是他第一次离开妈妈。妈妈把孩子送到幼儿园后对孩子说："妈妈现在要上班了。"孩子便抱着妈妈的脖子撕心裂肺地大哭。分离使孩子充满了恐惧，那就像出生时孩子离开了妈妈的身体一样。

老师把哭喊的孩子从妈妈的怀抱里接过来，但孩子仍哭着、拉扯着妈妈。最后妈妈消失在孩子的视线里，孩子便转身抱住了老师，依然恐惧地哭着。

老师怀抱着孩子，轻轻拍着他的后背说："老师知道你离开妈妈很害怕。你哭吧，哭会让你好受一点。老师陪着你！"

孩子就把恐惧大声地哭了出来……哭过，恐惧就自然地流淌了出来。

老师又说："你现在很安全。老师会照顾你，保护你，一直陪着你，不离开你，直到妈妈来接你。"

有时候，老师会抱着孩子，手轻轻抚摸他的后背；有时候，老师会牵着孩子的手，跟着孩子的步伐，在院子里一圈一圈走。

不管哭多久，都会有老师陪着。一会儿，恐惧地哭变为了伤心地哭。此时，孩子有的只是离开妈妈的伤心，而不再是恐惧。他和这个新世界就在这样的哭声中，逐渐靠近……正常的感觉逐渐开始回归，心情开始平复，慢慢地妈妈的离开也被接纳了。

孙瑞雪

孙瑞雪：

无论是成人还是孩子，面对新环境，都需要一段时间的适应和接纳的过程，这个过程是一个心理历程。心理历程或称心路历程，自然只有自己度过，但需要一个爱者陪伴。这是孩子和成人都需要的。

新环境是否安全，成人靠经验和理性来判断，儿童却做不到。陌生的环境使儿童焦虑、紧张、恐惧，充满了不安全感。帮助儿童熟悉新环境、消除不稳定的情绪，使他心情好起来，最好的方法就是关注他的情绪，给予他爱和自由。

我们学校每个班会专门安排一个老师照顾新来的孩子。一个班每周只接收一个孩子（混龄班级，2岁半～5岁），让孩子把安全感建立和转移到这个老师身上。刚来的孩子都惧怕学校，陌生的环境、陌生的人。大门一关，亲人被关到了外面。孩子尤其惧怕进教室，他担心教室将他关起来回不了家，见不到父母。孩子也惧怕老师（她是陌生人）、惧怕进餐厅吃饭、惧怕上床……相对而言，孩子觉得大街上比较安全。我们派老师陪孩子出去走动，累了再回学校，这样对学校就有了家的感觉；派老师陪孩子接近他恐惧的东西，逐渐消除他的恐惧。这个过程让孩子逐渐感觉这个人不错，跟妈妈很像，能够依赖她。这样孩子就开始依赖环境，就逐渐成为环境的主人。最后，孩子进幼儿园如同进了另一个家。

儿童天然要走向独立

文◎孙瑞雪

很多成人认为，独立性是培养出来的。更有人认为，把孩子在很小年龄全托出去是培养独立的一种方法。

实际上人从出生那天起就开始走向了独立。最早的独立首先是功能上的独立，儿童不断地使用自身的每一个功能，以达到独立——口、手、腿……最后逐渐走向内在的心理、意识……的独立。

婴儿脱离母体就意味着他不再依赖妈妈的身体而存活。

6个月时，婴儿的胃里开始产生消化食物的酶，在独立之路上婴儿又向前迈进了一步，他不再依赖母乳而生存。

1岁时，婴儿开始独立行走。

2岁时，婴儿开始对他人说“不”，在意志上想把自我和他人区分开来。这个“不”是人生中第一个独立宣言。

3～6岁，儿童逐渐形成了一个真实的、区别于他人的内在模式和秩序，自我基本成形，在心理、意志、情感、思想上奠定了人格独立的基础。

6～9岁，儿童建构了属于自己的有关生活的常识和艺术的品质，建立了属于自己的文化特质，自我的形成加进了人类文化的特质。

9～12岁，儿童开始有了有意识的学习心智，他的认知不再受环境的限制，而是能扩展到整个宇宙。此时儿童的道德感开始形成。这个时期是人一生中最重要的第二个时期（第一个最重要的时期是0～3岁），他未来对智性方面的兴趣视这一时期环境提供的机遇而定。这就是为什么小学要给孩子尽可能提供机会，让孩子接触各种学科。我们的小学开设了11门课，除传统科目外，把科学实验课细分为：力学实验、光学实验、电磁学实验、气象学实验、地质学实验、化学实验、工程学实验、天文学实验。把自然学科细分为：天气、夜空、人体、昆虫、有壳生物、哺乳动物、海滨、岩石和矿物、沙漠植物、树、花朵等。音乐课也细分为：乐器、芭蕾、欣赏等。还有社会实践课、讨论课、陶艺课等。有了这样一个宽泛的知识基础，一个人就容易发现自己的兴趣，并决定将来在哪一个领域进行深度探索。理想就是在这一过程中自然产生的。

12～16岁，青春期到来时，心智开始转向外面的世界，开始对人和事有了兴趣；在学科上也有了倾向性。人的基本的成长形成了。自我形成，人开始有了离开父母、家庭的内在动力，自身的独立从内到外完成了。

18～28岁，开始为过渡成为社会的人而努力。走向社会的基本的独立形成了。

28 ~ 40 岁，实现社会价值。

由于我个人更倾向于人的生命是在 40 岁成熟，就好比是一个圆，作为社会的价值完成之后，人会回归自我，重新考虑生命的意义和价值。所以，真正走向身心的独立是在 40 岁。

但所有独立的基础，是儿童的早期独立的雏形，没有它，任何独立都无从谈起。

第四章

3岁～4岁

执拗——秩序敏感期后，儿童形成了一种秩序的内在模式，一旦成人破坏了这一秩序，儿童就会哭闹、焦虑，表现出不可逆性。

垒高——喜欢把物体垒高，然后推倒，再重垒，以此建立三维空间的感觉。

色彩——开始对色彩产生感觉和认识，并开始在生活中寻找不同的颜色。

语言——开始对句子表达的意思感兴趣，并重复或模仿他人的话。

诅咒——发现语言是有力量的，而最能表现力量的话语是诅咒。成人反应越强烈，儿童越喜欢说诅咒的话。

追求完美——从要求食物完整发展到了对所使用的用具、事物完美的追求。每一件事情都不能出差错。

剪、贴、涂——真正开始有意识地使用工具。

藏、占有欲——开始强烈感觉占有、支配自己所属物的快乐。物品的交换从此开始，拉开了人际关系的序幕。

逻辑思维——不断追问“为什么”，打破砂锅问到底。

绘画——儿童与生俱来的表达自我的语言方式。

延续秩序——从具体的生活秩序延伸到了心理秩序。

执　拗

秩序敏感期后，儿童形成了一种秩序的内在模式，一旦成人破坏了这一秩序，儿童就会哭闹、焦虑，表现出不可逆性。

秩序敏感期的尧尧

尧尧工作结束了，我就发现尧尧裤子尿湿了，我对尧尧说：“我看到你裤子尿湿了，我们去拿一条裤子来换，好吗？”

没想到就是这么简单的一句话，尧尧顿时就哭了起来，我这时并没有听清楚尧尧在说什么，只听到了：“不是那样的……”我只能把尧尧抱到卧室，避免影响到教室其他在工作的孩子。

我对尧尧说：“是的，此刻你有点焦虑，你可以哭一会儿。”我说完这句话，尧尧似乎哭得更伤心了。

在他哭的过程中，我慢慢听清楚了：“不是那样的，我要自己去拿书包。”这时我意识到，我说的话打破了尧尧的秩序。

我说：“是的，你想自己去拿书包，那现在你去拿你的书包进来，好不好？”这时尧尧的情绪似乎平静了一些，自己去书包柜把书包拖进了换衣间。

我看到尧尧把书包拿了进来，考虑到天气比较冷，想要赶紧先帮孩子把身上的湿裤子换下来，就想从尧尧的书包找一套衣服帮他换上，没想到这个举动又让尧尧大哭了起来。我似乎又破坏了尧尧的秩序。

我停下来，对尧尧说：“尧尧，你不想老师帮你拿衣服对吗？”尧尧听完我说的话，哭泣停顿了一下，说“对”。就这样，尧尧自己从书包里选择了一套衣服……

有了前面的经验，最后我每做出一个动作都需要和尧尧确认，尧尧终于把尿湿的裤子换了下来。

午餐时间就要到了，我带着尧尧去洗手。在洗手时，尧尧突然停下大哭着说："我不要这样子，我要自己洗手。"他重复着这样的语言，翻滚到地板上哭闹起来。我疑惑尧尧一直是自己洗手，并没有别人，发生了什么呢？

我说："是尧尧自己洗手。"

此刻的尧尧更恼怒了："不是这样子的，我要自己洗手。"

我说："是你想的和做的不一样是吗？"

尧尧说："是的，不是这样子的，我要自己洗手。"

我说："那重新来一次，你看看可不可以。"尧尧哭完，重新来一次后就平静了。

终于洗完手去吃午餐了，吃着吃着，尧尧突然又哭了起来说："不是这样的，我不要这样子……"

这就是处于秩序敏感期的尧尧。

方启蓉

孙瑞雪：

尧尧的行为展示了幼儿在秩序敏感期的典型特征。在 2 ～ 4 岁，幼儿在秩序敏感期具有以下特点。

- 对日常活动的顺序和方式非常敏感，希望事物按照自己认定的方式进行，任何偏离都可能导致焦虑或不适。
- 开始展示出对自己行为的控制欲望，如尧尧坚持自己去拿书包和自己选择衣服，并对老师的干预感到不适。这不仅是对秩序的需求，也是对自主性和独立性的追求。

在应对秩序敏感期时，家长和老师需要注意的策略有以下几点。

- 为孩子提供明确的日常例程和顺序，构建一个可预测和安全的环境；在变动或特殊情况发生时提前通知孩子，以减少因突发情况引起的焦虑和不安，稳定孩子的情绪。
- 这是建立界限的一个极佳的机会——自己的事自己做，比如让他们选择衣服或食物，这样可以增强他们的自主性，也满足他们对秩序的需求。

对于处于秩序敏感期的孩子，老师和父母需要更多的耐心和理解。避免严厉的纠正或命令，而是通过引导和支持帮助他们理解和适应变化。

变个戏法把车变回来

晚上从长隆野生动物园回来，地铁上人很少，毛毛在座位上坐了一小会儿，就跑到车厢前端站着，很高兴。

车辆到站时上来三位男士，坐在毛毛刚坐的位置上。又过了一站，毛毛表情突然变了，哭着说："我要坐那个座位！"我说："宝贝，可是你离开了。那个座位已经有人选择了。你可以选空的座位。"

一点效果也没有，毛毛越哭越大声，哭喊说"就要刚才的座位"，并直直地朝车厢中部走去。车开着，一晃一晃的。毛毛这时哭得更大声了，喊着："走开！走开！"根本不让我碰到她。不只如此，她手指着前方，意思是我要站到车厢前端去，离开她五六米远。我告诉她："家里可以，地铁上不可以。"然后，我离开她一米左右站着。

毛毛持续无比响亮地哭着，喊着"走开！走开！走开！"一会儿就被车晃得跌坐在地上。她爬起来，不一会儿就又跌坐到地上。我每次去扶她，都会加重她的情绪。如此的惊天动地，我不经意扫了一眼，感觉有三节车厢的人都在齐刷刷地看着我。

过了好久，毛毛突然说："妈妈，我要和你站在一起！"虽是哭喊着，也让我松了一口气。但紧跟着，毛毛要求我不能蹲着，只能站着，两手紧贴裤缝，不能扶任何东西，不能看她。我一站不稳扶着扶手，她就大哭。继而毛毛要求我抱着她，但要后脑勺对着她，这实在办不到。

我找个座位坐下了，她哭着挣脱下来，把我拽起来，自己爬上去，坐下，仰天长哭。哭了一会儿，毛毛伸出手来说“妈妈抱抱”。我抱住了她，她又委屈地仰天长哭。终于消停下来的时候，地铁已经过了我家八九站了。

我说：“毛毛，现在有一个重要的问题，地铁过了我们家了，过了好多站了，我们要不要下车，再坐车回家？”毛毛立刻从凳子上下来，拉着我的手，取上她的小推车，到站离开，表现得很温顺。我没顾得上跟周围的乘客说声“打扰了，请多包涵”，中间还有人给她递来纸巾，也没来得及感谢。

但是，故事还没完。对面一趟列车刚开走。毛毛说：“我要喝水！”我说“好的”。从汉溪长隆站她就拿了一袋食物了，因为地铁上不能吃，一直忍着。那袋食物在她说“走开”时是她驱赶我的武器。这时开过来一趟列车，我问：“毛毛，你确定要先喝水，不上那辆车吗？”毛毛确定地说：“是！”我说：“那好吧，我们坐在椅子上喝。”

毛毛就坐在椅子上，看着那趟车开走。喝完水，毛毛突然说：“我要坐那趟车！我要坐那趟开走的车！”我说：“可是你已经选择喝水了呀？一会儿还有车开来。”毛毛响亮地仰天长哭：“我就要刚才开走的那趟车！”这时过来看我的是站台上的工作人员。一会儿，又开过来一趟车，车门大开，毛毛哭着说：“不要这个，我就要刚才开走的那趟车！”

我突然想到执拗敏感期玩的就是技巧，就说：“那妈妈变个戏法把那趟车变回来吧？”毛毛果真降了分贝，说：“好。”我说：“一分钟变回来怎么样？”毛毛说：“两分钟。”“好。”我就开始嘟嘟囔囔地念着，嘟囔半天，车终于来了，我说：“看！妈妈把它变回来了！”毛毛狐疑地说：“这不是刚才那趟！”我心里一惊，心想到底有啥区别呀，难道乘客不同？但仍佯装坚定地说：“谁说的？就是刚才那辆！”

毛毛又犹豫了一下。我说：“就是那趟啊，我刚变回来的，我们上车吧。”

毛毛说“好”。我赶紧抱着她，推着小推车上去了，多亏那车停得久……

回到家9点。毛毛也顾不得上床，趴在地上就睡着了。但故事还没完。

毛毛趴在地上睡，一抱就醒了。我们俩站在桌边吃点东西，都很愉快，很高兴。毛毛突然问：“妈妈，你会枯萎吗？”

我说：“咦，你为什么这么说？！”

毛毛说：“妈妈，毛毛会枯萎吗？”

我震惊：“你为什么会这么说？！”

毛毛说：“毛毛会枯萎。”

我说：“毛毛什么时候会枯萎？”

毛毛说：“爸爸生气的时候，毛毛就枯萎了。”

我大声求证：“毛毛知道什么是‘枯萎’吗？”

六六（毛毛的姐姐）说：“知道！她看过《我的名字克丽桑斯美美菊花》。”

毛毛十分高兴，脱了衣服却还没洗澡，和姐姐玩耍的时候，突然外站一步，拍着自己的胸膛，大声说：“我！”

坐在地上的我吃惊得张大嘴巴。毛毛居高临下地冲着我饱满而又确定地笑了笑。我，持续震惊中。在这个“宣言”之前，毛毛指称自己时还是第一人称“我”与第三人称“毛毛”兼半，之后毛毛任何一次指称都是响亮的“我”。今天一天，有个东西在毛毛的内在确定下来。

杨丽宁（毛毛妈妈）

孙瑞雪：

毛毛之所以到晚上的时候，意识到了“我”的存在，是因为她的这一天都顺利地度过了，执拗的敏感期顺利地发展了，从生命的深处涌现出来，“我”被她从口中唤了出来，从生命深处，唤到了外面。她清晰地意识到了这个自我感的存在，这个自我感是生命。

“我”实际是很重要的一个词语，毛毛能在这个时候那么直接地说出

“我”，是很惊人的，因为她只有2岁7个月。这恰恰是执拗敏感期顺利完成的结果。毛毛妈妈在那么一个混乱的环境中，能够坚持保证让孩子成长，而得出的一个最后的结果。

儿童原本是浑然一体的，里面是什么，外面就呈现什么，不会把外部的世界和自己以及自己内在的部分剥离开来。要知道，一个小朋友，尤其是小宝宝，大部分是被抱着走，被带着，成人干什么就跟着干什么。小宝宝会产生随机的想法，当你把他抱离开时，一个想法就很快忘记，再被其他事物吸引。

执拗是因为儿童的内在产生了“我”的计划和“我”的想法。长到一定年龄，儿童会发现自己的想法，发现想法跟外在世界之间存在不同，这个内在想法不能在外在世界达成的状况会令儿童非常痛苦。“我”的想法是这样，“我”就得按这个行为做，这也是儿童意志最早的呈现，是“我”的思想的萌芽。“我”的诞生总是从“我”拥有的东西开始，“我”思、“我”在，“我”想这样，“我”认为这样，“我”就坚定不移地要执行“我”的想法。

所以当一个孩子的自我意志、自我的想法出现，他会坚定地要求那样做，尽管这个自我的想法和自我的意志跟现实那么不搭调，但是他坚持这样做，这是自我从一片混沌中走出来的标志。“我”作为一个主体，“我”主动地要这样，“我”有一个主动的想法。不是随机的，这就是“我”的想法。

这一天，毛毛的活动，只是跟着一种自然的本能，但是当这一天结束的时候，她发现了那是“我”，那个“我”在一天的活动之后明晰地出现了。“我”诞生了，这就是儿童的第二次生命。这个孩子知道，“我”出来了。“我”作为主体从这个孩子的生命中出现了。所以当“我”被叫出来的时候，毛毛已经整合出了这个内在统领的“我”，自我意识清晰地产生了出来，而这个“我”将会成为毛毛生命成长的核心。

“我就要掉在地上的那个”

2岁9个月的喆喆，近期频频出现不同的敏感期，经常让教师不知所措。

一天下午吃加餐的时候，喆喆碗里的一小块红薯掉到地上了，喆喆焦虑地让老师帮助捡起来，并且还坚持要吃。新来的老师耐心地反复告诉他：“宝贝，你碗里还有好多，掉地上的不卫生，不能吃了。”但喆喆仍坚持要掉在地上的那块，根本不听，也不看碗里还有的红薯，并且大哭。老师越是耐心地解释，喆喆越是大哭，边哭边说：“我要掉的那个，我就要掉在地上的那个。”

新老师无助地看着，不知如何是好。了解了事情的经过之后，我蹲在喆喆旁边说：“宝贝，你的红薯掉了，你很难过是吗？”喆喆边哭边点头。“老师知道你现在很难过，你想要掉的红薯是吗？”“是的，是的。”喆喆边哭边说。“老师知道喆喆难受。”“我难受，我难受。”喆喆的话不再强调红薯。“老师知道喆喆难受。”我反复地与喆喆这样重复对话，焦虑的喆喆逐渐平静下来，哭声小了，仍有些抽泣。抽泣的喆喆开始吃碗里的红薯。

许多时候，对儿童，或许是人与人之间的交流，不需要太多的语言，只要理解便足矣。

吉野宁

孙瑞雪：

3～4岁的幼儿进入执拗的敏感期，有些孩子在未到3岁就提前进入这一敏感期，表现为事事得依他的想法和意图去办，否则情绪就会产生剧烈变化，发脾气，哭，闹。这时家长和老师要给孩子足够的耐心和关照，也要学会一些安抚的技巧。

“我不去”

每当老师或其他人与尧尧沟通日常事务，如更换裤子、用餐，甚至是户外活动，他总是坚决表示“我不去”，并伴有明显的情绪表现。他会坐在原地不动，表现出他的拒绝。

然而，一位经验丰富的托班老师发现了应对的方法。当尧尧拒绝时，老师会同意他的意见，说“那我们就不去了”。这时，尧尧往往会立刻改变主意，说“我要去”“我要去换裤子”“我要去吃饭”，等等。这种逆向心理的使用，让他在不知不觉中接受了原本拒绝的活动。同样的情况发生在户外游戏时，尧尧拿着水枪却不愿去跑道玩，但当老师提议不去时，他又会立刻跑向跑道。

这种行为特质在托班中不是个例。事实上，许多孩子都表现出类似的行为。例如，尧尧看到教室教具柜上的某个教具，尽管他还没有拿到手，但已经视为己有。如果其他孩子在这个过程中取走了教具，尧尧会感到非常生气和愤怒，甚至哭泣很久，因为他认为先看到的就意味着拥有。

这种具象思维方式是托班孩子常见的认知特点，他们通过这样的交互逐步学习如何处理情感和社交关系。

杨嘉玲

孙瑞雪：

尧尧的故事提供了一个窗口，通过这个窗口我们可以看到儿童在自我形成过程中如何发展自主性思维和意识，如何通过日常的互动和决策学会表达自己，如何在更广泛的社会环境中调整自己的行为和预期，等等。这些都是儿童成长中自我建构的重要方面。

垒 高

喜欢把物体垒高，然后推倒，再重垒，以此建立三维空间的感觉。

垒 高

主题课后，亮亮选择了粉红塔的工作。他从小到大一块一块地将它们拿到工作毯上垒起来，嘴里还说：“粉红塔，这是粉红塔。”接着拿着最小的一块去比，说：“爬楼梯。”然后就对着粉红塔观察。站着，蹲下，侧身，他从不同的面观察。

大概5分钟后，他把每一块拿下来重新垒，垒成不同形状，然后在旁边观察。这样持续了15分钟，他又去选择了棕色阶梯。先是直接垒起来，观察一番，然后和粉红塔一起垒，直直地垒。等到摆不下的时候，他请老师帮忙，老师抱着他把棕色木块放上去。看到垒得高高的，他很高兴，又开始专注地观察。亮亮就这样不断地垒着、观察，又开始新的方法。这过程大概持续了40分钟，亮亮的工作很专注。

亮亮喜欢把物体垒高，然后推倒，再重垒，观察，他是以此建立三维空间的感觉。而粉红塔是建立二维空间的，棕色阶梯是建立三维空间的，他是从粉红塔和棕色阶梯的垒高比较中来建立三维空间的感觉的。

左海梅

孙瑞雪：

建立时间和空间的感觉，是孩子出生起就开始的工作。在这个以物质形态存在的世界，事物是以时间和空间来确定位置的。垒高是儿童发现空间的最基本的发现形式，就好像儿童从发现一维空间，然后又发现二维空间，再发现三维空间……或许在未来我们也可能会使用我们身体的某部分进入四维空间。这种数学心智在儿童期就是借助于这些活动得以成长的。

色　彩

开始对色彩产生感觉和认识，并开始在生活中寻找不同的颜色。

“我不喜欢黑色”

有一年，广州的冬天格外寒冷。皮皮是个3岁10个月的女孩。家人为了保暖，给她穿了一件样式可爱的黑色棉服。然而，皮皮每天早上来到幼儿园，总是一股脑儿地将棉衣的拉链拉开，然后一下子把棉服脱下来。这么冷的天，脱了棉服，孩子哪里还能扛得住？眼见着她鼻涕顺着嘴唇滑落下来，我赶紧走上前去，劝她把棉服穿上。然而，孩子并不领情，她噘着小嘴扭动着身子表示抗拒。等她情绪调整好，跟她沟通才了解到，原来她是不喜欢暗沉的“黑色”，所以哪怕再冷，也不愿意穿自己不喜欢的颜色。后来我跟她家人沟通，给她穿上粉色的厚外套，再也没见她在寒风呼啸时强行脱衣服的现象了。

曹彩红

孙瑞雪：

孩子在这一时期开始对周围世界的色彩有了明显的反应和偏好，这些偏好可能影响他们的情绪和行为选择。例如，皮皮对暗沉黑色的抗拒和对明亮粉色的喜爱，这种偏好迫使她甚至在寒冷的环境下也要脱掉不喜欢颜色的衣物。这种行为虽然从成人视角看可能不合理，但对于处在色彩敏感期的幼儿来说，是他们探索自我和环境的一种方式，应给予尊重和支持。

喜欢搭配颜色的小橘子

小橘子是个3岁多的小女孩，近期小橘子处在色彩敏感期和审美的敏感期中。

起初小橘子在手工区工作时，老师观察到她只会选择单一的颜色，选择一张涂色纸，在上面大刀阔斧地快速涂完整个画面，也不管是否涂到轮廓线外面，涂完一张再选择另外一张，一种颜色涂完所有涂色纸。也不知从哪个时间段开始，小橘子在手工区工作时，对于色彩有了不一样的选择，色彩的搭配越来越丰富，色彩更有层次感。

一次，小橘子在手工区选择一张Hello Kitty的涂色纸，她在耳朵上使用淡粉色，在帽子上使用黄色，在帽子上面的蝴蝶结使用跟耳朵一样的淡粉色，在下面靠近脖子上的蝴蝶结使用跟帽子一样的黄色，用淡蓝色涂Hello Kitty的衣服，下面的腿跟帽子一个颜色，上肢及尾巴又是淡粉色，所有的颜色上下呼应着，色彩非常丰富而有层次感，并且她在涂色时更加精准，都涂在轮廓线里面。

在平时生活中，小橘子每天都会自己来挑选和搭配要穿的衣服，喜欢颜色鲜艳、色彩丰富的衣服，也会搭配一些漂亮的配饰（头饰、项链）。在小橘子的要求下，妈妈给小橘子准备了指甲贴，小橘子会自己根据需求选择喜欢的指甲贴，色彩丰富而又协调，在家里她也喜欢使用妈妈给准备的颜料及水彩笔，画出自己的作品。

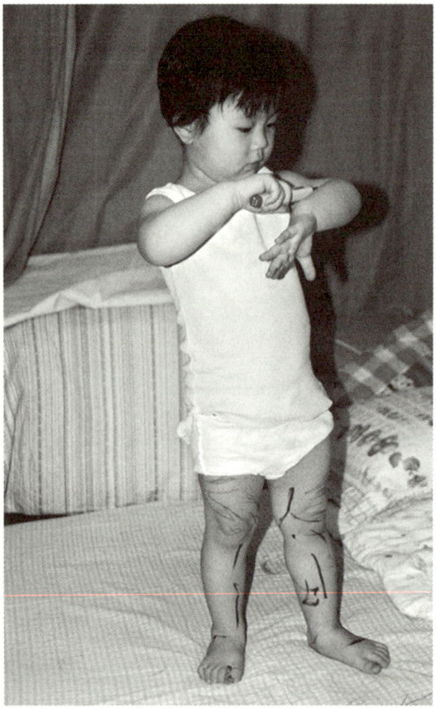

用身体来感知色彩，也用身体来感知画，手腕上画一块手表，眼睛上画一副眼镜，这会让孩子异常高兴。

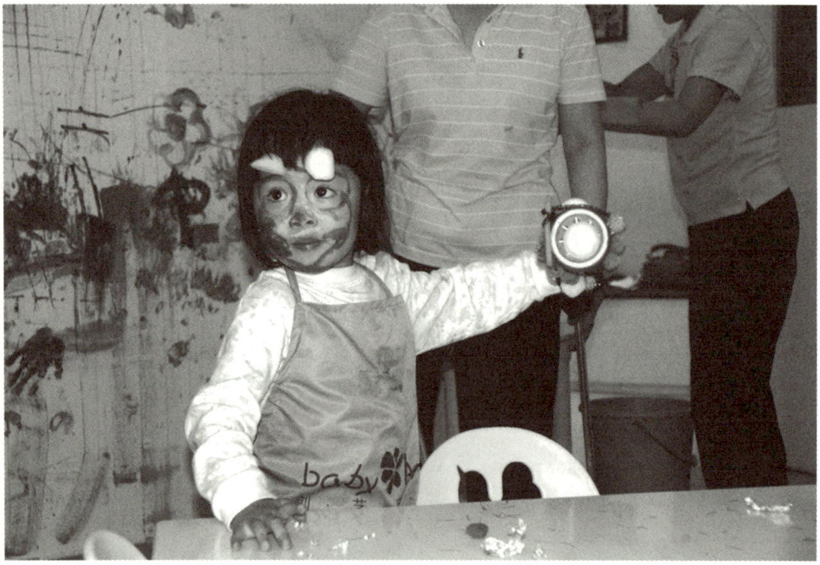

像这样对色彩的运用，对审美的追求，每天都在小橘子的身上呈现出来。

张明珠

孙瑞雪：

小橘子的色彩敏感期和审美敏感期体现了幼儿在成长过程中如何对环境的色彩和美学有更深感受和探索。

起初，小橘子在使用色彩时比较单一，这可能是对色彩的初步探索。随着时间的推移，她开始尝试不同的颜色搭配，并在画面上表现出更多层次感。这种变化表明她对色彩的感知和应用能力在增强。

随着对色彩搭配的逐渐熟练，小橘子的审美能力也在提升。她能够更加精准地控制颜色之间的协调和搭配，这反映在她选择衣物和配饰时的匹配上，展示出她对美的感知和追求。

小橘子在涂色活动中的表现，从最初的随意涂抹到后来精确控制涂色范围，说明她对细节的关注在增强。这不仅仅是对色彩的敏感，也是对作品整体美观度的关心。

通过色彩和服装的选择，小橘子展示了她的个性和自我表达。孩子在这个阶段通过选择自己喜欢的颜色和服装样式，表达自己的情感和个性。

小橘子的妈妈通过提供不同的材料和支持，帮助小橘子更好地探索和表达自己的色彩喜好。这种支持是孩子在敏感期中探索和成长的重要因素。这使我不由得联想到：妈妈的这种支持，可能未来会培养出一位对美有着高度敏感，很细腻，有着审美趣味的女士。

语　言

开始对句子表达的意思感兴趣，并重复或模仿他人的话。

语言模仿

博弈是小精灵班新来的一个男孩，最近他经常模仿其他的孩子说话。

一天，主题活动结束后，小朋友们各自选择了自己喜欢的工作。一会儿，一个小朋友对老师说："老师，我不想工作了。"正在工作的博弈听到了马上站起来说："老师，博弈不想工作了。"说完博弈又坐到地毯上继续工作。

过了不久，Peter对老师说："老师，你陪我工作。"博弈听到后马上说："老师，陪博弈工作。"当老师注视博弈时，发现博弈仍然在继续工作，根本没有要老师陪他工作的意思。

午休时，一个小朋友说："老师，我要去喝水。"博弈马上说："老师，我要去喝水。"一个小朋友说："老师，我要上卫生间。"博弈又马上说："要去上卫生间。"但每次说完之后他都不去，自己躺在床上特别安静。只要小朋友说话，他就马上重复小朋友的话。这个时期的博弈经常会模仿小朋友的语言，为此老师经常以为他也真的要那么做。

李小玲

妙用成语

那天在家，琪琪将一大块肉嚼两下就吞了下去。妈妈看了很是着急。琪琪红着脸含混不清地安慰妈妈说：“没关系，妈妈，我囫囵吞枣啦！”

坐校车的时候，琪琪透过车窗看到另一辆车与自己坐的校车平行开着，便大声地对着全车孩子说：“快看，我们的车和那辆车并驾齐驱啦！”这样吸引了全车的孩子齐齐趴在窗户上向外看。

吃加餐的时候，孩子争抢着要炒面。有的孩子边吃边说着：“真好吃！真好吃！”琪琪则低着头看着自己的那盘炒面赞叹道：“真是美味佳肴呀！”

孩子对生活的表述是如此之妙！3岁8个月的琪琪正处在语言的敏感期，对一些特别的成语和词语总是着急地想知道意思，于是妈妈在家也有意识地教琪琪一些成语，而琪琪总能够很巧妙地将成语运用到实际生活中。

刘芳

孙瑞雪：

科学教育的效果也表现在语言上。家长和教师改变了随意的说话方式，这种改变不仅是语言本身的准确和风趣上，它还给了孩子一个良好的人文环境。

儿童对语词的使用和解释来自成人，来自同伴，来自生活，尤其来自父母和教师。当父母和教师的语言简明准确时，孩子的语言表达能力一般都不错。

诅　咒

发现语言是有力量的，而最能表现力量的话语是诅咒。成人反应越强烈，儿童越喜欢说诅咒的话。

诅咒的语言

“非典”的时候，幼儿园的珊珊发明了一个新句子：“你是‘非典’。”她发现这个词被说出来的时候，对方总是很惊讶，有时还会生气。很快，好几个孩子都开始说："你是'非典'。""非典"这个词的具体意思似乎并不重要，重要的是它所带来的效果和对别人的影响力。

乐乐有一天到幼儿园来，忽然张口就说："王八蛋。"我感到奇怪，就询问家长："你们在家说过这样的话吗？"他们想了很久，说从来不说，但是在前几天，他们打开窗户的时候，有一对夫妻正在吵架，他们互相骂着对方"王八蛋"。当时乐乐也站在窗边，乐乐爸爸妈妈一下就很紧张，所以立刻把窗户关住，生怕孩子听见。

孩子显然捕捉到了这个词的特殊的力量，所以他到幼儿园以后，就开始使用这个词。他并不是生气的时候才说，笑着的时候也说，使劲对着人说"王八蛋"。

斑比和洋洋有一段时间也非常有趣。午休后一睁开眼睛，他们就开始互相说"他妈的""他妈的"，但是，他们并没有生气，你说一句，我说一句，更像是在问好、打招呼，说的时候还带着一种神秘感和小默契。

有个朋友来我家玩，到了说"再见"的时候，他们不说"再见"，而是说"他妈的"，然后朋友就有些生气，感叹道："你们'爱和自由'就教育成这样啊？"朋友的反应让两个孩子对这三个字更加有兴趣了，仿佛一个小计划得逞了，对方被激怒了。于是他俩追到楼道里对着我的朋友继续说："他妈的，他妈的。"孩子对这样的语言实在是太好奇了。

我发现儿童在使用诅咒的语言时，只是想表达一种自我的力量，想要使用这种力量，而这种力量恰好对应了某一个令成人感觉不适的词，而那个词本身的意义并不存在于儿童那里。

王瑞君

语言的敏感期

文◎孙瑞雪

1岁多的儿童，当发现一个词语和一个外物能配上对儿时，他会重复进行这种配对。

“妈妈！”

“哎！”

“妈妈！”

“哎！”

在这一叫一答中他享受着语言能带来的喜悦。

这是儿童语言敏感早期的表现。

随着年龄的增长，儿童很快发现一句话能表达一个意思，这个发现又使他开始重复说一句话。语言的秘密何止于此！很快，儿童又发现语言本身是有力量的，一句话有时候会产生一种强有力的效果，或者像一把剑一样能刺伤别人。诅咒的敏感期来了！

儿童发现了语言的力量，便开始没轻没重、快乐地使用。成人很怕儿童使用诅咒词汇，一听到就反应强烈，视诅咒为洪水猛兽。儿童感受到了这些语词的力量，反而特别关注和喜欢使用这类词。

我们知道，语词的力量被原始人特别看重。原始人相信咒语会变为现实。中外大量的巫术小说和神话传说就来源于此。

儿童可能在重复人类早期的足迹，在基本语言形成后（3岁左右），儿童突然转向使用这类“强有力”的词，而且使用得非常巧妙，常让大人大吃一惊！但是，几个月后，这种语言就悄没声地过去了。

此后，儿童很快发现语言的魅力还在于同样的词用在不同的地方，感觉是不一样的。这发现使得他开始像一个文学家一样刻意追求、努力寻找一些更美妙的语词，甚至开始纠正大人的语言。

进入小学后，儿童能够用语言为他的动机、他的复杂的心理活动服务，他的语言能力得到了更大的提升。像成人一样，话语越来越成为一种自由的工具。

追求完美

从要求食物完整发展到了对所使用的用具、事物完美的追求。
每一件事情都不能出差错。

“我要把它扔到垃圾桶里！”

毛毛近段时间对什么东西都要求完整，如果东西有一点点残破或者掉了某个零件，毛毛就会把东西扔掉或弄坏。这种行为尤其表现在他自己很喜欢的东西方面，比如玩具车。

早上，毛毛把自己组装的车拿到幼儿园，特别高兴。走路时一边走一边玩弄自己手上的车。当爸爸与他说再见时，他都没有反应，专注于自己手上的车。进入教室后，梁梓昊发现了毛毛手上的车，并且很喜欢，对毛毛说：“愿意给我玩玩吗？”毛毛摇摇头：“不愿意。”这时梁梓昊直接把毛毛的车抢过来拆散了。此时的毛毛看到自己心爱的车被拆散在地，非常愤怒，开始大声哭泣，一边用手试图去把拆散的零件损坏，一边说：“我不要了，我要把它扔到垃圾桶里！”当老师制止时，毛毛对老师说：“你帮我扔掉吧！我不要了。”一直这样持续了半个多小时。最后梁梓昊将车按原样拼装好归还给毛毛，毛毛平静后才接着拿起来玩。但玩了一个上午后，车上的某个零件掉了，毛毛立即将它扔到垃圾桶里。可在下午回家前，他又向老师要自己组装的车。

李小玲

孙瑞雪：

从某个时刻起，儿童突然要圆圆的完整的大饼、整瓶的大瓶饮料、套装的衣服……饼子太大，被家长掰开，孩子就会痛苦、难过，甚至哭闹。

追求完美是孩子的天性，当然也是人的天性。它从儿童时期开始出现，保护它就是保护一个追求完美的人。成人不会把有瑕疵的苹果看成不完美的，但是成人依然会对一个接近完美的苹果惊叹，会为一个接近完美的自然对象或艺术作品感怀。完美给人带来精神上的愉悦。儿童追求完美，表明儿童的精神世界开始走向丰富和深入。

剪、贴、涂

真正开始有意识地使用工具。

爱剪纸的乐乐

3岁的乐乐到了剪纸的敏感期。每天早晨主题课结束后，她就会冲到美工区开始剪的工作。

记得第一次见她在美工区工作时，她双手握住剪刀来剪。我向她演示完正确的使用方法后，她经过反复尝试，渐渐可以顺利使用剪刀了。每次她都会选择一盘剪的材料，虽然老师在彩色纸上精心准备了漂亮的图案，但她每次拿到后总是按照自己的想法随意地剪。每天的剪纸工作她都能够专注地持续1小时之久，每天都会剪出一堆的作品，放在自己的作品袋里。作品袋里总是塞得满满的。

连续2个月剪的工作后，她在工作时增加了难度，开始不再只限于剪了，经常用胶带或胶水将作品粘在一起，并愉悦地与老师分享。

唐双环

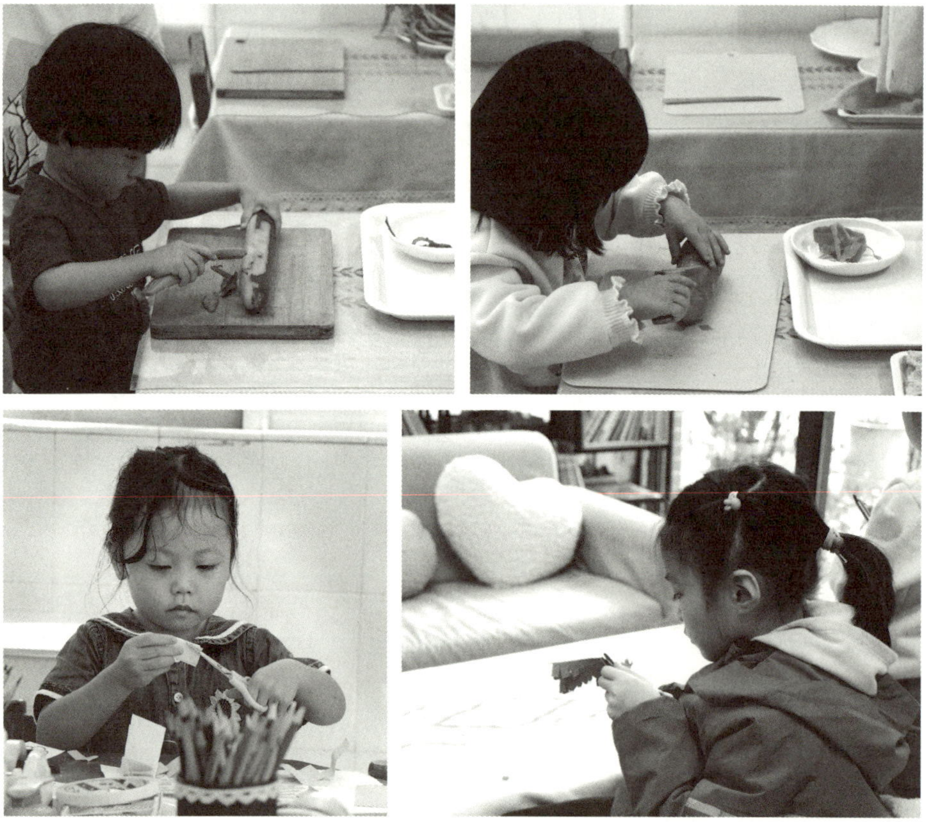

孩子把全身心的注意力高度投注在使用工具上，他们在使用和发展手的同时，用已经形成的高度专注的品质在剪纸，这种品质将在他们喜欢的自主性的工作中得到更好的巩固和发展。

孙瑞雪：

从2岁开始，孩子最常见的活动就是涂和剪。剪，从刚开始手的使用，到手的功能逐渐完善，最后变成了一种艺术的创造。其间需要给孩子准备各种不同难度的剪纸图案。从一道直线开始起步，到波纹线、圆形、方形、多边形……到可以剪各种彩绘和画报上的图片，逐渐可以加进胶水、彩纸，创造性的活动开始了！这是伴随年龄的增长而不断发展起来的。

藏、占有欲

开始强烈感觉占有、支配自己所属物的快乐。物品的交换从此开始，拉开了人际关系的序幕。

“我要把它带回家”

3岁3个月的强强最近就出现了占有的敏感期。

这些天，强强的书包上总会系着一个塑料袋，强强对这个袋子非常在意，从不让别人轻易动它。强强会把他使用过的纸巾小心翼翼——如同对待一件稀世珍宝似的放入自己的袋子里，然后才会去进行其他的事情。

在餐厅里，如果强强先选择的食物吃不完，他会告诉老师说：“老师，这是我选择的，我要把它装进袋子里，拿回家。”强强已经对“你的”“我的”有一个非常清晰的概念了。

院子里，强强最喜欢做的一件事情就是捡树上掉下来的叶子。他会告诉老师：“这是我捡到的，我要把它带回家。”叶子、树枝等，强强每天都会把这些带回去。

有一次，班上老师告诉我，最近强强要把自己的尿带回家里，如果找不到装尿的东西，他还会憋尿。我告诉老师："告诉家长，孩子最近到了占有的敏感期，建议家长给孩子准备一个容器，让孩子可以把自己的尿装上，这样孩子就不会因为不能保有自己的东西而排斥上厕所尿尿了。"家长也非常配合学校，为孩子准备了一个盒子，孩子每次都要把尿尿在盒子里，然后再把盒子带回家里。

有一段时间，强强要把自己的眼泪也带回家里。有一次，他的眼泪流在老师的衣服上了，非要老师把衣服脱了，后来老师想了一个办法，用纸巾把流在衣服上的眼泪擦了一下，再让孩子把纸巾带回家，孩子才愿意。

类似这样的状况持续了两三周后，孩子占有的敏感期过去了。

梁永玉

孙瑞雪：

自我形成的早期，一定是从占有可触摸的物开始的。这是区分"我的"的自然方式。如何感觉"我"，当然从"我的东西"开始感觉，然后一步步建构从具体的"我的"，到意识的"我的"，到一个完全无形的自我……所以，占有的目的是获得占有物背后的含义，不是占有占有物本身。

就像其后，儿童拥有某一物，是为了获得某物背后的意义。如果获得难度太大，儿童就忘记了获得物背后的东西，而把注意力放在了获得物本身上，这就是真正意义上的占有了，占有就成为一种心理障碍了。蒙特梭利将这称为"儿童的歧变"。

嘻嘻的占有敏感期

我和嘻嘻妈妈沟通得知，3 岁 4 个月的嘻嘻正处在占有敏感期，自己的什么东西都需要装起来。流下来的眼泪、鼻涕、尿、口水等，都要拿东西装起来放好。没想到刚沟通完就发生了一件事情，清楚看到了嘻嘻的“占有”。

我和嘻嘻妈妈沟通完后，嘻嘻拉着妈妈说要回家了。我和嘻嘻道别后，就回教室整理环境，突然听到嘻嘻哥哥喊我，说妈妈需要我的帮助。我有些疑惑，就赶紧跟着哥哥去看看发生什么事情了。

我们来到鱼池，看到嘻嘻一个人站在沙池边一动不动的，脸上还挂着眼泪。

我张望了一下，没找着他妈妈，就蹲下来问：“嘻嘻，请问发生什么事情了？”嘻嘻不说话。过了一会儿，妈妈回来了，还拿着一条哥哥的裤子。妈妈跟我说了一下刚刚发生的事情。原来是嘻嘻来不及回家尿尿，尿裤子了，但是尿流到沙子里面了，嘻嘻想把尿装回去，妈妈不知道该怎么办。

我看了一下，心里想着确实没办法把尿带回去了，就和嘻嘻解释说：“尿流进沙子里了，没办法装回去了。”可是嘻嘻不能接纳，他就站在那里一动不动，嘴里不停地说着：“我就要把尿装回去。”

我跟嘻嘻说：“要不我们拿纸巾把脚上的尿擦了，带回家？”嘻嘻不接受这样的方式，最后我明白了，嘻嘻想要的是液态的尿。

于是我说：“尿和沙混在一起了，黄老师把沙子装起来，然后拿水洗一洗，把尿洗出来带回家，可以吗？”嘻嘻停顿了一会儿，没有拒绝，我知道他同意这样的方式。

我把他脚下的沙子用玩沙工具装起来，然后拿水洗一洗，用杯子装了满满的一杯（嘻嘻要求要多多的），然后拿给妈妈，嘻嘻这才愿意和妈妈回家。

这是我第一次感受到孩子占有“我的东西”。而在他入园之后，我对嘻嘻的占有有了更深刻的认识。

嘻嘻早上入园哭了，眼泪、鼻涕不能擦，擦了的纸巾要装起来带回家；每次嘻嘻尿尿的时候需要拿专门的瓶子接住，尿湿的裤子不能洗；嘻嘻剪的手指甲要用袋子装好，等等。嘻嘻也不愿意洗手，擦手也不可以，后面才了解到原来是孩子担心手上的病毒被冲走。

某一天老师带着嘻嘻洗手，洗完手嘻嘻才反应过来，手上的病毒被洗掉了，着急地大哭“我要把病毒装起来”。班内老师不知道怎么处理，不断跟孩子解释说，病毒冲进下水道了，没办法装起来了。嘻嘻听后更加崩溃了。我突然想到一个办法，我走过去对嘻嘻说：“黄老师带你把病毒装起来。”嘻嘻听到后就停止哭泣了。我说：“你是在哪个洗手盆洗的手？”嘻嘻指着第二个洗手盆，我说：“病毒从手上被洗掉了，但还在洗手盆里，我们拿纸巾擦一下装起来。”我用纸巾擦一下洗手盆，说：“现在病毒就在纸巾上了，我们把纸巾装起来。”我带着嘻嘻一起把纸巾放到袋子里，之后嘻嘻就很顺从地跟着老师去吃加餐。而从那次之后，嘻嘻愿意洗手了，每次洗完手就自己拿纸巾擦一下洗手盆，把病毒带回家。

类似这样的情况持续了两三个星期，目前嘻嘻的占有没有那么强烈了。孩子在占有“我的东西”，透过物品的占有，感觉“我”，然后一步步建构“我的”。

要想孩子顺利地度过占有的敏感期，我们需要配合和协助孩子，尽可能想办法满足孩子想“占有”的物品。

黄小翠

孙瑞雪：

这是一个非常典型的幼儿占有敏感期案例。孩子在这个时期对他认为属于自己的事物有极强的占有欲，这可能包括物品、空间甚至人。例如，嘻嘻想要将尿液和眼泪这些流失的部分“装回去”，显示了对自我组成部分的控制和占有欲。嘻嘻看到洗手后“病毒被冲走”，感到很恐惧和焦虑，则反映了他对自我界限的敏感和保护欲望，他想通过控制这些界限内的事物来确认自己的存在和影响力。

应对占有敏感期，家长和老师要注意的有哪些？

- 对孩子的感受表示理解和尊重，尽可能地在不影响他人的前提下满足他们的需要。例如，通过创造性的方式帮助嘻嘻“保存”他洗手后流失的病毒。

- 渐进式引导孩子理解和接受个体界限内外的变化，比如解释身体排泄物的自然流程，以及为何不能保留身体的排泄物。

- 在日常活动中提供选择权，让孩子在安全的范围内作出决定，如选择衣服、食物等，这有助于增强他们的自主感和控制感。

- 在日常生活中提供充足的安全感和稳定性，以减少孩子因不安全感导致的强烈占有欲，帮助他们健康地发展自我意识和自我界限。

逻辑思维

不断追问“为什么”，打破砂锅问到底。

“为什么”

可可最近常爱问“为什么”。

“妈妈，为什么奶奶的头发是灰色的？”

“因为奶奶年纪大了，年纪大了的人头发就会变白。”

“为什么？”

“年纪大了身体里分泌的黑色素会减少，黑色素减少了，头发就渐渐不黑了。”

“为什么？”

“因为需要黑色素，头发才能保持黑色。”

“为什么？”

我实在不知道如何回答，停了一会儿。

可可却没有停下，说：“奶奶想头发黑。”

我说：“是的，奶奶喜欢头发黑。”

“为什么？”

“奶奶觉得头发黑更漂亮。”

“为什么？”

又开始了……

刘年（可可妈妈）

孙瑞雪：

所有的孩子都有问“为什么”的时期。小孩子问得简单一些，很多大孩子的追问常使成人不知所措。

这些“为什么”经常连续成串。每一个“为什么”引导一种因果关系，成串的“为什么”引导一个因果链条。因果关系是一种逻辑关系，当儿童用语言探索逻辑关系时，就发出了一连串的“为什么”。“为什么”也是孩子语言敏感期的一种表现。在一个个“为什么”面前，父母、教师一定要做正确、简洁的解答。答不出来，如实告诉孩子，可寻找获得正确答案的途径，如查百科全书等。这样就给了孩子一个更多选择的途径和出口，对孩子的未来有帮助。

绘　画

儿童与生俱来的表达自我的语言方式。

痴迷的绘画敏感期

3岁半的刘一楠入园3个月后就出现了绘画的敏感期。那段时间，她每天来幼儿园后不接触任何教具，只用随身带的画笔画画。她没有什么绘画基础，常常要求老师帮她画。午睡时，她总是趴在床上，伸出右手食指反复描摹地面瓷砖上的花纹。2个月的时间里，每天中午她都会重复这个动作，每次大约持续40分钟。

刘一楠的画大部分都画在小纸片上，图案也画得很小。渐渐地，她的绘画内容也固定下来：反复画小鸟。刚开始时画面凌乱模糊，看不出什么。后来的几个月，她自己画出了一些以圆形组成的小鸟，非常可爱，画画时也很少找老师帮助了。除了固定的作息时间外，她在幼儿园的大部分时间都在画画。

自从喜欢上画画以后，她整天都沉浸在自己的绘画世界中，非常安静，像变了一个人。家长说她在家也这样画个不停。有一天，我帮她整理书包，看到一本童话书，扉页空白处有一群排成队列、飞向空中的小鸟，形态由大到小，颜色由深绿到浅绿，个个憨态可掬，与扉页搭配得非常和谐，我以为是印上去的。当我发现这是刘一楠的作品时，真是惊喜万分，不由得赞叹起来。刘一楠以前很喜欢别人夸奖她，但那天她表现得很平静。我想，她一定是在绘画中发展了自我，满足了自我。

还有一个小朋友吕楠，各方面能力都很强，能影响其他小朋友。当她处于绘画敏感期时，一天到晚带着纸、笔，走到哪儿画到哪儿。教室里，走廊里，有时就干脆趴在地上画，始终保持着亢奋的创作状态。她的床紧挨着墙，午睡时我稍不注意，她就“嗖”地跳起来站在床上，捏着一根短短的铅笔头飞快地在墙上画出一幅画。这一切仿佛是在一分钟内完成的。让我惊讶的不仅是她的行为，还有她的作品：墙面上出现了一个乘着降落伞从天而降的小女孩，两条辫子向上飞舞着，狂喜的笑容，精灵的眼睛，非常生动！这种造型成人根本无法想象！在我眼里，她就是个天才！午睡时我也就不管这个天才，让她去教室画画。

在吕楠的影响下，其他好些小朋友也一天到晚带着纸、笔，随时跟她趴在地上画画。当时孙瑞雪老师的幼儿园里大组的孩子上美术课时都特别投入，我觉得与吕楠的影响有关。

还有一个例子。3岁9个月的彭怡慧当时也开始出现了绘画敏感期。她给自己起了个名字叫“小狐狸”，她画的内容也全都是狐狸。有一次，彭怡慧在走廊墙面上画了一只很大的狐狸，狐狸斜睨着眼睛，竖着大尾巴，憨态中透着机警。在绘画敏感期中，彭怡慧也和吕楠一样不接触任何教具，来幼儿园整天就是画画。家长说，她们在家里除了看电视就是画画。

家长还反映，在那段绘画敏感期中，彭怡慧原本有些急躁的性格逐渐变得安静了、顺从了。家长甚至担心这个孩子变得过于安静了。

马钟玉

孙瑞雪：

敏感期中的幼儿往往对敏感对象表现出痴迷的热情。幼儿绘画敏感期到来时正是如此。这个敏感期在 4 ～ 5 岁到来，但也有例外。整个敏感期持续 1 个月到 1 年的时间。

幼儿从 2 岁开始画线状团，3 岁左右开始有了运笔意识，画的形状成了不规则的梨形、圆形以及其他的简单形状。这个时期过后，儿童会不断要求大人重新来画，他开始意识到自己能力有限。经过一段时间的观察，儿童又重新开始自己画。此时儿童基本从宏观的角度来观察事物，能画出一个事物的基本轮廓，画人能画出头部、四肢和躯干，但没有多少细节内容。接着，他开始把握细节，对微妙的神态也有了感觉，他们的画也变得生动奇妙。

满足儿童敏感期的需求将使儿童表现出：天才的创作智慧，无与伦比的热情、兴趣和意志力，迅速发展的认知能力和技能，得到满足之后人格状态的宁静、和谐和顺从，建构了巨大的潜力。

痴迷、热忱的状态，使儿童达到一种出神入化的境界，使儿童深入事物的本质，掌握事物，最终改造和创造事物。它又能净化儿童的心灵，让儿童发现非凡的美。

杨所（4 岁 3 个月）绘。

“我不知道怎么画”

宽宽大概2岁的时候就开始“画画”，但是那会儿的作品只能用“风卷残云”来形容。每次一张一张地画，每张画的都是线团，画完一张马上又选下一张，速度之快，用纸之快，令人惊讶。那会儿，我们家的油画棒和白纸都是易耗品。没多久，笔断了、纸用完了，我只能再买。外婆建议我让宽宽正反面都画，我确实尝试了一次，把画过的纸反过来请宽宽接着画，但宽宽只是瞥了一眼，又重新选了一张白纸，我只好放弃。后来，我认真地拿着其中一张画过的白纸看，发现反面能清晰地透出另一面的线条。也许对于这个年龄段的孩子来说，一张“干净无瑕”的白纸，比什么都重要。

大约2岁9个月的时候，宽宽开始会画小人了。她画的小人甚是有趣，大大的头、短短的四肢，有些小人还画上了五官。每次她都会兴致勃勃地拿给我看，我也会津津有味地欣赏:“噢，我看到你画了一个小人。”“我看到了这个小人在笑。”“咦，这个小人是在吃东西吗？”虽然有些看上去比较抽象，但当能成功地跟她所想的配对上，宽宽便会非常有成就感，每说对一个，她都会用力地点点头。我想，真切地看见与回应，跟孩子内在的想法产生连接和配对，这对孩子确定自我、发展自我是极其有意义的。

随着年龄增长，宽宽对画画的热度丝毫不减。她在幼儿园可以一个早上都沉浸在画画的世界里。回家后的第一件事情，也是埋头苦画。

宽宽的画作越来越丰富，会画各种公主、精美服饰、城堡、小动物……画画的时候，基本都是根据对动画片、绘本或具体生活的记忆进行创作。用外公的一句话来说，“宽宽的作品貌似全凭空创作，但每个都深入精髓”。

有一天，宽宽突然强烈表示想到外面报兴趣班。为此我很是纠结，报吧，担心过多教授会让孩子失去兴趣；不报，孩子则天天念叨。于是，我抱着试一试的心态在家附近选了一所培训机构，让孩子体验一下美术课。

第一节课的内容是画狮子鱼。老师先是展示了几组狮子鱼的图片让孩子观察，然后把画好的范例显示在屏幕上。图画非常精美，深浅相间的大海、颜色鲜艳的狮子鱼、大大小小的泡泡，还有摇曳的海草……随后，老师拿着绘画工具请孩子们选择，小组的孩子很快就选好了。当不同蓝色的颜料都放到宽宽面前时，宽宽一言不发。老师继续引导："宽宽，大海是蓝色的，你喜欢哪一种蓝？"宽宽仍然没有选择。后来，在老师的"谆谆引导"下，宽宽还是完成了老师心目中的佳作——蓝色的海，彩色的鱼，还有泡泡、水草。下课后，老师跟我分享了宽宽的课堂表现，说宽宽比较胆怯，对画画缺少自信，但是老师提点后画得特别好，建议我平时多引导孩子思考和画画。回家的路上，我试探性地跟宽宽聊了起来，问她喜不喜欢这节课。宽宽说："喜欢，但是我不知道怎么画。""为什么不知道怎么画？"我心头突然紧了起来。"因为我不想画蓝色的大海，我只想画成粉红色的。而且，我想将泡泡画成爱心，那样多可爱呀！但老师说泡泡不是爱心形状的……"

这次经历，不免让我思考：在美术创作中，何为美？何为画得好？按照已有模式，不加思考地模仿是美？千篇一律、条条框框复制是画得好？如果真的如此，岂不是大大地局限了孩子的思维，扼杀了孩子的想象力？孩子长大后，只能画别人画过的，而不会画自己想画的。

我认为，艺术创作需要随心，画画不能脱离自我。倘若孩子真的喜欢画画，只要父母能给他提供足够的材料，营造安静不被打扰的氛围，那么孩子终将在兴趣的驱使和引领下，构建属于自己的童话王国。听说过这样一句话："如果你希望孩子长大后是一个有创意和有创造性的人，那么儿时只需要给他提供一样东西，那就是自由。"把画什么、怎么画的自由权给予孩子，你会发现他能产生很多的创意和源源不断的惊喜。

田园

孙瑞雪：

宽宽的绘画敏感期是从初步涂鸦，到具体形象绘制的成长过程。刚开始，宽宽只是在纸上随意地涂画，她对于“干净无瑕”的白纸的偏爱，可能是因为未使用的纸张给了她完全的创作自由，没有先前痕迹的干扰。

当宽宽开始能画出具体的形象，比如有趣的小人时，她的绘画开始具有了表达个性和感受的功能。随着年龄增长，她的作品开始涵盖更广泛的主题和更复杂的故事情节。

然而，当宽宽尝试参加美术课程时，她遇到了创作自由度的限制。课堂上，老师提供的画作模板和对使用特定颜色的要求限制了宽宽的创意表达。这让宽宽感到困惑和挫败，因为她内心有不同的视觉表达欲望，比如想将大海画成粉红色，而非老师指定的蓝色。这次经历可能对宽宽的创造力是一种打击，她开始怀疑自己的创作是否“正确”。

在儿童艺术教育中，应如何平衡引导与自由表达之间的关系？建议孩子的艺术创作应该更多地鼓励自由探索和个性表达，孩子的艺术创作不仅仅是绘画技能的展示，更是他们内在世界的自由探索和个性化表达的场所。对于孩子来说，能够在艺术的道路上保持创造性和自我驱动力，进而发展出真正的创新能力和独立思考能力，才是核心的动力。

延续秩序

从具体的生活秩序延伸到了心理秩序。

按照原来的路线走

小雨，一个4岁的孩子，在一天早上到达幼儿园后，突然开始大哭。他紧紧抓着妈妈的腿，坐在地上，不让妈妈离开。询问之后，小雨解释说，这是因为他们通常走的那条路正在维修，无法通行，所以妈妈为了避免堵车，选择了另一条路线。小雨对此感到非常不满，坚持要妈妈按照原来的路线走。

我随后向小雨妈妈询问是否有时间重新走一遍那条路。她回答有时间，于是决定按照小雨的要求，从指定的路线重新走一遍。这个过程大约花了20分钟，他们绕道走了那条正在维修的路。

当他们回到幼儿园后，小雨的情绪完全平复了，他高兴地和老师一起走进了教室。

这个事件不仅是小雨对常规和秩序的强烈需求的一个体现，也显示了在他的心理发展中，对日常稳定性和可预测性的依赖是如何影响他的情绪和行为的。这种对秩序的需求在儿童心理发展中是非常典型的，说明了他们如何通过固定的模式和环境来寻求安全感。

杨嘉玲

孙瑞雪：

对于年幼的儿童来说，固定的日常程序和习惯可以帮助他们理解周围的世界，并感到安全。像小雨，当常规被打破时，他会感到不安和混乱，他的强烈反应是在试图恢复那种熟悉的秩序感。当小雨坚持要按照习惯的路线去幼儿园时，实际上是在尝试掌控变化的情境。

“这个不是放这里的，应该放在那里”

小宝4岁，正处于对秩序特别敏感的阶段。在我们的爱心班里，有一个孩子每天在教室里承担了一项特殊的角色——监督同学们正确归位教具。由于一些孩子刚入园，还不熟悉教具的放置位置，归位错误是常有的事。

小宝就会跟在这些孩子后面，一一纠正他们的错误。他会仔细观察每个人的归位动作，如果发现错误，就会指出：“这个不是放这里的，应该放在那里。”在这个过程中，小宝表现出了极大的耐心和细致，与之前的阶段相比，他的情绪显得非常稳定。据老师讲述，有一天上午，小宝向三四个小朋友指导了正确的归位方法，其中三个成功地按他的指示做到了，但也有一个小朋友没有接受他的建议，坚持自己的做法。

即使面对不接受指导的小朋友，小宝也没有表现出任何负面情绪。他会自行帮助将物品正确归位。此外，小宝的观察力不仅限于同伴，他还非常关注教室环境的整体秩序。例如，有几次老师忙碌中未能及时关闭放置教学材料的柜子，小宝都会主动上前帮助关闭。

这些行为显示了小宝在这一发展阶段的成熟和自我管理能力。他不仅帮助维持教室秩序，还能在不受情绪影响的情况下，自主地纠正和完善环境，体现了他对秩序的敏感性和对环境的责任感。

杨嘉玲

孙瑞雪：

对小宝来说，秩序敏感期的意义非常重大，这个阶段对他的发展和行为模式有多方面的影响。

通过秩序敏感期，小宝学习识别、建立和维护环境中的规则和结构。这不仅帮助他理解物理空间的组织，也训练他的记忆力和注意力。他需要记住每一个物品的正确位置，并注意到哪些物品没有被正确放回。这种认知活动促进了他大脑的逻辑思维和执行功能的发展。

在这一阶段，小宝通过帮助同伴正确归位物品，实际上是在进行社交互动和团队合作。他学习如何以一种积极和帮助的方式与同伴交流，即使遇到拒绝，他也能保持情绪稳定，表现出成熟的互动能力。

小宝在秩序敏感期还展现出了高度的责任感和自主性。他不仅关注个人事务，还关心整个班级环境的秩序。通过主动纠正错误和完成未完成的任务（如关闭柜子），小宝在自我管理和独立行动方面取得了显著进步。

“别人的东西不能拿”

我听到哭声跑过去时，4岁的齐齐正焦虑地大哭着。她身边站着一个比她小的女孩（3岁左右）。小女孩面无表情地在玩一样东西。我判断这个孩子拿了齐齐的东西，齐齐要不回来。我问那个孩子：“你拿的是齐齐的东西吗？”这个女孩回答：“不是。”我问齐齐：“这是你的东西吗？”齐齐哭着说：“不是！”我奇怪地看着齐齐，齐齐哽咽着说：“这是别人的东西，不是她的。”

噢——我以为我明白了：“齐齐，她自己会处理的，别人也会要回来的。”本来齐齐已经控制住了哭声，听了我的解释，她突然又愤怒地大哭起来：“不！别人的东西不能拿！别人的东西不能拿！”那个小女孩依然懵懵懂懂地玩着别人的小东西。

我明白了齐齐的意思。她认为“别人的东西不能拿”这个原则每个人都应遵守。这个规则已经在齐齐身上内化了。我突然感到羞愧，认真地对她说：“是的，别人的东西不能拿！”

齐齐停止了哭泣。她明白我理解了她，带着哭腔“啊”了一声，等待着我。我说：“你可以带她去找那位小朋友，把东西还给她。”齐齐凝神点点头，拉着那个孩子走了。

几分钟后，3个孩子手拉手微笑着站在我面前，原来那东西是颖颖的。颖颖举起手中的东西给我示意，齐齐笑着用手拉了一下旁边那个小女孩。小女孩斜着身子，身体的重心聚集在拉齐齐的那只手上，抬起一条腿往后一踢，边踢边笑着说：“别人的东西不可以拿！”

齐齐微笑着，脸上还挂着刚才的泪痕。

孙瑞雪

孙瑞雪：

儿童和成人不同。成人大多有这种心理：别人的闲事不管。而孩子天生就有内在的秩序感，他喜欢遵守规则。只有儿童和一些保持了这份美德的成人，才会把规则融入生命。这是文明社会的基础，也是成年后延续出的道德品质。它最终关系到儿童长大后的道德、文明素质、智能状态以及安全感。

儿童出生几个月后就有秩序，他会因为坚持秩序达到执拗的地步。一旦儿童建构了良好的秩序，就会自主地维护它。这似乎意味着，因为遵守了内在的秩序，对环境的秩序就变得确定和明晰起来，就有了心智的秩序，使得儿童信任环境，维护环境，相信自己能和环境交流。

如果儿童内在秩序以及外在环境的秩序被权威替代，那么决定孩子内心的就是成人或是老师，儿童就会怕学校、怕老师。这种无秩序的环境使儿童丧失了安全感，最终，这种环境会培养和滋生出懂得丛林规则的孩子，人格就会沦落。

给儿童提供一个有秩序的环境，保证儿童得到均等发展的机会，受到平等的对待。在自然、放松的状态下，儿童就容易发现生活的法则和宇宙的秘密，在行为中形成自律。

一旦度过这个阶段，他们就会对社会秩序高度敏感。仔细观察成人世界，我们坚信，保证幼儿园、小学教育的科学性，这是我们民族素质的基本保证。

秩序敏感期的发展

文◎孙瑞雪

秩序的敏感期当然也是螺旋状的敏感期，读者可以在第八章进一步理解这一内容。在这里，我们就一般的秩序敏感期先进行如下阐述。

秩序的敏感期从大约 2 岁开始，一直延伸到 4 岁左右，这期间孩子对秩序的需求和表现呈现出不断发展和变化的特点。我们可以通过不同年龄阶段的孩子的行为表现来探讨这一过程的不同特点和发展。

2～3岁的孩子

在这个年龄阶段，孩子开始意识到自己和外部世界之间的界限。他们的秩序感主要体现在对日常生活基本程序的需求上，如饮食、睡眠和玩耍的常规。例如，小雨的故事中，他对于通往幼儿园的固定路线的坚持，反映了他对日常生活中稳定模式的需求。这是因为在这个阶段，孩子对环境的可预测性有着强烈的依赖感，任何小的变动都可能引起他们的不安和抗拒。

4岁的孩子

到了4岁，孩子的秩序敏感期进入更为复杂的阶段。他们不仅对个人的日常生活秩序有较高的要求，还开始注意到更广泛的社会环境和交际规则。小宝的故事展示了这一点，他不仅自己遵守秩序，还监督和纠正同伴的行为，确保整个班级的环境按照一定的规则运作。这表明，4岁的孩子开始将秩序的概念扩展到群体和更大的社交环境中，他们的社会意识和责任感得到显著增强。

从2岁到4岁，秩序敏感期的表现从对个人日常活动的规律性需求发展到对整体社会环境的秩序维护。这一发展反映了孩子认知和社交能力的成熟，他们开始能够理解并遵守更复杂的社会规则，并尝试在自己的环境中实施这些规则。同时，他们的情绪管理和自我控制能力也随之增强，能更好地应对变化和不确定性。

这种从关注个体秩序到关心集体秩序的发展是孩子认知和社会能力成熟的重要标志。通过这个过程，孩子不仅学习如何适应社会，还学会了如何对社会产生影响，这为他们未来的学习和生活奠定了基础。

分享成长

“妈妈，再读一本”

我有一个夜晚入睡困难的宝宝。缺乏陪睡技巧的我，只能用读故事来安抚他。我们每晚都会经历这相同的一幕。

洗漱完毕，提醒上厕所完毕，打开台灯，由孩子自己选一本绘本，跳到床上，开读。

读完一本，“妈妈，再读一本。”

“那再读一本就需要睡觉了哦。”

“好。”

读完后提醒孩子：“我们该睡觉了。”

“妈妈，再读一本。”

……

读书也是一个技术活儿，孩子常常不同意爸爸读，“爸爸读得不好听”。我听过孩子爸爸读，感觉他确实在应付差事，有时候断句断得我都听不懂是什么意思，但偶尔换我休息得早一些，就还是需要爸爸顶上。爸爸会比我更确定地结束夜读，但并不会因此更轻松，因为还没有睡意的孩子会和爸爸躺上一会儿，然后翻身起来。

“爸爸，我要尿尿。”

“爸爸，我要喝水。”

“爸爸，再听一个故事，好吗？”

许多次，我先睡了，一会儿就感觉有人拍我的脸，睁开眼睛，是孩子拿着书站在床边：“妈妈，爸爸睡着了，你陪我好不好？”

不记得从什么时候开始，一直到孩子小学二年级后开始完全自主阅读，我基本上每日都是在夜读中消耗掉所剩无几的精力。但是当孩子步入青春期，我再回想起这段日子时，感受到的是无比的幸福和留恋。

刘明忆（沐宸妈妈）

孙瑞雪：

史斯兰克·吉利兰这样写道：“你或许拥有无限的财富，一箱箱的珠宝和一柜柜的黄金。但你永远不会比我富有——我拥有一位读书给我听的妈妈。”

临睡前，陪伴在孩子床前，在一束柔和、光亮的灯光下给孩子读优美的童话故事书，让孩子的心积淀生活的诗意，积淀妈妈爸爸的爱和对童年温馨的回忆。在这种氛围里，儿童发现着，创造着，成长着。

儿童在临睡前的读书需求，是一个世界范围内的普遍现象。可以给孩子读各种各样的书，童话的、写实的、科幻的、百科全书等，但必须是大师们写的，意识接近真善美，心态健康美好，逻辑严谨，语言优美，内容适合儿童心灵发展的。

记得看过一部著名电影：主人公向法院要求一名小孩的抚养权，可他并不是孩子的父亲。

法官问道：“你的理由呢？”

男人说：“我……我睡觉前给他读书。”

孩子说：“他给我读书。”

看，这是一个多么诱人和动人的理由。

触摸肌肤

我穿着一套短裙，刚走进大厅，3岁半的一凡和龙龙迎面扑了过来，一人抱住我一条腿。我不知所措地停下来，不知他们要干什么。一凡抱着我的腿，手轻轻抚摸着，脸亲昵地挨着腿，笑呵呵地说："亲爱的！"亲了好几下我的腿。我也回答他："亲爱的，请你松手，老师要工作了。"他根本不听，我只好轻轻地拖着他走。另外一位老师过来帮我解围："宝贝，你喜欢王老师，但不能打扰老师工作。"这才把他们俩抱开。

第二天早上我穿了条裤子。走进大厅又碰到一凡，他没有任何反应地看看我。我还挺"多情"的，上前问了句："早晨好。"他理都没理我，继续玩自己的。下午我换回那套短裙，正上楼梯，一凡从后面冲了过来，抱着我的腿又开始说"亲爱的"，亲了一下腿。我蹲下来说："宝贝，你喜欢老师吗？""喜欢。""老师也喜欢你，但是老师必须去工作。"我亲吻了他的脸，他满意地离开了。

王灵雪

孙瑞雪：

儿童是通过皮肤来思考，也是通过皮肤来获得爱的。许多孩子，包括很多成人都有肌肤恐惧症和肌肤饥饿症。学校里，新进校的孩子的肌肤恐惧症能达到很极端的程度。有的孩子碰破了皮肤，给他处理时，他非常恐惧。这时，老师和大夫常常先在自己身上示范，然后在孩子觉得较为安全的手臂上示范，孩子还是疯狂地哭喊。这是无安全感在身体上的表现。

人在童年通过父母的抚摸获得身体的智能，也获得爱的感受。要尽可能触摸0～3岁的孩子的肌肤，甚至可以裸体拥抱孩子，亲吻孩子。当幼儿欠缺抚摸时，在爱和自由的环境中，他因为放松而将欠缺了的需求从潜意识上升到意识状态，恢复机制自动开启，以弥补成长中的缺憾。

逆反与等待

4 岁的年年最近总和老师作对。午睡时他不断地发出各种喊叫声，我请他安静，他就说："老师是破飞机，老师是坏蛋……"越让他安静他越喊叫。小朋友们都睡了，他就来捉弄老师。我问他为什么要这样，他的回答真简单："好玩。"没办法，我只好请他进教室看书或工作。

进了教室，他大喊大叫得更厉害了，我只好陪他待着。他开始时很高兴，觉得这样和老师在一起很好玩。过了一会儿，他开始不耐烦起来，坐在教室角落里什么也不做，还对我说："老师，我难受。"我觉得小有收获，对他说："我限制了你的自由，不让你活动，你很难受，是吗？"他静静地看着我，没说话。我抓住时机继续说："年年，老师很尊重你，也很喜欢你，你不想睡觉是可以的，只要你在自己的床上活动，玩玩具，不要发出声音，不要打扰小朋友就可以了。你忘了的时候，老师提醒你不要喊叫，你不能骂老师，你要尊重老师，老师会更尊重你的。"

年年认真地听着，沉默了。过了几分钟，我告诉他："年年，你想好了告诉老师。"他笑了，不好意思地说："老师，我想好了，这是个秘密，不能说。"我也笑了："那你什么时候想说就什么时候告诉我。"我假装要走，年年忙叫住我，先是冲着我笑，然后不好意思地拉着我的手，轻声说了句："老师，对不起。"我低头亲了他一下，告诉他："老师喜欢你。"他高兴地跑出教室，悄悄走进卧室，爬到了自己的床上。

王灵雪

孙瑞雪：

你是否可以尝试着把孩子自身和孩子做的事区别对待：你是爱孩子的，但你不喜欢他这样做。让孩子感觉到这点，孩子就会安心和有勇气面对自己的行为。

孩子常常不知道自己犯了错误，一旦他们意识到，自己就会反省。孩子有自我反省的能力，老师要耐心等待孩子改正错误。这是孩子成长的必然过程。

首先，我们是否可以这样认为，凡是对自己和他人身心无害的事都不能算错。其次，儿童是在犯错误和改正错误中成长的。

有时孩子会故意犯个错误，用明知故犯的方式来试探老师和成人的态度，来验证和体验爱和宽容的感觉。这个过程他就知道什么是错误，犯错误是什么感觉，然后他会改正这个错误。

如果成人爱孩子，告诉孩子正确的做法，儿童就会使用正确的做法而放弃错误的做法。这是正常的良好的成长模式。

若即若离

小牛牛3岁半了，很喜欢站在门口看别人。每天早上我都热情洋溢地问候他，冲他笑，可他看都不看我一眼，不仅不理睬，有时还会骂我一句，更不让我接近他。即使这样，我还是很喜欢他，每天不屈不挠地跟他打招呼。他那倔强的神情总让我暗暗忍俊不禁。

今天下午，小牛牛居然主动走到我身边，神秘地说："我给你指照片。"说完拉着我的手跑到展板前："我知道那是你。"我抱起他，不顾他的反抗亲了亲他的小脸蛋。起初他有些反抗，但马上又得意地笑了起来。看着他的表情，我也抑制不住地哈哈笑了起来。我问牛牛："我是谁？""你是王灵雪。"他笑着回答。说完挣脱了我的怀抱，一溜烟跑了。他知道我是谁，却从不和我沟通。真有意思！

从那天起，小牛牛不再排斥我，我靠近他，跟他打招呼，他往往看我一眼作为回应，但不让我抱他。有时我正在走路，会听到他在后边叫我的名字，当我回头对他笑时，他却一溜烟跑远了。

王灵雪

孙瑞雪：

生命和生命的连接才是爱。这种真实是人类世界共有的故事，在孩子这儿一样美妙。

成人之间，我们也常会见到这种互相喜欢、彼此触动和领略的情感，这种情感给人的感觉很特别，它是人类千丝万缕的情感的组合。诗人们为它写出朦胧诗，音乐家为它作出不朽的曲目……儿童感情世界的丰富常常超出大人的想象。

“老师，我帮你”

我正在为布置新教室而忙碌。走过小爱神班时，我碰到了叶欢。

欢欢叫住我说：“蒋丽，你干什么去？”

我说：“我到餐厅搬椅凳到 3 楼新开的小天使班里。”

她说：“那我帮你吧！”

我问：“你吃过早餐了吗？”

她用动作示意说：“我早上在家喝了牛奶，我有力气！”

我说：“好吧！”

她和我一起下楼到餐厅。

我一次拿了 4 把椅凳。叶欢看我拿的方式也想拿 4 把。我提醒她请她少拿一些，她还是选择了 4 把。我看她吃力的样子就再次提醒她选 1 把。她把 4 把椅凳一起提起，发现根本走不动，于是说：“蒋丽，好吧！我就搬 1 把！”她轻快地跟着我走出来。

上楼梯时，她把椅凳放上一级台阶，再自己走上一级，感觉很费力。六六妈妈想帮助她，她拒绝了。就这样上到第三层的楼梯时，她已经改变了方式，能够提着椅凳轻快地走上去了。走进教室时，她大口地喘气。我建议她留在教室帮我摆椅凳，她同意了。但是每次当我走到二楼，她就满脸笑容地下来接我，给我带路并告诉我她已经摆好了。

成人对于劳动，或者出于责任，或者出于目的，已经很少去感受其中的奥妙了，而孩子却是真正体会劳动所带来的快乐，感受生活的意义，在这些点滴汇聚成的小成长里诠释着生命的真谛。

看着孩子成长，感觉真好。

蒋丽

孙瑞雪：

这里呈现出两个内容：一是孩子和老师的关系。不仅仅是彼此的平等，更是彼此间的认真对待，彼此间的爱和对生命的彼此尊重。二是关系中孩子做事情时的状态，被成人领略到了。孩子做他喜欢做的事情时，总是既认真，又负责，又彻底。

当孩子生活在爱和自由的环境中，每个孩子都会有这令人心醉的举动。因为这是孩子成长中的一个敏感期，在这个时期，儿童模仿成人生活的情景，并将自身融合到这一生活情景中。对儿童来说，他不是在辛辛苦苦地干活，他是在愉快地工作，工作给他带来喜悦。

第五章

4岁～5岁

出生——开始询问自己从何处来，这是儿童安全感最早的来源。

情感——不仅开始表达感情，而且关注别人是否爱他。对父母情绪反应非常敏感。

人际关系——从一对一交换玩具和食物开始，到寻找相同情趣的朋友并开始相互依恋。

婚姻——人际关系敏感期度过后才真正展开。最早要和父母结婚，之后会“爱上”一个伙伴。

审美——开始对自我和环境有审美要求。尤其女孩子对自己的衣着和服饰产生浓厚兴趣。

数学概念——对数名、数量、数字产生了兴趣。只有三位一体地掌握，才算掌握了数的概念。

身份确认——开始崇拜某一偶像，积累未来成人时的人格特征。

性别——对性别以及对自身身体的认识基本来自观察，如同认识眼、鼻、口一样，态度很客观。

音乐——儿童生来具有音乐品质。

绘画——儿童生来具有绘画品质。

符号——孩子对识字、拼读、认识符号等感兴趣。

出　生

开始询问自己从何处来，这是儿童安全感最早的来源。

“旸旸以前是一个小细胞”

第一个跟我谈论出生的孩子是精灵班的旸旸，在一次跟校车的路途上，旸旸突然说了一句：“噢，她怀孕了！”然后愉快地笑了起来。我很疑惑地看着旸旸，问：“旸旸，你说谁怀孕了？”旸旸指着月月阿姨说：“她呀，肚子大了！”然后继续愉快地笑着。我看了一眼月月阿姨的肚子，不禁一笑，原来旸旸把怀孕的肚子和体型圆胖的肚子混淆了。

紧接着，旸旸跟我分享说：“妈妈要生小妹妹了。”

“哦？你妈妈怀孕了吗？”我问道。

“不是的。”旸旸开始一边开心地做出生的动作，一边跟我分享他对十月怀胎的认识。“旸旸以前是一个小细胞，爸爸进入妈妈的卵子后，3个月时旸旸就长了个头，4个月时旸旸就长出了耳朵，5个月时旸旸的头发就长出来了，到了10个月的时候旸旸的头就往下倒，然后就出来了！”说到最后出生时，旸旸高兴地举起了双手。

看得出来，旸旸对怀孕和出生还没有准确的了解，但是他对于自己的出生充满了分享的热情和快乐。

余芷君

十月怀胎的实物教学

以往与孩子谈论出生的问题更多是在课堂上或者是当有孩子到了出生的敏感期时，但近一年的时间里，恒福园的老师陆陆续续地怀孕了，幼儿园的孩子与老师都面临着一次生动有趣又富有视觉冲击的实物教学。

我正在带预科班，幸运地怀上了宝宝，与当时同班已怀孕的吕老师相差了大概4个月。由于我们两个老师都在怀孕初期，加上冬天衣服较多，孩子没有发现我们身体的变化。直到有一天，骆老师邀请我们和另一位老师给预科班的孩子上生命的诞生——十月怀胎的主题课，我们分别是怀孕3个月、5个月和9个月的老师，孩子都显得非常惊讶和兴奋。

在孩子的认知中，怀孕的人肚子是会变大的，为什么老师的肚子没有变大呢？带着这个疑惑，即使课程结束了，孩子看待老师的目光依然有点不一样。有几个孩子略带羞涩地再次询问我是否怀孕了，我便与他们分享怀孕的过程，告诉孩子胎儿会在肚子里慢慢地长大，妈妈的肚子才会慢慢地变大。了解完这个过程，孩子好像释怀了，临走之前还对老师说："我可以摸摸你的肚子吗？"我同意了，孩子一个一个小心翼翼地触摸着我的肚子，然后愉悦地离开了。

后来，我和吕老师决定把班上展示墙的内容换成"十月怀胎"。当展示墙完成的那一天，孩子纷纷站在展示墙前专注地观察每一幅图片，然后询问老师怀孕几个月了，再与相对应的图片进行配对。这之后，班里的小慧就每天持续进行同样的工作——绘画。她用了一个星期的时间把十月怀胎的过程用绘画的方式记录了下来，然后向我展示她的作品，自信地跟我介绍哪个是卵子、哪个是1个月的宝宝、哪个是3个月的宝宝……

余芷君

孙瑞雪：

儿童会永远关心一个命题：我从哪里来，要到哪里去？

生命的诞生

文◎孙瑞雪

“你是从垃圾堆里捡来的。”“你是从石头缝里出来的。”这种在成人看来玩笑的话，会对孩子造成伤害，即使孩子长大了，知道这是玩笑话，它给儿童带来的潜意识也很难消除。

有些母亲是剖腹产子的，认为可以告诉孩子。一次，一个男孩听完妈妈的讲述后，泪流满面，抚摸着妈妈肚子上的伤痕，边哭边说：“等我长大了，绝不让我的妻子生小孩。”他认为妈妈受这般苦全都因为自己。

一次中午值班，我给孩子读《儿童世界百科全书》中“生命的诞生”。读完后，有 3 个孩子扑倒在我的怀里哭泣起来，其他孩子坐在小椅子上，安静得一言不发。这件事让我震惊，他们为什么哭呢？

为了弄清这个问题，下午，我在另一个班读了同样的内容。读完后，又有孩子哭了。这一天，我想了各种解释，但我心里明白，每种解释都牵强附会。

晚上，我和儿子躺在一起，讲他出生的过程，儿子抱着我哭了。我又一次被震动，但依然不明白。

直到有一天，我突然领悟到，生命的诞生是一个了不起的奇迹。我们每一个人都来自某个地方，如果我们知道自己来自那个地方，那就等于在我们眼前打开了另一扇生命之门，孩子是被感动得哭了。

学校里每一个孩子，到了一个年龄段就开始追问：“我从哪里来？”孩子就开始读那一章——“生命的诞生”，并反复看上面的图画，有的持续几个月。这之后，他们开始对人体产生了极大的兴趣，对男女的差异也产生了极大的兴趣：儿童开始区别自己了。

心理学家弗洛姆认为人感到孤独、无能、无安全感，首先是来自人同自然界的基本联系的丧失。成人已经难以理解这一点了，而儿童身上还有自然的一部分天性，儿童需要知道，作为生命，我们有自然诞生和自然死亡的过程。这种来去自然的现象能给孩子巨大的安全感。

问题的症结在于，成人认为生命诞生的通道同性有着紧密的关系，而我们对性的认识不是从正常渠道得来的。这种偷偷摸摸的做法更带有刺激性，使得成人会认为性是洪水猛兽。

对于 0 ~ 12 岁的儿童来说，认识性别、性器官以及孩子之间的情感，就像认识眼睛、鼻子一样。在我们小学，当老师将这些内容正面讲给孩子时，孩子听得非常认真，像听任何其他课一样正常。其中一个孩子的生殖器官做了小手术，他就坦然告诉其他孩子：他不能跑操。其他孩子告诉老师时，就如同说他鼻子动了手术一样，没有一个孩子神神秘秘、大惊小怪，没有一个孩子在这个问题上有暧昧的想法。

情　感

不仅开始表达感情，而且关注别人是否爱他。对父母情绪反应非常敏感。

爱我有多深

4 岁半的棒棒最近感情变得细腻起来。

这两周来，每天早晨一下校车，他都要走到老师身边，深情地对老师说一声：“我来了。”老师蹲下和他打招呼时，他会亲老师一下，然后慢悠悠地走开（他的动作一向很缓慢）。他每天坚持这一程序，有时会站在那里，面带笑容地等着你作出喜爱他的反应。

棒棒和单单是好朋友，两人总在一起玩。过去两人闹矛盾时，“不跟你玩了”“明天我不给你带好吃的”之类的话常从他俩口中说出。但这段时间两人相处得很好。

棒棒很让着单单，也很愿意照顾她。有一次，我们坐幼儿园的车去参观机场。棒棒下车后，一直站在车门口等着单单。单单下车时，他赶忙伸手去扶，然后两人一起拉着手去排队。无论到哪儿，他都要和单单拉着手。

一天早晨，我在园门口接孩子。园车到了，棒棒缓缓从车上下来，慢悠悠地最后一个走进大厅。我迎上前问候：“早上好！”他也回应道：“早上好！”并伸出手让我抱他。我抱住他说：“老师爱你！你爱老师吗？”

他笑眯眯地说：“爱！”

“爱得有多深？”

他迟疑了一会儿：“一米六！”

我怎么也没想到他会用“一米六”来回答“爱有多深”。

我说：“爱一个人不能用‘一米六’来回答，可以说‘爱得像海一样深’。”他看了看我，想了片刻，似乎很不解地走开了。

下午我又问同样的问题，他认真地看着我，干脆地说：“海水！”

秦莹

孙瑞雪：

生活如歌，这歌的主旋律其实由情感谱成。

情感的表达能力、表达方式、表达程度，每个孩子都不同，我们要保护这些表达，让儿童没有障碍地用心和这个世界交流，做一个人格统一的人。

人际关系

从一对一交换玩具和食物开始，到寻找相同情趣的朋友并开始相互依恋。

互送礼物的友谊

3 岁半的蓬蓬入园已经 3 个月了，对幼儿园的环境也放松了，他开始寻找其他幼儿交往。3 岁 10 个月的腾腾就是他选择交往的伙伴之一。

一天早上，蓬蓬很高兴地跑过来和我分享："老师，你看，这是我的玩具，这是腾腾送给我的！"后来一段时间，他和我分享了他从腾腾那里收到的不同的玩具，例如一个气球、一些手工作品，等等。

一天下午，腾腾向我展示了他的一袋玩具，很高兴地说："这是我的玩具。"然后小心翼翼地归位到原来的地方。

下午放学，蓬蓬和我一起送腾腾离园。在幼儿园门口，腾腾的妈妈发现了腾腾手上拿着的玩具，问腾腾："宝贝，你的玩具是怎么得来的呀？"腾腾回答："这是蓬蓬送给我的。"

两个孩子就这样乐此不疲地互送礼物，表达着好朋友的友谊。

黄趣姝

"他不是王牌的主人"

幼儿园里有一段时间盛行玩王牌。尤其是毕业班的男孩子，拍王牌几乎成为他们每天交往时的主要活动项目。睿睿也是其中一员。

这一天，睿睿坐在台阶上哭，老师走过去询问发生了什么。睿睿告诉老师，他的王牌都被小虎拿走了，妈妈回去会骂他的。于是老师叫来小虎一起解决问题。原来睿睿和小虎一起玩拍王牌，输了的一方需要把自己的王牌给对方。可是最近睿睿总是输给其他小朋友，所以昨天睿睿让妈妈再买给他。妈妈听到睿睿说自己的王牌都没有了，就呵斥了睿睿，告诉他这是最后一次买给他。睿睿很怕妈妈再发火，所以想要向刚赢了王牌的小虎要回自己的，小虎不同意，睿睿就一个人坐在那里无助地哭了起来。

两个孩子讲完后，老师整理了很久自己的思绪，对睿睿说："你知道这个游戏的规则是输了要给小虎王牌，对吗？"睿睿点点头。老师又说："已经给了别人的东西就不能再要回来了。"这次睿睿没有点头，而是仰起头大哭起来。等睿睿平静下来后，老师对小虎说："小虎，这个王牌的主人不是睿睿，是睿睿的妈妈，睿睿不能为这个王牌做主。"已经在一旁站了好一会儿的小虎找出赢来的睿睿的王牌，递给睿睿，什么话也没有说，转身走了。老师继续对睿睿说："睿睿，你需要带你能做主的东西到园里来玩。"

结合睿睿最近的情绪状态和交往情况，老师想要约睿睿妈妈做一次家长沟通。电话打过去约时间的时候，睿睿妈妈已经有些焦虑地询问老师："班里是不是有个小朋友叫乐乐？他用5张王牌就换走了睿睿一辆遥控车，这个孩子是不是有什么问题？他这不是欺骗吗？我们睿睿就是太老实……"

老师在电话这边等睿睿妈妈倾诉完，说："睿睿妈妈，我理解你，我们还是约个时间面对面好好聊一聊这个问题。"

孙瑞雪

孙瑞雪：

儿童是通过物品来发展的，或者说儿童是通过消费物来发展的。儿童必须首先拥有物品，才能消费这个物品。这就出现了物品的所有权问题。

别人的东西不可以拿；自己的东西给不给别人，自己有决定权；拿别人的东西要征得别人的同意。这是儿童交往的主要原则。教师一定要帮助儿童建立这个原则并形成秩序。不打折扣地实行这个原则时，我们发现，儿童是愿意和伙伴分享玩具的。

到了5岁左右，儿童必然开始喜欢和他人分享物品，这是一种成长的规律，但在此之前，儿童的物品应归他自己所有，不能强迫他放弃自己的东西。也要告诉其他孩子学会尊重他人的拒绝。

但我们的许多家庭、许多学校都强制孩子将自己的东西分享给客人，这可能是我们民族的好传统之一，但它不适用于5岁之前的孩子。

几年前，我看一家电视台播放的少儿节目。屏幕上，一圈三四岁的孩子围坐在主持人周围，主持人问孩子：“你可以把你的衣服给贫困山区的孩子吗？”连续问了几个孩子，无一人愿意，最后一个孩子双手抱紧自己身上的衣服哭着说：“我不给，这是我妈妈给我买的。”这一哭，所有的孩子都哭了起来，采访无法继续下去——镜头一转，主持人总结说：“看我们的独生子女，多么自私！”

强制让儿童把自己的东西与别人分享，会让他产生这样的想法：我的东西被强制性地分给了别人，我也可以强行得到别人的东西。分享变成了交换或占有。家长和学校应该给孩子分享的自由。有的孩子正处于“我的”占有敏感期，他要靠拥有自己的东西将“我”与“他人”区分开来。如果强制这个时期的儿童分享他的东西，会给他造成巨大的恐惧感和危机感。孩子到了四五岁时必然会愿意分享，因为他的心理已经发展到了另一个层面。

六七岁时，孩子才开始真正体会分享的乐趣，这时分享变成了一种快乐和良好的品质。

赠送、交换也是儿童交往和得到物品的方法。家长平时要给儿童一些玩具、食品，使他拥有赠送和交换的条件。

分享食物

樊琦2岁10个月入园，刚入园时情绪低落，拒绝老师抱她，拒绝小朋友拉她的手，排斥周围一切事物。樊琦的妈妈常给她带很多零食。刚开始她把零食抱在怀里，不要说和别人分享，甚至看都不让别人看一眼。

但最近樊琦开始喜欢站在旁边，看小朋友们一起玩，看小朋友们分享食物。有时她会自我安慰地说："我也有吃的，就不给你们。"

那天刘寰宇正在和小朋友分享食物，樊琦走到老师身边说："老师，我也想吃。""你可以问问他愿意不愿意和你分享？""他不给我！""你没问怎么知道呢？"樊琦壮着胆子走了过去，小声问："你能给我分享一个吗？"刘寰宇干脆地说："行！"给了她一个。

樊琦很快吃完了，接着又问："再给我分享一个，好吗？"这次刘寰宇没有给她，而是提出了要求："那你也给我分享。"边说边指着樊琦手里的食物。樊琦犹豫了一会儿："好——吧。"小心地拿出一个和刘寰宇交换。两人交换了几次，看上去都很高兴。

有一天，我们班吴泽茜（比樊琦大一点的一个小女孩）带了一袋"麦咪"来幼儿园。她很喜欢樊琦，就给她分享了一块，但并没有要求樊琦给她分享。接受了几次分享物后，樊琦终于拿出自己的食物给茜茜分享。可爱的茜茜说："姐姐不吃，你吃吧！"

茜茜常常叫樊琦妹妹，并且要求樊琦叫她姐姐。看到茜茜不吃，樊琦过来很不解地对我说："她不吃！""她是因为喜欢你才和你分享的。她并不想吃你的东西。"我说。

过了两天，情况发生了彻底的变化。樊琦一到学校就把自己的食物分享给很多小朋友（狗狗、茜茜、蛋蛋、贝贝等），分完后还要求和他们一起玩，大家一起玩得非常快乐。

有时候别的小朋友带了吃的没给她分享，樊琦会很生气地说："你不给我分享，我不和你玩了。”还要求别的小朋友也不和那个小朋友玩。就这样她开始有了自己交朋友的方法，还常给老师说她最喜欢和谁玩、谁对她好、谁最坏等类似的话。

“十一”长假后，樊琦的兴趣又转移了，开始对荡秋千很感兴趣，每天都荡，并且常常是一个人荡。她动作的协调性越来越好。看来她已经对分享食物、交朋友不感兴趣了。

也许樊琦的另一个敏感期又来了。

秦莹

孙瑞雪：

在我们这里，孩子有权将自己的东西带到学校。在自由自在的活动中，孩子借助食物和玩具建构最早的人际关系智能，认识人与物、物与物、物与环境之间的关系。

有一次，3 个男孩（4 ~ 5 岁）来到校长办公室，每人手中拿两个蜘蛛侠模型，要给两个校长和我描述蜘蛛侠的特点。“他的胸前有一个蜘蛛”“他的嘴像老头的嘴”……他们拿着蜘蛛侠在桌子的上空摆来荡去，显摆了一会儿，又把阵地转移到大厅里。3 位校长对视一笑：3 个孩子都到了身份确认的敏感期。这一共同的敏感期和共同拥有的玩具，使他们拥有了共同的语言，还自动组成一个行动小组。

和谐的人际关系不是在军队式的集体中建立的，而是通过自由选择伙伴、长期自由交往、对话、活动的过程而建立的。人是社会的存在者，正常儿童愿意和其他人交往与合作。因此，儿童一定要生活在一个适应的环境中，这个环境应该是自然（混龄的）而和谐的——一切该发生的都自然发生；这个环境应该是积极而友善的——孩子和老师们互相尊重、平等地生活在一起。这就是爱和自由的成长环境。

人际关系的敏感期

文◎孙瑞雪

人际交往的敏感期，是儿童成长和发展过程中一个很重要的需求。我们生活在关系中，我们的各种问题就是关系导致的，所以这个敏感期的发展，将为儿童成人以后奠定非常重要的基础。

我们看到，最早儿童对物感兴趣，对人还没有产生一种真正的联结。然后当跟人产生联结时，往往是一对一的联结关系。很多成人以为，儿童生活在一个集体环境中，就自然学会了人际关系。事实不是这样的。真正的关系是在跟某个人产生联结的过程中发生的。

儿童首先是透过食物来产生联结，就是“我带好吃的跟你分享，你跟我做好朋友”。但是，两三个月之后，儿童很快发现一个秘密，就是当我没有好东西的时候或者当你把我的好东西吃完之后，我们之间的关系就结束了。儿童一旦发现这个秘密，就会找一个不会消失的东西来跟周围的小朋友建立关系，通常就是用玩具。

儿童开始通过分享玩具给对方玩，或者相互交换玩具，或者把玩具赠送给对方，来建立关系。这样通过几个月的发展，很多孩子发现，当把自己的玩具给对方，对方一旦得到这个玩具以后，对方就可能结束这个关系。儿童再次发现，通过玩具也不能维持一个正常的交往关系。所以经过几个月以后，儿童又会再次放弃这样的一个关系。

到 4 岁多、5 岁的时候，儿童终于发现，交朋友的一个重要内容来自我们有相同的东西，比如，相同的爱好和兴趣，或者我喜欢他，或者他喜欢我，或者双方能够相互理解。有时候我们问一个孩子，我说：“你为什么要跟他成为朋友呢？”他会很认真地看着我说：“因为他理解我呀，所以我要跟他交朋友。”

在人际关系中，儿童最终会发现，真正的朋友是建立在志趣相投、彼此关爱、相互理解和相互倾听的基础上。达到这种状态的时候，儿童就能发现，他和伙伴之间的关系，达到了一种真正的和谐。

但是在这样的人际关系中，我们依然能看到两种不同类型的儿童，一类人是对物感兴趣，另一类人是对人充满兴趣。

对物感兴趣的小朋友，他们会因对某个事物的兴趣一致聚在一起，比如，一起玩车，一起玩机器人，一起玩飞机。他们对人之间发生的关系不感兴趣，但是他们对共同的事物感兴趣，这种状态非常像成人的俱乐部，比如，摄影俱乐部、足球俱乐部等。

另一类是，对人感兴趣的这部分小朋友，他们会通过人与人之间的关系来发展。比如，他们最早期会出现控制与被控制的关系：一个孩子被另一个孩子控制住了，被控制的孩子会依附于对方，几个月以后，被控制的孩子发现，依附会使自己不独立，心里不舒服，不能依附于他人，自己必须独立。这个时候，斗争开始了，反控制和反依附。几个月之后，儿童终于发现，人与人之间，可以达到一种和谐，这种和谐是依靠规则来建构的。

我举个例子：在我们学校有两个小朋友，一个男孩一个女孩，女孩到男孩家玩，男孩要当狮子王，女孩也要当（有一部动画片叫《狮子王》）。两人争当狮子王，为此吵了起来。

大人就帮助协调说："男孩当狮子王，女孩当娜娜，这样分配角色合适。"大人的建议惹怒了女孩，女孩说："因为我是女的，所以就要让我当娜娜吗？这不公平。"成人的介入并没有帮助这两个孩子，后来不再介入。

几天之后，两个孩子又在一起玩了，而且很和谐。父母就问："你们是怎么样解决前面的问题的？"孩子说："如果我到他家，他就是狮子王；如果他到我家，我就是狮子王。"他们建立了一个规则、一个承诺。在关系之间，他们学会了放弃一些东西，然后满足对方的一些需求。

其后，其中一个孩子的妈妈问孩子："你觉得你们两人之间发生了什么问题？"孩子说："他想控制我，但是他没有控制住，我很快就从他的控制中跳了出来；有时候我也想控制他，我也没有控制住，他也从我的控制中跳了出来。

最后我们发现，这样不行，我们就建立了一个规则，谁也不控制谁。”我们说人际关系达到这种状态的时候，一个认识人际关系的周期就被完好地形成了。

5 岁多、6 岁的时候，儿童对规则高度感兴趣，所以一起玩时，首先建立规则，对方同意后才玩。这实际是一个承诺和契约。有趣的是，这是在成长中自发完成的。

在实际生活中，我们可以看到成人的状态，他们都停留在权力斗争中，在控制与反控制中做着这种人间游戏。他们甚至没有达到我们所说的儿童的这种人的正常状态。所以让孩子在爱、自由、规则中成长，会提升和进化人的生命意识和素质。

要让儿童把人际关系的敏感期发展好，就要让他自己完成这样一个周期。在这个周期中，给孩子空间，让孩子自己处理问题，直到孩子需要成人才介入。但介入的时候并不是告诉孩子应该怎么做，而是要倾听孩子，让孩子说出他们的纠纷，让他们自己找出关系中存在的问题。这就是我们所说的，儿童拥有权利发现问题、解决问题，并且设计出解决问题的计策和方案。不能剥夺儿童这样一个自由。这样能使儿童人际关系的敏感期顺利、完整地达到下一个周期。

婚　姻

人际关系敏感期度过后才真正展开。最早要和父母结婚，
之后会“爱上”一个伙伴。

结婚和爱

一天，4 岁的薇薇对我说：“老师，我结婚的时候穿这件衣服。”她穿着一件粉色带帽的小风衣，把帽子戴在头上，披着衣服。这样可能让她找到了结婚的感觉。

我问她：“那你为什么不穿婚纱呢？”

薇薇说：“妈妈还没给我买。”

薇薇很认真地回答：“我的男朋友没有钱。老师，我的男朋友是蔡晨，他是我的王子，我是他的公主。”

我也很认真地问她：“你爱他吗？”

薇薇严肃地回答：“爱呢。”

我蹲下来：“他爱你吗？”

薇薇想了想：“不知道。”

我继续追问：“他不爱你，你和他结婚吗？”

薇薇想了想，肯定地回答：“不。”

好多日子过去了，薇薇认真地告诉我：“老师，我长大以后要找一个真正的王子结婚。”然后，薇薇开始和其他孩子一块儿玩了。她情感的敏感期完整地度过了！

王灵雪

孙瑞雪：

婚姻敏感期旨在发现婚姻关系的本质和核心。关系是彼此相爱的，互爱是结婚的基础。达不到彼此相爱，就可以重新选择，不会因爱而失去选择生活的能力。

自己想明白了

儿子琪琪4岁多时，幼儿园来了个1岁半的小女孩嘉宝。几天后，琪琪脸上挂着“彩”回到了家，我问他怎么回事，他不肯说。去幼儿园问老师，老师说那是嘉宝挠的，还说琪琪对嘉宝情有独钟，总是温柔地用手轻轻抚摸嘉宝的脸，并轻声唤她：“宝宝，宝宝。”每当这时，宝宝便毫不客气地伸手抓他的脸，而琪琪既不还手也不恼火，还是一如既往地和宝宝好。

没过多久，琪琪的苦恼更多了。他喜欢跟在宝宝后面为她服务，尤其是吃完饭喜欢拉着宝宝的手回教室。宝宝的教室在二楼，而宝宝正在经历攀爬的敏感期，坚决不让人拉着上楼。有一次，我看到琪琪遭宝宝拒绝后痛苦地躺在地上大哭，实在不忍心看他受折磨，就冲过去抱起他，拿出好吃的教他：“把好吃的给宝宝，她就能让你拉她的手上楼！”在一旁观看的孙咏然（5岁过一点）很同情地对我说：“不顶用，好吃的一吃完，宝宝就不让他拉了！”刚以为情况好转的琪琪，听完孙咏然的话又哇哇大哭起来。我一时想不出良策，又教琪琪：“要不把你的车送宝宝？”

受到了鼓励，琪琪举着他心爱的车追宝宝去了。孙咏然不以为然地看了我一眼，转身走了。

一天下午，我坐在学校的大厅里观察孩子，琪琪的好朋友浩浩捧着一个大茄子兴奋地跑进了大厅。那是从后院的地里摘的。只见浩浩径直跑到卡卡（女孩，2岁6个月）身边，伸出手：“卡卡，送给你。”卡卡正在和另一个同龄的小朋友玩，回头看看茄子，“嗯”了一声，转身接着玩。浩浩又转到卡卡的另一边：

“卡卡，给你！”卡卡又“嗯——”了一声，继续玩。浩浩手捧大茄子，坚持不懈地在卡卡身边转悠着，非要把那个茄子送给卡卡，可卡卡始终不领情。

坚持了好一会儿，浩浩手里的茄子始终没送出去。只见他小心翼翼地把茄子放到栏杆上，走到卡卡身边，蹲下来，抱住卡卡的一双小腿，想要站起来。因为身体的不平衡，眼看着卡卡的头要往下栽，浩浩又弓下身，极有成就感地把卡卡放到地面上。

半年后的一天，老师给孩子发杧果干。嘉宝站在琪琪身后快速吃完手里的那份，然后把手伸出去：“琪琪，琪琪。”琪琪面无表情地往前走，头也不回。我赶紧冲过去，一把把琪琪拉到旁边，悄声说：“机会来了，快把杧果干给宝宝。妈妈再给你买。”琪琪抬起头憨憨地说：“我已经不爱她了。”我惊异地问：“为什么？”琪琪说：“因为她不爱我！”我好半天没回过劲儿来。事态已经发生了变化，我还不知道。他已经自己解决了问题。

晚上回家时，琪琪坐在我的车后座问我：“妈妈，如果我爱她，她不爱我，我们能结婚吗？”

我克制自己多话的习惯问他：“你说呢？”

他说：“不能。”

我说：“对。”

他又问：“如果她爱我，我不爱她，我们能结婚吗？”

我又问：“你说呢？”

他说：“不能。”

沉默了一会儿，他说：“应该这样：必须我爱她，她也爱我，这样我们才能结婚。”

我长长舒了一口气。

儿童太接近真理了。

晚饭后，坐在电视前，我看到几乎所有的台都在讲一个故事：他爱她，她不爱他，她爱上了另一个他；他无比痛苦，为之心碎。有的连续几十集，没完没了地演绎。我忍俊不禁，当然这是艺术创作。生活中，这个问题可能是在6岁前解决的。

孙瑞雪

孙瑞雪：

儿童形成结婚的概念，表明他对性别、对自我、对异性已经有初步的感觉。作为家长和老师，对此不要大惊小怪，一定要平等地、正常地、科学地和孩子交流。

你能想象婚姻的敏感期到来时，孩子需要解决多少问题？需要建立多少正确的概念？需要迎接多少挑战？需要经历多少情感上的折磨和痛苦？这一切经历让孩子为成长积淀力量。

孩子在建立婚姻的概念并应用它，并且真的投入了情感。儿童已认识到婚姻是人之间的基本关系，是要建立的最亲密的关系。他还认识到婚姻是两性间的，有年龄特征等。

婚姻的敏感期

文◎孙瑞雪

婚姻的敏感期一般出现在孩子4岁以后，有些在3岁多就进入婚姻敏感期的初始阶段。

初始阶段的表现是对自己父母的喜欢。我们知道，儿童对男人或者对女人的首次理解是对自己爸爸或者妈妈的理解。女孩会说，我要跟我爸爸结婚，男孩会说我要跟我妈妈结婚，这是最早婚姻敏感期出现的一个雏形。

儿童随着年龄的成长，对婚姻的认识也会逐渐发展。比如，最早爱爸爸或者爱妈妈的时候，就不会有年龄的认识和区分，有的跟妈妈结婚，有的跟老师结婚。他不会觉得妈妈、老师跟他的年龄有太大的差距。但是再发展一段时间后，孩子突然意识到，我应该跟我同龄的人结婚。这时，孩子就会在小朋友中选择婚姻的对象。这时候的选择会是一种强行式的一厢情愿："我要让谁谁当我的王子！"如果人家不乐意，孩子就会哭："你要当我的王子！"老师介入了，问她："你是不是很爱他，很喜欢他？""是的！""可是喜欢是两个人的事，他不喜欢你，老师认为你可以重新选择。"实际上，当我们告诉孩子他可以重新选择的时候，就等于帮助孩子选择了一条出路，这个状态对儿童来说是非常重要的，儿童立刻就发现：我是可以重新选择的。

这个时期过去后，儿童开始懂得用一些方法和技巧去和自己爱慕的伙伴交往。比如，儿童会用吃的哄对方，拿玩的哄对方，帮助对方，发生事情的时候站在对方的一边替他辩护……幼儿园里有一个男孩喜欢一个女孩，摘了一个茄子献给她，左边给不要，右边给不要，最后女孩不理他了。男孩很痛苦，老师就告诉他："她不需要茄子，换一个女孩喜欢的东西。"

再发展一段时间以后，大约是5岁的孩子，会因为喜欢而痛苦……这实际在大人中间也经常发生。

等孩子长到五六岁的时候，他们会坦然接纳这个问题：你很不错，所以也有别人喜欢你，你可以选择别人，也可以选择我，没有关系。你不选择我，不是因为我不好；你选择他人，也不是因为我不如他好，而是你们更合适。通常孩子发展到6岁的时候，就达到了这一生命状态。

儿童时期是一个纯粹的情感培养和情感发展的过程，让儿童在童年顺利度过婚姻的敏感期，将为孩子成人后的婚姻关系奠定基础。事实上，婚姻的敏感期很大的程度上，标志着儿童的情绪、情感是否能达到一个成熟的状态。儿童通过几个月来发展完成的事情，可能成人10年或者一生都没有办法解决。

我常常跟家长说："为什么你觉得孩子讨论婚姻这个事情不好呢？家庭和婚姻是陪伴我们大半生的一个内容，为什么不让儿童在小的时候，就把这个问题解决呢？解决这个时期的问题，将帮助儿童健全他的情感世界，健全他的家庭关系，健全他的婚姻关系。婚姻的敏感期，实际是儿童最早开始涉及成人世界的道德问题。由于很多妈妈在这个问题上不清晰，勒令孩子不许谈这个问题，也不许交往，这个观念，不仅仅破坏了儿童的婚姻敏感期，同时也过早地给孩子强行加进了一些比较暧昧的意识和不良的意识形态观念。"

所以，婚姻敏感期到来的时候，我们做父母的都应该很高兴，因为我们可以在这个过程中，为儿童建立更好的婚姻观念，为儿童建立更好的爱的观念和丰富的情绪。

审　美

开始对自我和环境有审美要求。尤其女孩子对自己的衣着和服饰产生浓厚兴趣。

追求完美的芊芊

芊芊今年4岁多快5岁了。从4岁开始，有些行为格外磨炼妈妈的意志。

比如，在外上厕所，哪怕有一点点脏都不上，憋着尿，一定要找一个干净的卫生间才肯去。进去以后，要格外认真地把裤腿挽到大腿上，然后小心地选好位置蹲下（在外她一般选择蹲便），这才开始方便。有两次在北戴河，我们在餐厅吃饭，她坚决不上那里的卫生间，我们只好到外面找个偏僻的地方，她才肯了。

还有两次，在外面的宾馆里（在我们看来条件还行，但还是不符合这个孩子的干净标准），一直憋着不上厕所，直到实在控制不住了，在卫生间里尿了裤子，大喊妈妈。我过去一看，水漫金山！她对我说：“妈妈，我刚才像会走路的水龙头。”让人哭笑不得。

吃饭的时候一定要绝对干净的筷子，盘子碗杯不能有一点水的印迹。于是饭前换几次餐具是常有的事。

最考验人的是当你早上急着要出门的时候，她蹲在那里穿袜子，非常认真地，把袜子端端正正地对着脚丫穿进去，严格地把脚后跟和袜子的脚后跟饱满地对在一起，每个脚指头都要和袜子完美地吻合，不能有一点不妥帖的地方，一定要严格保证袜子是绝对大小合适的，不然她绝对不穿。还要把秋裤平平展展地塞在袜子里，这才开始穿外裤。穿完之后，再把裤子好好地提上来，从裤衩到外裤，不允许有一点点歪或不合适（包括长短）。

在这个时候，妈妈用什么方法都会有些无奈，唯一能做的就是等待和陪伴。好在，5岁以后，这种情况越来越少了，芊芊逐渐变得有秩序而且灵活变通。

孙颖（芊芊妈妈）

爱美的钰钰

4岁3个月时，钰钰爱美的敏感期到来了。那些日子，一进教室，她就一个人躲在化妆间内开始涂脂抹粉，整天化妆、打扮并欣赏自己。

化妆间是我在教室里专门为孩子设立的。在这之前，我专门给孩子上过化妆课，展示过整个化妆过程。钰钰就是按照这一顺序给自己化妆的：先很认真地将自己的小手洗干净，然后抹油，搽粉，画眉，画唇线，涂口红，用棉棒擦去画到线外的口红，用面巾纸沾去多余的口红，打胭脂，然后把发辫梳理

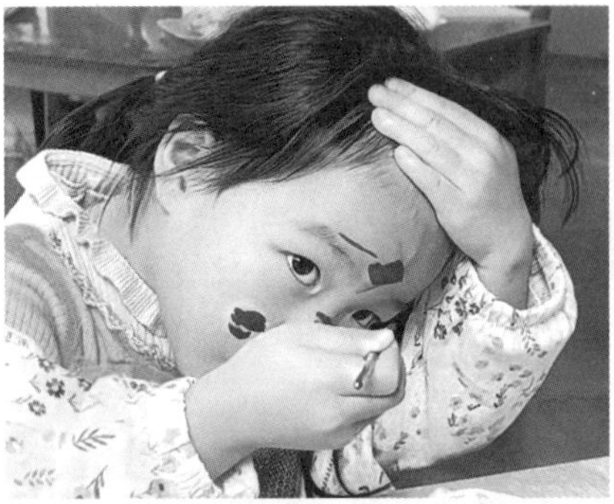

整齐。完成所有程序后，很自信地在镜子前自我欣赏半天，然后满足地离开。

过了大约 1 周半，她又开始在意起自己的头饰和衣着，常常问老师或小朋友："看我穿这身衣服漂亮吗？"到了第三周，她开始喜欢画小哥哥小姐姐，给每个女孩子都画上小辫子和漂亮的头饰。

秦莹

孙瑞雪：

审美的敏感期是螺旋式发展的，从对吃的东西要求完美、完整，到对所用东西要求完美、完整，再到对自我的形象要求完美，最后上升到对环境、对内在气质、对艺术品质追求完美等。

审美的敏感表现在各个方面。女孩子 4 岁开始出现的审美意识将影响她一生的气质和审美能力。

对完美无瑕的追求

一次加餐时，茶茶希望我帮她盛些火龙果。我注意到桌上还有一些剩余的火龙果，便引导她去选择，但她拒绝了。出于好奇，我询问她原因。茶茶指出这些火龙果上有些残留的皮和硬块。我仔细观察后发现，确实如她所说，一些火龙果皮没有剥干净，还有一块果肉中夹带了硬皮。尽管我解释了这些问题，茶茶仍然不愿意选这些火龙果。为了满足她，我从其他班级帮她取了一些经过她仔细"检查"后认为合适的火龙果。茶茶最终满意地开始享用这些精心"挑选"的食物。这种对食物完美和完整的追求，实际上反映了孩子对感受完美的深切需求。

随着时间的推移，茶茶开始将这种对完美的追求扩展到日常使用的物品上。在参与缝纫活动时，对细节的要求非常严格。她会精确指定使用何种颜色的笔来绘图，选择特定图案，以及精挑细选纽扣的颜色和数量。在缝纫过程中，她要求每个纽扣之间的距离必须一致。如果发现任何一处“与众不同”，她会坚持要求老师拆了重新缝制。若在工作中发现不能为每种颜色都缝上一个或配对时，茶茶宁愿只完成部分作品，以保持其部分的完美无瑕。

在一次辅导茶茶使用乘法板的时候，她注意到作业纸上有痕迹。原来，在书写题目时，老师未能完全擦净之前写错的痕迹，留下了轻微的印记。茶茶要求我彻底清除这些痕迹。最初，我大致擦了一遍，便将作业纸交给了她，准备开始指导她的学习。然而，茶茶检查后指出：“还有，没有擦干净。”因此，我更细致地再次擦拭，内心对自己先前的粗心感到羞愧。擦净之后，我将作业纸递给茶茶复查：“这一次感觉怎么样呢？”茶茶满意地回答：“可以了。”看到她的笑容，我为她对完美的追求感动，同时也反思了自己的初次处理方式。

在这一发展阶段，孩子对所用物品的完美无瑕有着极高的追求，哪怕是微不足道的瑕疵也不被允许。一旦物品上出现任何痕迹，孩子可能会产生强烈的情绪反应，如生气或愤怒。这种对完美无瑕的执着不仅展示了孩子在审美敏感期的特征，也提示成人在处理孩子的需求时需要展现更多的理解和细致的关怀。

孩子对食物和使用物品的完美要求是他们进入审美敏感期的明显标志。随着这一期的深入，孩子会逐渐将注意力集中在自身，尤其是女孩子，她们对选择衣物会有极高的标准，力求使自己看起来更加美丽。班内很多孩子都处于这一敏感期，特别偏爱穿裙子，如艾莎裙，并会配上艾莎的辫子、皇冠、手套及鞋子。无论是在寒冷的冬天还是炎热的夏天，她们都坚持穿着这样的裙子，沉浸在艾莎的美丽和优雅中。

叮叮也喜欢每天穿着漂亮的裙子来幼儿园。一次她选择了一条美人鱼裙子，裙摆紧致模拟鱼尾，穿上后行动不便。但这并没有阻止叮叮优雅地在果园中“游走”，享受着路过的每一个孩子投来的赞赏目光。她总是保持腰杆挺直，尽管走起来不易，但她的姿态完美地诠释了“美人鱼公主”的形象。

除了对服装的选择，孩子也开始关注如何通过化妆增强自己的美感。彤彤最近开始较晚到校，我从与她爸爸的沟通中得知，原来是彤彤每天早晨需要半小时来化妆。她已经拥有了一整套化妆台和化妆品，包括指甲油和各种首饰，如戒指、项链、手链和耳环等。起初，她会不加选择地将所有配饰戴在身上，并尝试画眼影、涂口红及指甲油，虽然刚开始技巧还不成熟。彤彤还会带着自己的化妆品到幼儿园，与其他孩子一起化妆。不久，彤彤开始更有选择地搭配自己的服饰和首饰，对服装的整体感觉越来越敏感，口红的涂抹也越来越均匀。她的审美观念逐渐成熟，显示她进入了一个新的成长阶段。

黄小翠

孙瑞雪：

需要特别说明一下，这几个孩子的年龄基本上都在4岁半左右。随着审美意识的提升，孩子开始关心自己的外观和穿着，他们会选择自认为美观的衣物，甚至在特定场合坚持穿戴它们。孩子对他们所处的环境如何布置显示出明显的兴趣，倾向于参与家庭或学校的美化活动，如布置房间或选择装饰物。对参与各种艺术活动，如绘画、音乐和舞蹈等领域表现出浓厚兴趣，这些活动满足了他们的创造和表达欲望。

在这一阶段，家长和老师应对儿童审美的敏感期的策略包括以下几点。

- 确保儿童有接触各种艺术材料和美感环境的机会，如高质量的艺术用品、美丽的图书和一个充满艺术装饰的学习环境。
- 鼓励孩子通过绘画、手工艺、音乐制作等形式表达自己的审美感受，为他们提供参与各种艺术活动的机会，帮助他们探索和表达个人的审美观点。
- 允许孩子在日常着装和个人外观方面作出选择，即使这些选择不总是成人眼中的最佳选择，也要尊重孩子表达个性和审美喜好的方式。
- 让孩子参与到家庭或教室的布置中来，比如，挑选花朵、安排书架或选择墙壁的颜色，这不仅能满足他们的美化需求，还能增强他们的责任感和归属感。
- 观察孩子在审美活动中的选择和偏好，给予正面的反馈和支持。这种认可可以增强他们的自信心，同时也提供了对其审美发展的支持。

数学概念

对数名、数量、数字产生了兴趣。只有三位一体地掌握，才算掌握了数的概念。

能算数的畅畅

畅畅4岁左右时，对数学开始特别感兴趣，总能敏感地发现身边的各种数字，并且牢牢记住，不经意间重复地表达。比如每次看到从幼儿园路过的公交车，她总会兴致勃勃地说："你看，这是109路车，我和奶奶每次都坐这趟车回家。"有时候看到其他数字，她也会问："这个297路车是去哪里的？"甚至她会延伸思维："我怎么从来没见过1路公交车？"有一次周末出去逛街，畅畅终于发现1路公交车，兴奋了好久，不断地表达："原来真的有1路公交车，太神奇啦！"她总是不断重复提问、分享、表达，就像中了停不下来的数字魔咒，乐此不疲。

当她的数学思维逻辑进一步发展时，她开始对数字之间的关系感兴趣。比如，5岁时，畅畅会突发奇想地问我："妈妈，你知道吗，1+1不仅仅等于2！你知道还可以等于几吗？"我会装糊涂地说："除了等于2还能等于几？"她就哈哈大笑："1+1还能等于11，还能等于'王'呀！"

这是数学敏感期和符号（文字）敏感期的叠加表现，她每每都能在这样的游戏中发现无限的乐趣，而支持到她乐趣发展的条件，就是身边的我们，总是无限配合她的"表演"。

因为这是培养孩子数学兴趣的好机会，艰涩难懂的数学概念，就在这些敏感期中萌芽，发现乐趣，从而数学变成了一件好玩的事情。

我发现畅畅在数学敏感期还会有几种明显的表现。

随着畅畅年龄增长，她对数量的感知越发明显。比如在5岁以后，畅畅开始感知金钱的概念，会通过对比、观察，得知不同的数量。比如春节，她就对自己的压岁钱有了进一步感知。畅畅会反复数自己有多少张100元钱，她明显知道“100”比“10”能够多买很多东西。在关于钱的表达中，畅畅会确定地选择自己要拥有更多的“100”面值的钱，因为“能买到更多东西”。

对几何图形畅畅也开始有认知。比如，有时候做手工剪出各种图案，她会考大人：“我剪出来的这个是长条形的，你看这是什么形状？这是矩形的，你不知道吗？”

不久，畅畅又对书写数字及符号非常感兴趣。在刚开始认识10以内的数字时，会抓住一切机会写数字。那段时间，她一旦在家里安静下来，不用多看，一定是投入到书写当中了，鞋柜、餐桌甚至墙上，都写满了她歪歪扭扭的数字，可爱笨拙的字迹，有反了的“3”和“5”，也有反了的“6”和“9”。家里很多地方留下了这些可爱又可笑的字迹，也是一个特别的纪念吧。在被提醒不能破坏环境之后，她也会在纸上用自己的各种方式写很多数字涂鸦，有时候还会特有成就感地向大人分享。我一般会故作惊讶：“哇，你连这个都会写啦！你看，‘8’是很难写的，你都能写出来，真是让我大吃一惊！”她就会满足地笑起来。

很多家长会疑惑，在发现孩子出现数学或者符号敏感期后，应该如何引导？要不要特别给孩子加强训练？我的建议是一定要把握好这个度。

孩子在兴趣萌芽阶段，是具备强大的好奇心及探索兴趣的。成人能做的是在孩子有需要时提供解惑和接纳。比如，我对于畅畅的分享和表达，总是不遗余力地赞赏。在生活中，针对她感兴趣的部分，做延伸的讨论与探讨。比如外出时，和她指认各路公交车，在很长一段时间，都是她很爱玩的数字游戏，并且她居然能清晰地记得哪路车是去哪里的。再有就是，如果孩子确实有进一步的需求，比如加减法的计算等，可以在实际生活中有意识地引导。

比如，我们家奶奶就很喜欢引导畅畅：“我带了50元，给你买玩具花了20元，还剩多少？”畅畅掰着指头算出来：“还有30。”奶奶就会很高兴地赞赏：“你真厉害，连这个都能算出来！”她就一脸得意。这些其实就是兴趣在认知中起的作用。

在这个比较特殊而又重要的敏感期，切记不要操之过急，因为很多父母都会容易过于“兴奋”，觉得我的孩子终于进入一个“正规”的认知阶段了，开始强加很多不必要的重复练习，或者变成了一种不厌其烦的“考核”，那样只会把孩子对数学的感知，扼杀在重要的、最初的萌芽阶段。

生活中的灵活把握、随时赞赏，以及寓教于乐、循序渐进，才是对孩子这个敏感期最重要的支持。

而且更重要的是，可以协助孩子建立一个概念：数学是一件好玩的事情，它并不艰涩，并不枯燥。它是一种乐趣，一种生活技能，一种可以一直使用的高级工具。我想，这才是协助孩子成长的最重要的意义吧。

杨玉萍

有趣的敏感期过程

小行3岁半，对环境中的数字、计数、数量产生了强烈的认知兴趣。捉迷藏时，他最喜欢从1数到20，每次数数，脸庞都流露出愉悦、兴奋的神情。他见人就问：“你几岁了？”对电梯尤其着迷，他喜欢看电梯上的数字，在等待电梯下行时，会专注地观察电梯上的数字，慢慢发现了6–5–4–3–2–1的序列。在生活中，他非常喜欢数物品的数量……在阶段性兴趣过后，这份热情显得没有那么浓烈了。

小行5岁左右，每天他的书包里都塞满了“作品”。回到家，他第一时间拉开书包拉链，将书包里的“作品”一一“扒拉”出来，喜悦地展现在我眼前。仔细一看，都是数学作业纸，加减乘除样样都有！他兴奋地介绍着自己的作业纸，我也欣喜地倾听着，再将他的作业纸收纳在一起（孩子任何一件作品，我都视如珍宝）。

有一段时间，他每天带回来数十张乘法作业纸，老师也和我分享："小行最近痴迷于乘法板，进入教室后，不再需要简单工作过渡，会直接进入乘法逻辑的探索中，每天长达1小时。"看到他专注、充实的身影，满足的神情，我真的特别触动。

小行在生活中对数学概念及数逻辑的认知活动随时随地发生着，比如小行很喜欢乘坐公交车和地铁，每次乘坐时，他会显得格外安静，全然享受其中。他会说："妈妈，我们去的时候坐了42座的公交车，回来时坐了51座的公交车。""妈妈你知道2号线的车长还是5号线的车长吗？2号线更长，2号线是……车厢，5号线是……车厢。""妈妈，体育课是90分钟，就是1小时30分钟。跆拳道课是80分钟，就是1小时20分钟，英语课是三个45分钟，那是多长时间？90加45，135分钟。"……

小行咳嗽时，我习惯用些精油帮他按摩身体。一天，我滴了3滴精油在我手心，我自言自语地说："1滴精油里加入6滴椰子油。"小行听了，神情变得专注，思索片刻后，他说："妈妈，2滴精油加12滴椰子油，3滴精油加18滴椰子油。"我听呆了，惊讶于孩子已经完全内化乘法逻辑，头脑如此清晰。

匡雪田

孙瑞雪：

孩子在3～6岁会经历数学概念和数学逻辑的敏感期。这个阶段，孩子对数字、计数和数量的认知显示出了强烈的兴趣和自然的探索欲。小行在捉迷藏游戏中喜欢数数，显示出对数字的喜爱和兴奋。对电梯数字的观察更是加深了他对数字顺序的理解。随着年龄的增长，小行的数学兴趣转向了更系统的数学操作，如加减乘除，尤其对乘法的探索表现出极高的热情。对于这一点我要特别说明一下，蒙特梭利的教具是透过感官体验来认识数学逻辑的，和给孩子“教”是完全不同的。请时刻记住这一点：敏感期的出现，是一种自发的、内驱力的表现。

小行在幼儿园环境中，不仅获得了爱和自由，家庭和幼儿园的支持为他提供了一个理想的学习环境，使他能够在认知活动中自由发展。这种从自发到系统的探索过程，正是敏感期的典型特征。

父母可以通过观察和识别孩子的兴趣点，提供相应的资源和环境支持，帮助孩子充分利用这一敏感期的潜能。例如，小行对交通工具的座位数和运行时间的兴趣，父母可以利用这些日常情境进一步培养他的数学逻辑思维。

此外，小行的例子也强调了家庭在儿童教育中的作用，不仅是提供物质资源，更重要的是心理和情感上的支持。当孩子在敏感期内得到充分的关注和支持，他们的探索和学习就会变得更加高效和愉快。

数学工作毯

班里新来了一个3岁多的孩子——小宝。当小宝在学校放松下来后，他就开始自主选择工作了。

小宝先选了一个磁力积木的益智类工作，工作大概进行了15分钟后，小宝就归位了，而后选择了乘法板的工作。在工作前，小宝来到老师面前走动，当老师询问后，小宝才表达：“老师，我需要你的帮助。”听闻，老师就和小宝一起在工作毯上进行乘法练习。首先，老师向小宝介绍了乘法板工作的材料，以及建构了“乘法板”和“数字卡”的概念；接着练习的是3的乘法。老师请小宝先观察老师是如何操作的，等到老师演示完，老师就请小宝来尝试操作。

小宝尝试操作的第一题是“3×2=？”，老师带着小宝一起读了一遍题目，读完题目，小宝就不动了。于是老师引导着：

“请将红色定规放在数字3的上方。”

“请观察槽穴里插入数字几。”

老师边问边指着数字2，小宝也顺势回应“2”。于是小宝将数字2插进去。

“请将3取……次。”老师一边说，一边指着乘法板上的对应数字，小宝回应着“2次”。

“是的，那现在请你第一次取3。”小宝开始数珠子，数完之后，就将珠子放进了乘法板里。

“第二次取2。”小宝继续有条不紊地数数，数完之后，小宝停下来看着老师。

“请观察这里总共有多少个珠子？”听完老师的话，小宝开始数起来。“6。”小宝看着老师，笑着说道。“是的，3×2=6。”而后，小宝在作业纸上跟着老师描的点写上了“6”。

做完了第一题，感觉小宝更愉悦了，有了些成就感，所以小宝操作的热情高了，和老师一起工作了接近半小时。

接下来一个月的时间里，小宝几乎每天都会操作数学教具，特别是四则运算：乘法板、除法板、减法板、加法板。小宝对于1～50的数概念较清晰，只是在书写方面会感觉有些难度，当老师协助小宝将数字的答案描红，小宝会愿意尝试书写答案。

直到目前，小宝已经操作了数学教具中的大部分教具，了解了个位、十位、百位、千位的概念，在老师的协助下，能够进行银行游戏、邮票游戏、计算架等教具的操作，并且基本清晰其逻辑。

在我们幼儿园，孩子们会依据自己的心智的需要来选择进度和教具。教具的操作可以让孩子在感觉中走向抽象，这样所学就可以内化了。有的孩子可以把其中的逻辑关系搞得清清楚楚，不是学，而是“吃”了进去，这就是自助和具体操作的功能所在。

张燕静

孙瑞雪：

从小宝操作数学教具的情景来看，小宝数学的敏感期发展得比较早，而且深入得也比较快，这很容易给家长带来误解，所以家长一定要特别关注数学敏感期的特征。有的孩子的敏感期会提早几个月或一年，有的可能落后几个月或一年；有的孩子的敏感期可能持续两周，有的孩子的敏感期会持续一两个月，还有的孩子的敏感期会持续半年到一年。每个孩子都有个体差异，我们不能以此来判断孩子的智商高低，聪明与否。

每个孩子的发展节奏和敏感期的长短都有所不同，这是由他们独特的生理和心理发展决定的。小宝在数学的敏感期表现出了较早和深入的发展，为我们提供了一个很好的案例来探讨如何理解和支持每个孩子在他们各自的敏感期内的成长。

小宝自主选择数学教具并持续进行数学活动，显示了他对数学的强烈兴趣和内在驱动。他通过操作具体的数学教具（如乘法板、除法板等）逐渐理解数学概念。这种从感官体验到抽象概念的转化是数学敏感期的关键学习过程，帮助儿童建立稳固的数学基础。

随着时间的推移，小宝在数学操作中表现出逐渐增强的技能，从最初的简单乘法到复杂的四则运算，再到对数字位数的理解，他的数学认知能力显著提升。

小宝在完成数学任务时表现出的愉悦和成就感，增强了他的学习动力。正面的情感体验是支持持续学习的重要因素，特别是在敏感期中。

数学敏感期

文◎孙瑞雪

数学敏感期是儿童发展中一个重要阶段，孩子在这个时期对数字和数学操作表现出极大的兴趣和高度的学习动力。这种主动性是敏感期的典型表现，孩子会被某个特定学习领域吸引，并表现出持续探索的愿望。

敏感期的个体差异

敏感期的开始和持续时间因孩子而异，早或晚进入敏感期不直接反映一个孩子的智力或未来潜力。有些孩子可能在3岁就开始显示出对数学的兴趣和能力，而另一些孩子可能要到5岁或更晚。

家长和教育者应避免因为孩子在数学敏感期的表现就过早地对他们的智力或学术未来作出判断。孩子在不同领域和不同阶段的发展速度可能会有很大差异。

观察和支持

家长应密切观察孩子在数学活动中的表现和兴趣。一旦发现孩子处于数学的敏感期，建议从以下方面给予支持。

- 配备丰富的数学教具和创造一个支持探索的学习环境，可以充分激发孩子在数学敏感期中的学习潜力。
- 观察并支持孩子的个别需要和学习节奏，如儿童对某些教具的偏好，可以帮助他们更有效地学习和成长。
- 通过感知（感觉教育）活动学习数学，儿童可以更直观地理解抽象概念。实践操作是帮助儿童从具体物理体验过渡到数学抽象思维的桥梁。
- 通过各种数学游戏和挑战（如银行游戏、邮票游戏等）来培养儿童的数学思维和逻辑能力，这对他们未来的学术和生活技能都有长远的益处。
- 对于那些在敏感期有明显表现的孩子，应提供额外的情感支持，当孩子对新挑战感到挫败时，帮助他们处理可能遇到的挑战和压力。

提供多元的学习机会

即便孩子在数学上表现出早熟的迹象，也应确保他们在其他领域得到均衡发展的机会，如语言、艺术、社交等。

身份确认

开始崇拜某一偶像，积累未来成人时的人格特征。

“超人”和我拍照

文◎孙瑞雪

两个月来，每天早晨一到学校，“超人”都会到一个僻静的地方去换“超人服”。“超人”换衣服是不能让他人看见的，这是一个人人都知道的规则。只是成人不明白，孩子总是知道在这时候该如何尊重“超人”，因此偶尔途经也没有孩子转头去看，“超人”总能成功完成“秘密变身”的过程。而成人总会惊讶地去看或是忍不住转头去看，“超人”只好重来一次，确认没人看见，才算完成了“变身”过程。“超人”就在学校里走动着、玩耍着、生活着，从长凳上飞下，在院子里掠过，在小朋友中走动，从楼梯上轻盈飘下。一切都是自自然然，是孩子生活的一部分。孩子尊重“超人”，就像尊重公主、王子、蜘蛛侠。孩子的生命就是这样细腻、高贵。

惊奇、询问的总是成人，引起大惊小怪的也是成人。成人是直接而粗糙的，并且每一个表现出惊讶的形式几乎都一模一样，日子一久，大概在“超人”的眼里成人就显得有些愚蠢。因此，“超人”就这件事对成人的反应是看不起的、拒绝的。

我见“超人”几天后，才准备好和他接近。在院子里，我告诉了他我真实的想法：我非常崇拜“超人”，我也曾有过“超人”的梦想，而且我看到“超人”后非常的激动和兴奋。“超人”表示了对我的理解。我又提出了进一步的要求，如果他不拒绝，我是否能荣幸地和他照一张合影。他考虑了一下，同意了。他的神态让我明白，他是为了帮助我实现梦想。我迅速跑进办公室宣布:“超人”愿意和我合照。老师们也为此高兴起来。一位老师迅速拿起照相机跑出去，“超人”用手制止我不要靠他太近，他郑重地站在那儿，我也谨慎地蹲在他的身边，就有了这张照片。后来，“超人”还要再照一张“生活照”，就有了凳子上的“超人”。

当然，其他的几张就是偷拍了。

以后的日子里，“超人”的照片成了我和很多老师心灵愉快的慰藉物。此刻，我们愿意和您一起分享这份纯真、美好和成长的体验。

这段时间，佩佩最喜欢的就是把自己装扮成恐龙。

性　别

对性别以及对自身身体的认识基本来自观察，
如同认识眼、鼻、口一样，态度很客观。

区分男人和女人

儿子琪琪 5 岁 2 个月了。一天回家后，他认真地问我："妈妈，我发现我们班有的小朋友长了小鸡鸡，有的小朋友没有长，为什么？"我笑了起来。同其他孩子相比，他的这个敏感期似乎来得晚了点，因为他已经是 5 岁的孩子了。

我说："这叫生殖器，是区分男人和女人的第一性别特征。"他站在那儿想了一会儿，转身走了。

但从那天起，家里只要有人上卫生间他就尾随而进，要不站在旁边看，要不撅起屁股看。有一天，爸爸"嗷——"地大叫一声从厕所跑出来，哭丧着脸说："在家上厕所都不安全！"全家人大惊失色，一问才知道是儿子闯了进去。

有一天我在卫生间，儿子又跟进来了。我很生气地问儿子："妈妈是女人还是男人？"他说："女人！"我说："你怎么知道？"他说："看头发和衣服！"我说："这就对了，不必看那儿也能知道男人和女人。"他愣了一下，恍然大悟，这个节目就此结束。

但他把认知方式转移了。他开始画汽车，画好后给每个司机都画一个小鸡鸡。老师问："你为什么要画这个？"他非常惊讶地看着老师说："因为他们是男的呀！”

一段时间后，他又奇怪地指着我的胸问：“妈妈，为什么我和爸爸都没长这个，而你、小姨、老师都长了？”

我说：“这叫乳房，是区分男女的第二性别特征。”

儿子问：“要它干什么用？”

我说：“哺乳。”

他说：“小姨根本没有孩子，她为什么也有？”

我说：“她必须为未来的孩子准备。”

他沉思了一会儿，接着问：“可是你已经哺完了，它为什么还不消失？”

我说：“它是自然存在的，没法消失。”

几天后外婆看他，嫌他太闹了，就说他：“等你有了自己的孩子，他也会闹你。”儿子听后哈哈大笑道：“外婆太愚蠢了，男人根本不能生孩子。”外婆吃惊地问：“为什么？”儿子说：“因为男人没有乳房呀！”

其后的半年时间里，他对女性的乳房非常感兴趣，常常热情地过去拉开老师的衣领，伸进手去摸，然后认真地说：“乳房！”搞得老师都很难堪。我告诉她们这举动不涉及性意识和所谓的道德感，孩子仅仅是在认识人体，请她们体谅。好在他生活在一个进行教育科学实践的学校里，老师们都非常配合。

半年后，他对人体的兴趣慢慢地消失了，又开始和同龄的表弟一起喜欢起小动物来。那段时间里，我家院子里到处都是虾、螃蟹、蟾蜍、小鸡、小鸭、蜗牛和别人已经丢弃的刚孵出的鹌鹑。他和表弟的零用钱几乎都用在了这些东西上，有时用 2 元钱买来 3 只螃蟹，有时一整个下午不见踪影，到了晚上，两个孩子满脸满身糊着泥巴回来了，一人手里提着一桶蟾蜍。

两个孩子喜欢动物的敏感期来了，这时他们 5 岁半。

孙瑞雪

孙瑞雪：

人体性别的敏感期是人体敏感期的组成部分。男人和女人的区别表现在很多方面：生殖器官、发型和衣服、嗓音和举止等。对同一个概念，如性器官，儿童的理解和成人的理解显著不同。在大人眼里，这类概念包含着很多世俗的、道德的内容，而对孩子来说，他是在客观地认识世界。而这只不过是他众多认识对象中的一个，没有任何感情色彩。

5岁左右，几乎每个孩子都开始对自己的身体感兴趣，这是他们开始认识“人”了。这种早期的认识，使女孩子发现了女孩，男孩子发现了男孩，也让孩子第一次坦然地接纳自己，爱自己。

这种认识过后，儿童开始关注社会性的男女差别，这种关注从服饰开始。女孩关注自己的服饰，纷纷选择有名的女性作为自己的偶像：白雪公主、灰姑娘等；男孩对女性化的服装开始提出抗议，兴趣集中在社会性的活动中。

音　乐

儿童生来具有音乐品质。

暖气片当钢琴

女儿的音乐敏感期是在4岁时出现的。

那时候，每天去幼儿园接她时，她总是拉着我的手上二楼（琴房在二楼）:“妈妈，我要弹钢琴。”有时一句话不说，拉着我的手就走。那段时间，我们常常是天黑透了才回家。

《麦克唐拉》《玛丽有只小绵羊》等一些简单的曲子就是那段时间学会的。家里当时没买钢琴，她就把老师的教科书借回家，把家里的暖气片当钢琴，摆上乐谱，煞有介事地边弹边唱，一弹就是几十分钟。

这种情况持续了近3个月。其间我们竭尽全力给孩子提供一个美好的音乐环境，买了世界名家名曲的碟片一起听，一起看《八大音乐家》故事片，每天用音乐叫孩子起床……有一次，她躺在沙发上听“梁祝”，静静地听了一个多小时。

在她5岁时给她买了架钢琴，后来，她虽然不像那段时间那样天天要弹琴，但她依旧喜欢音乐，断断续续学了几年。没有走上专业的路，但是女儿音乐素养是非常好的，能享受音乐带来的乐趣，10岁左右的时候，还自己作词作曲写了两首歌。

刘瑛

孙瑞雪：

音乐的敏感期是螺旋式发展的，4岁时发展到真正意义的音乐的敏感期。在这个敏感期中，儿童等待或寻找特别的音乐环境，跟音乐亲近，发展潜在的音乐天赋。

有一个好的音乐环境很不容易，这个环境包括音乐本身、音乐设备以及共同感受音乐的人。我们知道很多家长在逼着孩子练各种乐器，孩子对此无比痛苦。如果在音乐敏感期到来的时候，顺其自然地发掘孩子的音乐天赋，他们可能不用家长逼，自己就会去练；即使他们后来没有学什么乐器，但如果具备了良好的乐感和鉴赏力，比起那些把拉琴当成拉大锯的痛苦的孩子，他们对音乐的感觉也要好很多。

绘　画

儿童生来具有绘画品质。

画完了再睡

女儿柳依4岁半时，有一天我去学校接孩子，老师告诉我，柳依绘画的敏感期到了，在学校里什么课也不上，就愿意画画。我一听，赶忙到书店给孩子买了绘画的书，又买了专门教绘画的动画光盘。

有一天，因为她在幼儿园画画，我一直在那里等她，所以回到家就已经8点多了，可她还要继续画画。自己把美国的一套《创作屋》光盘打开，里面是一个扮成小丑的老师，带着4个孩子一边画画一边讲故事，每隔10分钟，插播一段动画片。女儿特别喜欢，画一会儿，看一会儿。从8点多开始，不厌其烦。碰到不会的地方，她把片子倒回来重放；如果跟不上步骤，她会按暂停。

陪她到了11点，我催她睡觉，开始她不理我，后来跟我发脾气："你烦不烦！"我知道我打扰了她，又静静地守在一边等候。12点了，我实在熬不住了，跟她说："妈妈实在困了，我们睡吧，明天再画。"她说："妈妈，你先去睡，我画完了再睡。"

我只好自己去睡了。

夜里，当我习惯性地翻身为她盖被时，发现她没在。一看表，天哪，已是凌晨2点了！我想小家伙肯定倒在沙发上睡着了。起身去客厅一看，她仍然精神百倍地边看边画，桌上已经摆了厚厚的一摞画。我数了数，一共55张。

看我过来了，她把手里的画笔一扔，一头倒在我怀里。抱她去卧室的几步路上，她已呼呼大睡了。

绘画敏感期高潮阶段持续了3个多月，但从此，绘画这个爱好就一直伴随着孩子的成长。6～12岁的小学阶段，柳依在孙瑞雪老师创办的小学里，每周有3节美术课——有写生，有临摹，有欣赏。此期间，她没有报课外美术班或者再请老师跟着学。但是她绘画的技能和审美都在提升，画得越来越好。

后来她去新加坡上中学时，上午是主课（语、数、外、物理、化学），下午是课外活动（科学、美术、音乐、舞蹈、厨艺、手工等）。她参加了科学和美术活动。几年下来，绘画能力得到极大的提升，好多作品装订成册，考试作品装裱成画。选择报考专业时，非常艰难，因她本来理科很好，每次考试都在年级前几名，报考理科专业将来有前途。我们去征求老师的意见时，老师说："如果她不学美术就泯灭了她的天赋。"这太严重了！我也不敢擅自决定，通过一周的思想斗争，最后她自己决定学设计。

敏感期的发展给孩子一生的素质打下了坚实的基础，让我没想到的是，绘画敏感期的发展，成为她长大后职业选择的启蒙。现在，柳依已经成为一名品牌设计师。

刘瑛

孙瑞雪：

敏感期到来时，儿童都是不分时间、地点，一直做他感兴趣的事。从早晨做到晚上，甚至午饭也不去吃，有时持续许多天不出教室或不进教室。到了家，会工作到深夜。老师或父母常常很矛盾，这样孩子的身体是否受得了？是否让孩子这样持续做下去？

我的观察是，儿童具有吸收性心智，儿童的学习热情和毅力是惊人的。这种热情和毅力与生俱来，不用人教，不用夸赞和奖励，不用培养和锻炼，但要加以保护。事实上，在大多数情况下，正是我们成人，我们这些希望儿童热爱学习的成人，用我们旧有的所谓经验和想法，把这样的品质破坏了。

独特的创作之旅

大力已经 5 岁了，从我来到小神农班起，我就注意到他每天早餐过后都会热衷于坐在手工区，挑选一张白纸和彩色铅笔，开始他独特的创作之旅。

起初，他沉醉于描绘各式各样的建筑，从简单的平顶到充满创意的三角形和圆形屋顶，每天画了一张又一张，乐此不疲。这个过程持续了大约一个月，每次都能持续 60 ～ 80 分钟，这份专注和热爱真是让人惊叹。

随着时间的推移，大力不仅满足于建筑的绘制，他开始给这些建筑涂上五彩斑斓的颜色，让整个画面变得更加生动和活泼。他的控笔能力也在这个过程中得到了极大提升，线条越来越流畅，色彩搭配也越来越和谐。

更令人惊喜的是，大力开始尝试创作迷宫。每天，他都能创作出各种独特而有趣的迷宫，让人不禁为他的想象力和创造力所折服。

这天他又来到手工区，精心挑选彩色铅笔，一边细致描绘出各个大洲的轮廓，一边轻声解说："这是北美洲，这是大洋洲……"持续 40 分钟后，大力看着自己的作品露出满意的笑容，带着作品满足地离开了手工区。

如今，大力已经在手工区绘画了长达半年的时间。

钟菲

孙瑞雪：

大力通过引入不同的绘画主题，以及将艺术与地理、科学等学科相结合，这种跨学科的联系，增强了大力学习的综合性和实用性。

我们可以从每个敏感期的例子中，看到孩子们的独特性。这就是每个孩子个性的特征。生命是多元的，多元的生命是有创造力的。

符　号

孩子对识字、拼读、认识符号等感兴趣。

积　累

2000 年 3 月～7 月，我在北京的幼儿园工作。给孩子上主题课时，我把当天阅读的故事名称、主题都写在黑板上，做相应的项目时，就用手指着黑板上的字，边指边读，重复 3 遍，这样孩子就有了多次认读汉字的机会。

平时给孩子读书时，我也是用手指着字，逐字逐句读。分享零食时，也会给孩子指读包装袋上的字。很快，班里的几个大孩子：5 岁多的刘思雨、4 岁多的邱雨桐和张一然，越来越爱看书了，她们 3 个人常常围坐在书架旁，一本接一本地看，最后把注意力集中在 3 本儿歌书——《快乐的一天》《快乐的一年》《快乐的一生》上，遇到不会的字就来问老师。到后来，3 本书的内容她们都可以背下来，指其中一个字、一句话，都能认读。

3个女孩有时也会看别的书，但她们最喜欢的还是《快乐的一生》："哇，哇，哇，有个女孩落地了，她的名字叫玲玲……"这本书她们能读1个小时。后来我特意了解了一下，她们3人还认识全班小朋友的名字，认识很多食品的名称。这段时间，她们的家长问过我，幼儿园是不是开始教孩子认字了。

马钟玉

孙瑞雪：

那段时间，老有家长来学校问我们：你们是不是在教孩子认字？怎么电视上的字孩子都认得呀？孩子甚至能读出电视剧片尾那一长串的演员名字。我们也感到惊奇，没想到不知不觉中，孩子竟认识了那么多字。

我们采用了和生活结合的识字方法。为了使文字紧密结合于生活，我们在家具、电器、学习用品、生活用品上写上各自的名称。街上，很多单位和部门的门口本来就有名称，商店的商品也有名称。这样，当孩子识字的敏感期到来时，他们不知不觉地就学会了很多字和词，甚至达1000多个字，而且这些字和词从一开始就是在生活中掌握的，是从感觉发展到概念的结果。

"有准备的环境"，是蒙特梭利教学理论的经典用语，是儿童发展中的条件。儿童把文字和语音与它指称的对象在自己的生活中联系起来，使文字在儿童那里获得了它本来的意义。

小舒识字

小舒大约从5岁开始看到有字的东西就会问身边的人："那是什么？"爷爷、爸爸、妈妈、哥哥、姨妈都被问了个遍，不放过每次的机会。

小舒走在马路上会问那些标示写着什么；看见商店门头就问"那是什么商店"；在餐厅就问"这是什么菜"，然后自己默默地还会把菜谱上所有的菜名读几遍；到了超市也指着商品包装袋上的字问"这个是什么字"；还会挨个指着排列好的薯片说“薯片、薯片、薯片”，指着酸奶说“安慕希、安慕希、安慕希”；也会对照着瓶子上的图说“草莓味、黄桃味、蓝莓味、原味”等。

小舒最感兴趣的就是超市，会把自己在超市所见的物品和名称全都配对，不知道就问，把大人问烦了，就自己边猜边认，无所谓对错了。有时候看着他乐此不疲地识字、认符号和标志，我心里就会很欣赏。

小舒对说明书的兴趣也尤为浓烈，尤其是小电器的说明书。但凡家里有快递，小舒都是最积极拆快递的，拆完快递就认真读说明书，密密麻麻的文字，连猜带认地读完，他还会找出其中重要的而他却不认识的字，不厌其烦地问大人。

小舒每天好像在搜寻文字一样，他会把药盒子拿出来，排列起来认字，还会找出过期药瓶扔掉。接着开始慢慢找书读，也喜欢读。一段时间后，小舒识字量大增，绘本都满足不了他的阅读量，于是主动要求买文字多的书。一年级时他已经能够阅读满篇文字的书籍，偶尔还会阅读妈妈的书，看看讲的是什么。

小舒的识字是自发的，阅读也是自发的，就像他的身体里有一种阅读的神经需要他不断地去练习，不断去发现。

王灵雪

孙瑞雪：

儿童对符号敏感的表现之一，就是对文字符号的乐趣。父母如果细心观察，就会发现孩子突然在某个阶段，竟然认识很多字了。有时是指出了动画片字幕里的人名，有时是念出了零食包装袋上的名称，有时是读出了路边广告牌上的汉字，等等。这意味着，儿童终于发现抽象而有趣的符号世界，正式进入了符号敏感期。

顾名思义，符号敏感期意味着儿童在这个阶段高度敏感于各类符号，对识字、拼读、认识各类符号的活动产生了浓厚的兴趣。符号对于儿童的意义，不同于符号对于一个成人的意义。在儿童眼里，这些符号是可触摸的、可以和实物相配对的东西，这个配对的过程令儿童感到欣喜。

我想给你上一节语言课

吃过晚饭，JH说：“妈妈，我想给你上一节语言课。”我回应说：“好呀。”他就转身去准备上课的材料了。

3分钟后，按照JH的要求，我坐在桌前，他站好，开始了语言课：“今天是2024年3月21日星期四，现在我们一起来分享今天的语言活动。首先，我们来欣赏绘本《一直一直朝前走》。”绘本在他的手里翻阅时，他读出绘本里的字。很快，绘本读完了。JH提问：“在绘本里，你印象最深的是哪个部分？”我举手并分享了自己的观点。

“现在，我们来进行识字活动！”他说着，拿起打印好的字，“这是‘山’，这是‘水’，这是‘日’，这是‘月’，现在请你观察一下这四个字。”一分钟后，JH拿起绘本《汉字是画出来的》，介绍起来：“请观察，这是‘日’字的甲骨文，这是‘日’字的小篆，这是‘日’字的楷体。”看着他如此清晰地讲述“日”字的发展过程和字体的精准概念时，我惊讶了，完全没有意识到所谓的“识字”，已经进入这个孩子的生命里。

还记得JH小时候我们每天都会读睡前故事，从《噼里啪啦翻翻书》，到大一些可以读稍有故事情节和故事逻辑的《好饿的毛毛虫》《蚂蚁和西瓜》，再到《迪士尼经典故事》……这个习惯，一直保持到现在。

JH 4岁多时，我和JH每天都要乘坐公交和地铁，因为乘坐的时间比较长，他对地铁线路图很感兴趣，会问：“这是哪个站？”我会认真地回应他站名。乘坐公交时，车厢里有显示车站行驶路程的显示屏，每到一站，播报站点时他都会指着显示屏告诉我“妈妈，这是××站”。时间长了，他对自己每天经过的每个站名都熟悉了，从地铁站名到公交站名，再到外出用餐时点菜，到走在路上他看到的每一个字，他都会问。在那个过程里，我可以做的就是告诉他：“这是 ×× 字。”在这个过程中，观察、感觉、概念一直都在发生着……

杨嘉玲

孙瑞雪：

从日常的睡前故事到对公共交通标志的好奇，再到主动组织语言课程，这种对符号和文字的兴趣，是内在驱动力的一种体现，儿童在这个年龄阶段会专心吸收环境中的某一事物特质，并通过不断实践来加深理解。这也是家长在教育过程中需要把握的关键时期，为孩子提供丰富的语言环境和适当的学习资源，以支持和促进他们的自然发展。

不要让孩子在不适合的年龄认字

文◎孙瑞雪

我们需要从两个方面来讨论这个问题。

一个是，儿童生命成长的法则究竟是什么？

另一个是，我们为什么要让孩子早早认字？

我们先谈第一个问题。0 ～ 6 岁的儿童，必须在 6 年中，学会把握这个物质世界的基本秘密，创造一个自我。

这看起来像一个哲学问题，但它表现在孩子生活的点点滴滴，孩子的每一个行为和感觉上。

首先是孩子把自己和这个世界分离开。孩子出生时，和这个世界浑然一体，和自己也浑然一体，儿童必须借助于外在的环境，依靠生命内在的觉醒，逐渐地把自己和这个物质的世界剥离开，把自我的一切剥离出来。例如，儿童所看见的，认为和自己是一体的，触摸到的，也认为和自己是一体的，儿童甚至不能区分自己身体中各种功能的作用。所以儿童要用 6 年的时间或者更确定地说是 7 年的时间，依靠感觉，把自己和这个世界剥离开，把这个物质的世界中的此物和彼物剥离开，并且，建立自己与自己的关系，自己与别人之间的关系，物与物之间的关系以及自己与物之间的关系。这些是生命成长的自然法则所预定好的，谁不遵守这个法则，就要承担不遵守自然法则而导致的代价。

其次，儿童必须在这 6 年中，创造出一个自主的内在管理系统，这个系统就是自我。儿童 2 岁时，自我意识开始出现，儿童以占有“我的”物质开始，到语言说“不”来剥离“我”和“我之外”的不同，最终到区分出了“我”“你”“他”，然后逐渐将这个自我创造了出来，建立了情绪的、感觉的、心理的、认知的、精神的内在环境，造就了一个在意识上独立自主的自我……这一部分，对于人这种生命体来说，实在是太重要了，如果在 0 ~ 7 岁前不能建立，人就会沦丧在更低的生命层面求生存，这就是生命成长的法则，也是儿童在 0 ~ 7 岁的最重要的使命。这一点，被人们长久地忽略着。

你认为这样一个生命的巨大工程，对于一个弱小的生命而言，还不够艰巨吗?

文字，是这个物质世界的符号，即使儿童到了 5 岁时有了认字的愿望，也是把它作为和物质一样的存在，是一个符号、一个绘画、一个涂鸦……继而他们又会发现，这个符号原来与可触摸的东西是可以配对的，这个配对会给孩子带来欣喜。

如果是自然状态，你不会看到有哪一个孩子，会把文字当作成人认为的那种文字的意义来学习。这正是这个时期儿童生命的特征，所以，如果说 5 岁有一个认字和书写的敏感期，它也意味着就像孩子认识这个物质世界的其他东西一样，是一个自然的过程，而不能够把孩子用文字局限在脱离现实的书本世界里。因为儿童这个时候成长的是生命，建构和创造的是自我，而不是用这么珍贵的时间来学习一个技能。

我们的第二个问题是，我们让孩子认字的敏感期自然发生，还是要提前并强化认字？我们非要把小学的东西下放到幼儿园，把中学的东西下放到小学？

我们要问的是，我们基于什么样的动机这样做？是基于恐惧？是基于对未来的担忧？是基于跟随潮流？还是基于把生存问题提前压到了孩子的身上？

当我们能够清楚地知道我们这样做的动机时，答案自然就出来了，我们要不要这样做，也自然知道了。

也可能我们需要问一下，我们对孩子的了解有多少？对人的这种生命的成长的过程有多少了解？我们还要问一下，我们怎样做对我们的孩子更有帮助、更有支持？将来，在他18岁走向社会的时候，他究竟是依靠什么在这个社会上生存，并创造自己的生活？是依靠强大的人格力量和心理力量，还是依靠提前学会的技能？

更重要的是，我们需要知道，通过创造自我建立强大的人格力量和心理力量，是0～6岁成长的主旋律。错过了这个时期，也许这一辈子都无法弥补。而孩子自然发展到该学习与认字的阶段，会轻松愉悦地学得更好。如果错位，我们会付出捡了芝麻丢了西瓜的代价。

分享成长

谁的蛋黄派多

今天早上，4岁的优优拿了一个蛋黄派来幼儿园。4岁的纳宽看见了，问他："优优，可不可以分享给我？"

"嗯。"优优表示可以。

"可不可以多给我一点？"纳宽接着问。

“不行。”优优反对。

“你多给我一点，我先吃，你后吃，这样你的就比我的多了。是不是呀，优优。”纳宽劝说着。

优优看着纳宽：“好的。”掰了一大块给纳宽，看着纳宽吃。

坐在一旁的星星说：“不是的，优优，你的少，纳宽的比你多！”

纳宽有些着急：“可是我先吃的呀！这样最后优优的就比我多呀！”

纳宽大大吃了一口，让优优看：确实小了！纳宽大口大口地吃着，过了一会儿对优优说：“优优，你现在也吃吧，你已经比我多了。”

优优很高兴地说：“我的比你多。”说完，便开始吃他那块“多”的蛋黄派了。

孙瑞雪

孙瑞雪：

也许纳宽并不是在哄骗优优，他就是那样想的。而优优也真是那样理解的。

他们都开始使用思维和推定了。儿童推定时可能只以眼前看到的为准，这是思维开始启动时的现象，非常有趣。并且，儿童开始通过语言解决问题了。

能按照大人的思路理解这一切吗？谁的大，谁的小？谁吃亏了，谁占便宜了？谁傻，谁奸？

受伤的胳膊

4岁半的乔森举着胳膊叫我：“老师！我的胳膊破了。”我紧张地跑过去一看，他的胳膊伤了点表皮。对于我这个学医的人来说，这根本不算是伤口，但我知道这对孩子来说可是件大事。我要带他去敷药，但他挣脱了我的手：“我要上楼告诉王老师我的胳膊破了。”我劝他先敷药，他根本不理我，转身走了。

乔森一路举着胳膊见老师就喊："老师，你看我的胳膊破了！"这时他们的海老师过来了，我问海老师："乔森怎么回事？胳膊破了，来告诉我，又不让我敷药。好像要让所有人知道他胳膊破了。"海老师笑笑对我说："他缺乏关注，想让每个人都知道，他会回来敷药的。"果然，过了一会儿，乔森又举着胳膊来了。敷完药，我想帮他放下袖子，他坚持不让放，就要露着受伤的胳膊。

下午在大厅里又看见了乔森，他仍然露着受伤的胳膊。我走过去，还没等我开口，他就举起自己的胳膊："老师，你看我的胳膊破了。"

就这样乔森露了一整天胳膊，逢人就说他胳膊破了，直到他妈妈来接他，这才当着妈妈的面，恋恋不舍地放下了袖子。

王灵雪

孙瑞雪：

儿童会利用或有意制造一些特别的情景以便获得别人关注。对乔森来说，是不是别人的关注和安慰满足不了他，他才举了一整天的胳膊？或者说为了引起妈妈的安慰和关注，才举了一整天的胳膊？

成人也有这个特点，想要引起谁的关注，就会在谁的面前有特别表现。什么人在孩子心中占据重要地位呢？肯定是父母、老师。通过看父母、老师对待自己的态度，孩子判断自己在他们心中的分量。

孩子的心灵太细腻了

成人粗糙的情感有时很难体会孩子细腻的心灵。在与孩子一起相处的日子里，我深深地体会到了这一点。

那天下午，小朋友上完手工课后都出去玩了。我手头有很多琐碎事要做，正打算先清洗盛胶水的两个小碟子时，4岁的茜茜跑了进来。

我问她:“请你帮我清洗一下碟子好吗?”

茜茜点点头:“可以。”拿着碟子欣然去洗。

大约10分钟后,茜茜喊道:“老师,我洗完碟子了。”当时我正在清洁地毯,只抬头答了一句:“谢谢你。”接着又埋头干我的活。

过了大约半个小时,我吸完了地毯的尘埃。猛然抬头时,发现茜茜居然还站在那里,手里还拿着那两个碟子,非常安静地等着我。我惊呆了——我以为她早已走了!我激动得不知说什么好,抱着她狠狠亲了一下,把小碟子接了过来。

后来的几天,我常常问自己:“她为什么安静地等这么长时间,她在等什么?”

佚名

孙瑞雪:

茜茜在等着老师接过她洗完的碟子,向她说“谢谢”。茜茜在看老师专注地吸尘,心中充满了爱意,不去打扰老师。茜茜感受着为老师工作和工作成果的愉快,在老师安静、专注的工作中感受着生活。的确,孩子的心灵是细腻的,只有当我们尽可能细腻起来的时候,才有机会感受到孩子细腻美妙的情感的溪流。

第六章

5岁~6岁

书写——对符号、书写文字符号产生兴趣。

数学逻辑——对数的序列、概念和概念之间的关系产生兴趣。

动植物、实验、收集——开始热烈地吸收一切来自自然界的知识。

婚姻——5岁以后选择伙伴的倾向性非常明显。

社会性兴趣——开始积极了解自己和他人的基本权利，喜欢遵守和共同建立规则，形成合作意识。

延续交往——结束一对一的交往，进入三四人一组的交往。

书　写

对符号、书写文字符号产生兴趣。

专注于书写

张家铭最近两周开始对书写笔画感兴趣。

刚开始两天，我看见他一个人对着笔顺挂图进行触摸，按照笔顺用手指在挂图上书写，神态专注，能够持续20分钟左右。韦云升手里拿着自己粘贴好的五颜六色的风筝走到家铭跟前，邀请他一起去玩，他也只是看了一眼，又继续自己的工作。当韦云升再次邀请他时，他对韦云升说："请你离开，你打扰到我了。"在平时，韦云升的这个游戏可是张家铭的最爱。

接下来的几天，张家铭开始拿来铅笔和白纸，趴在挂图前的桌子上，专注地一笔一画地在白纸上进行书写。这样的情形，每天都要持续3～4次，每次他都会专注工作20～30分钟，经常是所有的孩子都下楼去玩了，他一个人还在教室里写。而且，对于语文课的书写练习，极为感兴趣，在完成了老师的课堂作业后，自己还会重新再写满一张纸。

张家铭书写的敏感期到来了。

周静

孙瑞雪：

书写的敏感期到来时，书写就像从孩子的生命深处走出来一样，深深吸引着孩子，不断促使孩子高度专注和持续不断地写。写，变成了生活和乐趣；

写，如同孩子去放风筝一样自发和快乐。这就是敏感期的作用，把学习当作生活。

我相信人类所有智性的活动，一定储存在人的集体遗传基因里，在人成长的过程中，在合适的时间，它们会一部分一部分地显现出来，成为孩子对自己的发现和兴趣。这种来自生命内在的动力，比外在的强制要有效和有趣得多。强制实在是愚蠢的办法。

数学逻辑

对数的序列、概念和概念之间的关系产生兴趣。

几百万个天和零个天

小欧 5 岁，红牛也 5 岁。小欧举着一个小石头问红牛：“这个石头有没有几百万个天那么大？”红牛不解地看着小欧。小欧又问：“这个石头有没有几百万个天大？”

红牛说：“没有！”

小欧问：“有没有几十万个天那么大？”

红牛说：“没有！”

小欧问：“有没有几万个天那么大？”

红牛说：“没有！”

小欧问：“有没有几千个天那么大？”

红牛说：“没有！”

小欧问：“有没有几百个天那么大？”

红牛说："没有！"

小欧问："有没有几十个天大？"

红牛说："没有！"

小欧问："有没有几个天大？"

红牛说："没有！"

小欧问："有没有一个天大？"

红牛说："没有！"

小欧正打算离开，红牛说："有零个天那么大！"

小欧想了想，然后面无表情地转身走了。

王瑞君

孙瑞雪：

儿童在某个时期，会出现一种数学的思维，那就是逼近无限的序列。从一→十→百→千→万→十万→百万→千万→亿→十亿→百亿……直到语言不能表达。儿童从中体验并炫耀这个无限性。

这种无限还不是理性的无限。石头和天本来是不能比的，天也不能以数计。儿童在这种原本不可比的比较中，感觉和体验着混沌未开的那种无限性。

无限性是人类为之迷恋的问题之一，无限性因此具备一种美感。对无限性的理解产生了微积分，序列和极限是高等数学的基础。这个历程在儿童那里感性地经历着。

难　题

校车上，轩轩一上车系好安全带后就开始数："1，2，3，4，5……"一直数到100。接着又在念："1+1=2，2+2=4……18+18=36。"显然，上学前班的他对数之间的逻辑关系很感兴趣了。

坐在同排的阅阅也开始注意到了，也在一旁说："我来数，我知道1+1=2……4+4=8。"轩轩马上打断他说："我先数的！"阅阅不愿意地说："我也有权利数。"轩轩停顿了一会儿说："好吧，给你出一道难题。"阅阅转头严肃地看着轩轩，等待他的难题。

没想到轩轩伸出5个小指头说："500+500等于多少？"阅阅皱着眉嘟着小嘴，说："让我想一想……那个500+500等于多少……""很简单的。"轩轩看着他说。想了一会儿，阅阅说："我不知道500+500等于多少，我回家问问我妈妈。"轩轩并没有急着说出答案，而是说："那你知道400+400等于多少吗？""等于800！"阅阅很快说出结果。"那你再想想500+500是多少？"轩轩在做进一步引导。见阅阅还是不出声，他又把问题简单化："那你知道5+5等于多少吗？""就是10呗。"阅阅回答。轩轩又说："是啊，5+5=10，那500+500是多少呀，就是有进位的了，进到千位了……"

听到轩轩这么说，我突然有点惊讶，惊讶他对数的逻辑已经如此清晰，并可以把类似的关系以此类推。见阅阅还在思考，似乎没有能力说出答案了，他才凑近阅阅的耳边说："等于1000。"阅阅用疑惑的眼神看着他，他又补充说："1000就是10个100。"两人沉默地对视了一会儿，就都安静下来了。

何翠娟

孙瑞雪：

轩轩的清晰来自哪里呢？平时在幼儿园，孩子依据自己心智的需要选择进度和教具。教具的操作，可以让孩子在感觉中最后走向抽象，这样所学就可以内化了。实物教学的意义在于孩子可以把其中的逻辑、逻辑关系搞得清清楚楚。不是学，而是"吃"了进去。这就是自主和具体操作的功能所在。

在这所教育机构，概念教学、实物教学、共同讨论是教学的基本原则。实物教学要求进行到12岁才完成。

通过加法板的操作，儿童体验两个数相加的过程。儿童自己发现加法就是合起来的意思，从而理解加法的意义。

儿童通过乘法板，操作4乘9的工作，每次摆放9个珠子，连续取放4次，然后点数，获得最终答案。这个过程，儿童自己发现，乘就是相同的数连加的过程。

动植物、实验、收集

开始热烈地吸收一切来自自然界的知识。

热爱小动物

琪琪和扬扬 5 岁半开始对动物感兴趣。那段时间里，两人所有的生活内容都跟动物有关。

两个孩子从 5 岁半起就几乎不再上幼儿园了。白天在院子里和动物待在一起，晚上请求爸爸带他们去市场买小鸡、小鸭。每周的零用钱一发到手里，两人立刻就不见了踪影，那是跑到市场上买小动物了。他们很快和市场上的一个农村小男孩交上了朋友。一次，那个农村小男孩提着半桶蜗牛来找琪琪和扬扬，三人兴奋地说了半天，最终达成了交易，用两元钱买下了半桶蜗牛。过了几天，那个小男孩又来了，拿了一个玻璃瓶，里面装着一条黑色的蚂蟥。三个孩子把蚂蟥倒在洗衣盆里，蚂蟥沿着盆沿往外爬，琪琪拉着我的手："妈妈快看！它的前后有两个吸盘。"

他们俩和农村小男孩的关系维持了很久。兄弟俩常常是干干净净提着小红桶出去，回来时已成了两个泥猴，有几次凉鞋也被渠水冲跑了。还有几次，两人各提回一桶蟾蜍，蟾蜍满院子跑，钻到各处。早晨穿鞋时，鞋里也钻有蟾蜍，搞得我既恶心又害怕。

有时家里来了亲戚和朋友，一转眼客人和孩子都不见了。一小时后他们回来了，买回兔子、乌龟、金鱼、小猫、水草……我责备两个孩子，他们回答："叔叔自愿买的，不信你问！"到了星期天，两个孩子会急不可耐地串门，交流各自小动物的最新情况。一天中午，妈妈打电话说，扬扬痛不欲生，乌龟死了。跑去一看，小乌龟又动了，这才破涕为笑。

冬天到了，琪琪买回一条狗，给狗起名“白玉辉”，常常叫狗：“白玉辉！到哥哥这里来。”让客人搞不清这是人名还是狗名。有了小狗，兄弟俩开始给小狗盖房子：砖泥结构，南、西各一个洞口，洞口用木条支撑，上面盖着玻璃顶。这一盖一发不可收拾，大冬天的，一个狗窝拆了盖，盖了拆，有时一天要拆三次，盖三次，换三个地方。一人提水，一人和泥；一人砌砖，一人送泥。盖好一个，两人轮换着，抱着狗进去蹲半天。脚上的棉鞋都冻成了冰疙瘩。我有点担忧，爸爸说：“不用担心，这么投入，这么忙活，这么愉快，不会生病的。”

不久，张柳依也加入了盖房子和抱狗的活动中。大冬天的，柳依的妈妈要给柳依穿棉衣，柳依满院子逃就是不穿。穿上衣服工作就不方便了！柳依妈妈说柳依常感冒、发烧，我让她试一试，让柳依同琪琪和扬扬多玩几天，看是不是会感冒。几天后，柳依哭着不去幼儿园了，天天和琪琪、扬扬一起盖房子、养狗，始终没有感冒。

春天来了，两个孩子开始带着他们的小动物去上幼儿园。孩子围着小动物欢天喜地，一起在幼儿园树林的地上挖了个洞，然后轮换抱着小兔子蹲在坑里，排队体验这个奇怪的过程。

6岁半时，兄弟俩开始对电脑产生了兴趣。动物的敏感期终于过去了。

孙瑞雪

孙瑞雪：

达尔文上小学的时候，常常不上课，到学校后面的树林里玩小虫、小动物，观察植物。因为成绩不好，他爸爸怒斥他：“你给家族丢尽了脸面。”可就在这玩耍中，达尔文同自然界建立了亲密的关系，为他以后的发展奠定了基础。换句话说，如果没有童年这段同自然沟通的经历，或许就没有今天我们认识的达尔文。

通过调查杰出人物，一些心理学家发现，他们成功的决定性因素之一，是5～13岁形成的经验和信仰。

5岁左右，儿童对自然界的认识已经达到一个很高的程度。幼儿园、学校应该尽可能为儿童提供在生活中、自然中学习的机会，让孩子同自然产生联系。仅借助于书本不可能完成这个任务。

有一次，我和几位老师坐在办公室里，突然间，大厅里一片沉寂，而当时应该是孩子在大厅里自由活动的时间，孩子怎么了？几位老师立刻紧张起来，跑出办公室，发现所有的孩子都仰着头，一层一层地围起来看着什么？突然，他们发出一阵惊叫声，又突然静了下来……过去一看，原来是一只蜘蛛从大厅的屋顶上悬吊在半空中，蜘蛛只要顺着丝往下掉或是往上爬，就引起孩子惊喜的喊叫声，蜘蛛不动了，孩子也突然不动、鸦雀无声。

孩子对生命界的敏感高于物质界。

婚　姻

5岁以后选择伙伴的倾向性非常明显。

婚姻敏感期孩子的一段对话

预科班的MM到了婚姻敏感期了，她喜欢KK，大部分的孩子都知道这件事情。在校车上，我听到了这样一段对话。

DD：“MM，你很喜欢KK对吗？”

MM：“是啊，我是很喜欢KK啊。”

DD："可是，我告诉你，KK 妈妈和我说 KK 最喜欢我。"

MM 好奇地问："是 KK 妈妈亲口和你说的？"

DD 边点头边说："是啊。"

MM 有些不相信地看着 DD。

DD 继续说："MM，是真的，KK 妈妈还和我说，要邀请我去他们家玩呢。"

MM 再次问："是真的？"

DD 点头："是的。"

MM 沉默了几秒，然后举起手做了个深呼吸的动作。

接着，MM 特别确定地对 DD 说："KK 喜欢谁不是由他妈妈来说的。他妈妈说没有用。要 KK 来说，KK 来决定。"

DD 安静了，没有再说这个话题。在我犹豫需不需要介入时，MM 和 DD 互相看着对方微笑了，又开始了别的话题。

大约过了几天，MM 和我聊起自己喜欢 KK 时，我想起了她和 DD 的对话，我就问了一下那天的情况。MM 说："我知道 DD 说 KK 喜欢她是骗我的，她只是想要那样说而已。"

这两次的对话中，我发现 MM 的自我已经建立了，她很清楚自己和 DD、KK，以及 KK 妈妈之间的关系。与 DD 的友谊关系中，有爱也有界限，同时带着接纳和包容。

骆嘉玲

孙瑞雪：

在与 DD 的对话中，MM 没有直接否定 DD 的言论，而是用提问的方式引导对方思考，并最终用自己的观点阐明情感选择的主权在于个人而非他人的说法。MM 通过冷静和逻辑的方式处理了可能引起情感伤害的信息，这不仅保护了自己不受不实信息的影响，也表现出了一种成熟的自我保护机制。

看着这些孩子的故事，令人感慨万分，我深深地意识到，儿童从小就需要学习处理复杂的情感和社交情境。对情感的教育不应延后，而应从孩子开始表现出这些敏感期的迹象时就开始。

父母和老师应该鼓励孩子发展独立思考的能力，帮助他们学会分析情境，区分信息的真实性，这对他们长大成人后形成健康的人际关系和维护自我情感非常关键。

“我们结婚吧”

在参加一次亲子游学的时候，小美和阿暖重逢了。小美和阿暖都在爱和自由的幼儿园上学，小美6岁，今年刚大班毕业，阿暖7岁，已经上一年级了。两个小朋友之前在同一个幼儿班，因为阿暖升学的缘故，已有将近一年未见。这次在旅程中相遇，孩子都特别的喜悦，欢快地玩到了一起。

很快地，小美妈妈发现这份喜悦有点不寻常。小美整个人都洋溢着幸福，她一直跟随着阿暖，吃饭的时候挨着他，拍照时紧紧靠着他，走路时也是一直牵着、挽着……游学团里的其他孩子也发现了，于是纷纷起哄：“女朋友、女朋友，小美是阿暖的女朋友！”面对大伙儿的起哄，两个孩子倒没有生气，反而羞羞涩涩地笑了。

小美妈妈悄悄告诉阿暖妈妈，在升上大班后，许多孩子都出现了婚姻敏感期。在和班上别的妈妈交流时，也会时常听到，哪个小女孩爱上了哪个小男孩，哪个小男孩喜欢哪个小女孩，偏偏小美一点动静没有。后来才发现女儿默默喜欢着已经毕业了的阿暖。“这一次在游学中重遇，她可算是‘圆梦’了。”小美妈妈戏称。

吃完饭，一行人漫步去南锣鼓巷。小美挽着阿暖的手臂，两人一边走一边窃窃私语，两人的影子也甜甜蜜蜜地交融在一起。意料不到的是，转眼间，这份美好就快速升级了——他们决定要结婚，并且举办一个婚礼。

两位妈妈就跟在他们后面看他们怎么操作。在一家小饰品店，小美和阿暖选了两个镯子、一对戒指；在汉服店，选了结婚的礼服。

第二天的游学活动结束之后，一群孩子簇拥着小美、阿暖来到酒店房间，煞有介事地准备开始举办婚礼了。

小美的姐姐，读二年级的小玉是婚礼总策划，有条不紊地安排整个流程；小福负责婚礼主持和拍照；甜甜是伴娘，天天是伴郎；还有观礼的其他小朋友，以及妈妈们。

“噔噔噔噔……”小玉播放婚礼进行曲。

小美和阿暖郑重地走到酒店房间的中间，转身，面向观礼群众，拍照，然后两人交换戒指、手镯。礼成之后，派发喜糖，进入Happy派对时光。整个房间都快被孩子的尖叫声掀翻了！

一切都正式得像个真正的婚礼。

婚礼结束后，阿暖和妈妈回到自己的房间。

妈妈问：“阿暖，妈妈很好奇，你为什么会同意跟小美结婚呢？”

他有点不好意思：“就是愿意。”

“你喜欢她吗？”

“喜欢呀！”

“你知道什么是结婚吗？”

“当然啦，一个人和另一个人组成了一个家庭，像你和爸爸，就是结婚。”

“那你以后会和小美在一起吗？”妈妈很好奇，他到底是否分得清楚现实。

“以后的事情谁知道呢！妈妈，我们只是在扮演结婚。”

妈妈一下子释然了，孩子内心很清晰。

数月后，某天，阿暖妈妈突然想起这个事情，问孩子：“请问小美还是你老婆吗？”

阿暖点点头：“还是呀。”

“那放假了，你要不要找小美一起玩？”

“可以找，也可以不找，有空就找，没空就不找。”阿暖一副酷酷的样子。

吴烨（阿暖妈妈）

孙瑞雪：

每个儿童都要经历异性朋友的敏感期，就好像童年在为未来的成人做准备，在童年建立了婚姻的概念和理念。

喜欢还是不喜欢

元元是个 5 岁半的女孩，我的儿子大她 2 岁。而元元最近似乎喜欢上了这个大 2 岁的哥哥。

这段时间，元元住在我家里。每天早上元元都会问我：“王老师，这件衣服漂亮吗？”我说：“漂亮。”她就很满足。有时，她还会问：“王老师，哥哥认为漂亮吗？”我说：“不知道啊，你得问哥哥。”她就兴冲冲去问哥哥。回来后，失落地说：“哥哥说还可以，没有说漂亮。”

每天回家的时候，元元也会问我：“王老师，哥哥回来了吗？在家吗？”总是迫不及待地去打开哥哥的门，看哥哥在不在。有几次，恰好哥哥在，她就被吼了出来：“你为啥不敲门？”她失落地出来，一个人待着。

一天，她终于问我：“王老师，哥哥喜欢我吗？”我说：“喜欢呢，你很可爱的，我们都喜欢你。”她兴奋地打开哥哥的门去找哥哥说：“哥哥，王老师说你喜欢我，我也喜欢你。”这时就看见哥哥堵在门口，不让元元进去，然后说：“我是喜欢你，但不喜欢你不敲门和不经过我允许就拿我东西的行为。”然后关上了门。元元站在那儿，待了一会儿，有些失落地离开了。

我说：“元元，哥哥还是喜欢你的。”她说：“哥哥喜欢我，就是不喜欢我不敲他的门，还有不喜欢我拿别人的东西。王老师，我在以前的幼儿园就拿别人的东西呢，我以后再也不拿了。”

我感觉到她经历过一些不好的事，自己也不知道如何解决，就说：“好的，以后不经过别人的同意就不动别人的东西。”她又说：“我不拿别人的东西，哥哥就会一直喜欢我。王老师，我还要我爸爸买好多好吃的和玩具，我都分享给哥哥。”

然后元元开始约束自己的行为，进哥哥的房间先敲门，找机会和哥哥说话，哥哥的物品也会先征求哥哥的同意再使用。元元也经常拿一些食物讨好哥哥和哥哥玩，可哥哥总是客客气气地对元元，不热情。有时候还不想被元元打扰，还有些嫌弃元元麻烦得很，干什么都不想和元元一起。

有一天，元元睡觉前说：“王老师，哥哥不喜欢我，也不喜欢和我玩，可我还是会喜欢哥哥，我还会分享好吃的给哥哥，还会让我爸爸带我和哥哥去玩。”渐渐地，我发现元元不再困扰和哥哥的关系，开始自己玩，自己做一些事，不再黏着哥哥了。哥哥如果找她，她还是会很愉快地和哥哥在一起。

王灵雪

孙瑞雪：

有一次晚上开完会，小学的几个孩子还未回家，其中两个在大厅里快乐地玩耍，一个孤独地坐在远处沉思。我问 10 岁的孤独者：“你为什么不去和他们一起玩？”10 岁的孤独者看着我说：“他需要和他一起玩，而我没有这种需要。”一瞬间我语塞，不知如何回答。

回家的路上，我开始思考他的成长背景（我了解 1 ～ 5 年级每个孩子的成长经历和家庭背景）。孩子从 4 岁起就开始喜欢别人，一次又一次的失败，所喜欢的人又喜欢上了别人，孩子学会在痛苦中处理这些事情，学会在处事中认清自己的需要、理解别人的需要。在反反复复中，孩子成长起来。

爱的感觉是最重要的

一天，5 岁的畅畅从幼儿园回来，睡觉前突然讲起了班里的一个小姑娘。他仔细描述他们交流的过程，包括动作和语言，讲着讲着居然站了起来，小脸红扑扑的。我和他爸交换了一下眼神：传说中的情感敏感期来了！

从那天开始，畅畅每天去幼儿园的动力就是要等那个小姑娘，要带好吃的去分享；如果小姑娘某一天没有到园，那么我接回来的肯定是“垂头丧气”的畅畅。这段敏感期持续了两个月左右，随着小姑娘毕业离园，情感敏感期逐渐转成了人际交往敏感期，他更在乎和小伙伴一起游戏一起玩耍的那些时光。而那段时间我们也认真地沟通了关于婚姻、关于爱情、关于家庭的话题。后来，我经常告诉家长们：“三观中涉及家庭、婚姻情感的教育可以从第一次情感敏感期就开始。”

6 岁半，上预科班的畅畅遇到了一个小姑娘的情感敏感期。当那个小姑娘充满感情地尝试靠近他，想和他一起玩耍，经常在他身边时，畅畅清晰地告诉我：“妈妈，那是她的敏感期，我的情感敏感期已经过去了。”

14 岁，正是大部分孩子经历青春萌动的阶段，也是孩子在拥有了较高自我意识之后经历的又一个情感高峰期。我常常观察畅畅是否开始、怎样开始这段经历，甚至会主动建议他们小伙伴出去玩的时候约上女生。畅畅问我为什么提这个建议，我跟他说：“这个阶段青春萌动，越躲藏越探究，还不如大大方方地去交往，也许你的情感敏感期会进一步完善呢。”

当我们敞开地去讨论这个话题，发现并探索出更有趣的做法，那就是一起看《甄嬛传》。后来每每回想这个阶段，会打趣道“14 岁的情感敏感期是在宫里度过的”。当时我们买了一套《甄嬛传》的碟片，在家中常常播放，他边打游戏边看和听着“宫”里那些女孩们的故事，同时和我们讨论着关于婚姻、情感的话题，也讨论美貌对女孩子意味着什么，真正的爱是什么。到后来，有些台词都可以在人物发声前就背出来。

成人后的畅畅真正开始谈恋爱，他与女友的交往充满了美好。我认真地问他：“你为什么爱上她？两个人发生冲突的时候你是怎么处理的？”坦然的畅畅说：“那种真正的爱的感觉是最重要的。我们也会有意见不一致，我会觉察，会告诉她‘我是爱你的’‘你情绪好一点，我们再谈事情’。交往这些日子里，甜蜜是加倍的。”

李晓晶（畅畅妈妈）

孙瑞雪：

儿童要得到准确的结婚概念，看来需要在生活中经过多次讨论，并在真实的场合使用这个词。这也是儿童得到其他概念的途径。

社会性兴趣

开始积极了解自己和他人的基本权利，喜欢遵守和共同建立规则，形成合作意识。

儿童社会性发展二三事

处于社会性行为敏感期的孩子，他们渴望更多地认识社会，渴望更多地了解社会规则，渴望更多地学习社会行为，渴望更直接体会社会性情感……

故事一：今天我们的社会实践课，由孩子自己选择学校工作岗位，分别是“医生”“老师”“清洁工”的工作。

孩子都在用心体会着这些职业的工作，嘉嘉的新职业是“医生”，他跟在周医生的后面，不停地记录每个班级的出勤情况，并把这个情况反馈给厨房，帮助周医生把吃过药的小朋友送回班级……

诺诺和小琳是小爱神班的“老师”，她们的职责就是照顾小朋友梓梓、萱萱，带他们一起游戏，小心翼翼地照顾他们走楼梯。

昊昊和东骏是户外的“老师”，他们自己组成了一个“巡逻队”，从蹦蹦床到滑滑梯，再到沙池，他们不停地“巡逻”，帮助维护户外的规则。

小恺和玥玥的新角色是“清洁工”，她们拿着扫帚打扫户外的卫生。落叶、沙子、灰尘都被她们打扫得干干净净。

故事二：最近我们班的孩子在工作和游戏中都表现出比较强烈的合作意识和合作行为。今天他们又举行了一场拔河比赛。比赛之前，孩子自己选择合作伙伴，分成两队，他们合作分工，互相配合，阿志告诉同伴怎样才能更有力，昊昊给同伴安排具体的位置……

比赛结束时，孩子都说“我们赢了”“我们没赢”，而没有孩子说“我赢了”或者“我输了”。

吴希

孙瑞雪：

在学校课程设置上，每周都有社会实践课，孩子选择的活动总有不同。有时去大学，有时去花圃，有时去卖报，有时分组到各家去做厨师，有时共享自然……这个课程的设置使孩子的视觉扩展到各个领域。从幼儿园直到小学，9年的时间，孩子的认知就这样被延伸着、扩展着。

“这样我会更开心”

天天（5岁半）的好朋友是帝帝，他们在一起玩的时候，总会出现一些暴力的游戏方式。近段时间，老师一直在持续跟进和解决这个问题，但没有什么改善，天天只要跟小朋友一起交往，或是跟帝帝一起玩，总会出现对别

儿童通过带有规则性的活动来充分体验规则。儿童愿意建立规则，并共同遵守规则。这是儿童在成长中自发完成的。

人身体的碰触和伤害，这个现象非常频繁。天天没有建立身体的界限。

这一周开始，突然发现天天安静了很多，每天他就跟子琪（5岁2个月）两个人一起安静地在户外散步，一起玩沙，一起聊天，一起进教室工作，然后也强烈地拒绝跟帝帝一起玩。

下午我来到沙池的时候，看到天天和子琪又很安静地手牵着手，在沙池边上散步。我就抱着好奇的心态跟天天聊天：“天天，你这段时间怎么不跟你的好朋友帝帝一起玩了呢？你以前不是很喜欢跟他玩吗？”

天天说：“我不能跟他一起玩了，帝帝的游戏方式太暴力了，有很多粗野的行为。”

我说：“是呀，你跟帝帝以前的交往就是用这种方式，你们两个一直很喜欢用这样的方式进行游戏，为什么现在突然不愿意跟他这样玩了呢？”

天天看着我说：“因为子琪不喜欢，她说帝帝的游戏方式太粗野了，说我的游戏方式也很粗野，她不让我使用粗野的游戏方式，所以我就不跟帝帝一起玩了。”

我说：“噢，原来这样啊。为什么呢？你好像很在意子琪的想法。”

天天笑着跟我说：“对呀，因为她是我的女朋友，她不喜欢的事情，我是不会做的，她说粗野的方式不可以有，所以我现在就不跟帝帝一起玩了，我每天只跟子琪两个人一起安静地散步和游戏就可以了，这样我会更开心。”

子琪在旁边害羞地笑了，她小声说：“是呀，天天是我的男朋友，我们长大了以后是要结婚的。”说完，两个人开心地牵着手离开了。看到他们两个牵着手在跑道上散步，不时低着头说些什么。此时两个人俨然是一对情侣，好像身边的一切都跟他们没有关系。

对儿童来说，异性朋友的敏感期是纯心理和精神性的。它使儿童变得向上、助人、自爱、自觉，使儿童经历快乐和痛苦，使儿童的心理意识和社会意识上了个台阶。

马娟

孙瑞雪：

我们用这个小故事，来讲解社会性兴趣敏感期的特点，通过真实的故事，我们会更加理解儿童的状态。

社会性兴趣敏感期是儿童发展中非常关键的一个阶段，他们在这一时期内展现出对社交规则的学习、对同伴关系的建立，以及对成人行为的模仿等特别的敏感性。以下是几个主要特点，都通过天天和子琪的实例来进行说明。

- 社交技能的快速发展。天天原本与帝帝进行的是比较粗野的游戏，但在与子琪互动之后，他开始适应子琪的游戏方式，转而进行更为平和的户外散步和沙坑游戏。这种行为的改变体现了天天在如何与他人交往以及如何调整自己的行为，以适应不同同伴的需求方面的学习和成长。

- 模仿成人或同龄人行为。天天听取了子琪对游戏方式的意见，并改变了自己的行为，这反映了他在社会性兴趣敏感期中通过模仿来学习社交行为的特点。子琪表达对粗野游戏方式的不喜欢，天天通过模仿子琪更为温和的行为，调整了自己的行为模式。

- 对社会规则的认识和接受。当天天决定不再与帝帝进行粗野的游戏，并开始与子琪采取更文明的游戏方式时，他在实践中学习了新的社交规则——考虑到游戏中的行为对他人的影响。这表明他在这一敏感期中开始理解和接受更广泛的社会行为规范。

- 发展情感和同理心。天天对子琪的感受非常敏感，并且愿意为了让她感到快乐而改变自己的行为。他的这种反应不仅表明了他对同伴情感的理解，还显示了他在发展同理心方面的进步。

- 探索性互动和建立情感依附。天天和子琪之间的互动不仅限于改变游戏方式，还包括一起散步、一起玩沙等活动，这些都是探索性的社交互动。他们之间的互动显示了儿童在这个敏感期内如何通过日常的互动建立情感依附和深入的友谊。

延续交往

结束一对一的交往，进入三四人一组的交往。

孩子的聊天

最近有家长给我反馈，一一会躲着老师，用语言来排挤或者控制其他伙伴。上午我看到一一、妮妮、雨雨在一楼平台聊着天。于是，我悄悄观察她们几个女孩子之间的交往情况。我隐隐约约听到一一提到宽宽，但是宽宽当天请假了。妮妮的表情看上去在认真思考，雨雨皱着眉毛一脸疑惑。我有点好奇，但是一一看到我靠近后，马上就拉着伙伴们离开了。根据之前我的经验，如果我跟上的话，她就会越来越防备老师。我有了一个好奇：当一一这样说的时候，妮妮和雨雨的想法是什么呢？于是我就等她们分开以后去看看发生了什么。

中午我看到一一没有和妮妮、雨雨一起，随口问了一下："妮妮、雨雨，今天上午在这里，我看到你们在聊天，你们在聊什么啊？可以和我分享吗？"雨雨马上说："一一说宽宽会骂人的。"妮妮说："宽宽没有骂过我。"雨雨也说："宽宽和我在一起时也没有骂人啊。"语气特别肯定。我惊讶地问："噢，那你们觉得一一为什么要说宽宽骂人呢？"妮妮说："她想让我们不要和宽宽玩。"雨雨也说："想让我们不和宽宽玩。"我问："那你们听到后，有什么样的想法？"妮妮说："我不相信她（一一），我和谁玩，我决定。"雨雨说："我决定和谁玩的。"我问："下一次一一如果再这样说呢？"妮妮和雨雨异口同声："我就不理她了。"

当孩子出现排挤伙伴的情况时，我们一次一次介入帮助孩子去解决、去剥离。慢慢孩子自己已经很清晰什么是真相，在交往中发生问题时如何去面对。

骆嘉玲

孙瑞雪：

这个故事涉及一个教育环境中常见的问题：一位孩子通过传播负面信息试图影响其他孩子与某个同伴的友谊。——通过说宽宽“会骂人”来试图让妮妮和雨雨远离宽宽。这种行为可能源自她的个人偏好、忌妒或其他社交动机。

故事反映了儿童群体中的社交复杂性，包括友谊、排挤和信任的问题。妮妮和雨雨的对话展示了在面对潜在的排挤行为时，她们如何依据自己的经验和判断作出决策。

教育者在观察到潜在的排挤行为时，要适时介入。

- 以理解和支持的方式进行，而非直接指责，帮助孩子理解彼此的行为和动机。
- 引导孩子学习验证信息的真实性，进行独立思考，建立自己的观点，作出决定。
- 可以通过角色扮演和讨论，教孩子以建设性的方式表达自己的感受和需求，以及处理和解决社交冲突。让孩子学会理解和尊重不同的观点和感受，促进一个更包容和理解的学习环境。

误　解

下午，我在教室整理手工材料，突然听到包包很大声地吼：“请你向我道歉！”一旁的双双有点不知所措。包包又很大声地叫：“请你向我道歉！”双双仍一声不吭地站在原地。我走了过去。包包说："老师，他刚刚扔了我的竹节棍！"双双说："我没有呀！"包包很坚持地说："你有！你有！"双双委屈得脸都红了，不停地说："我没有！我真的没有！"

从他们的语言中，没办法判断他们发生了什么。我问包包："你说他扔你的竹节棍，是怎么扔的呢？"包包说："他把竹节棍扔到我的篮筐里了。我不愿意！"我继续问："是在你们一起工作的时候，他把竹节棍扔到篮筐里了吗？"包包说："不！我没有和他工作，他突然拿走我的竹节棍就往我篮筐扔了。还扔了好几根！"双双一脸无辜地说："我真的没有！"我跟包包核实："你是看到他拿你的竹节棍了吗？"包包说："我感觉应该是拿了，他刚刚在我身边。"我说："这是你的感觉，对吗？好，那我们跟双双核实一下。你愿意自己去问双双吗？"包包问："双双，你刚刚是扔我的竹节棍了吗？"双双说："我没有拿走你的竹节棍。我刚刚经过的时候，看到你的竹节棍放到工作毯外面了，我只是想帮你捡回去。"包包摸了摸脑袋说："啊？原来是这样啊！我还以为你是故意的。"我看到双双还是特别委屈，问他有什么感受，他说很不舒服。我问双双："是不是感觉自己被误解了，特别难受？"他点了点头。我跟包包说："下次你遇到这样的事情时，可以尝试先和对方核实清楚。但是刚刚的方式和语气会让对方不舒服。"包包说："对不起，双双。"双双说："我原谅你！"

有时候，我们会看到孩子在发生问题时，很容易代入自己的想法"我以为"而对事情下了自己的定论，继而升级为冲突。我们能做的事情就是，在他们有这样的矛盾出现时，给予他们表达的空间，倾听他们彼此的想法，帮助他们更真实地看待事情，看待自己。

田圆

孙瑞雪：

儿童的情绪调节和社交技能尚未完全成熟，在成长过程中避免不了会与同伴产生冲突。儿童在处理信息时可能有片面性和冲动，教育者要鼓励孩子开展对话，以问问题而非下命令的方式，可以帮助孩子从不同角度看待问题。

在作出反应前先核实情况，不仅可以减少误解，还能教会孩子在生活中如何更加理性地处理信息。

让孩子理解对方的感受，如双双的委屈和不舒服，可以增强他们的同理心，认识到自己的行为可能对他人产生的影响。

观察孩子解决问题

在一个悠闲的午后，小朋友们沉浸在各自喜爱的户外活动中。突然，大厅里传来了哭泣声，我立刻赶去查看。预科班的畅畅坐在地上，泪眼婆娑，四周围坐着几个表情紧张的小女孩，显然是她的玩伴。

我轻声询问畅畅："怎么了？你看起来很伤心。"畅畅一边抽泣一边向我讲述了刚才发生的事。原来，在一场游戏中，畅畅被指定为一个静坐不动的角色，而其他孩子则可以自由移动。这使得畅畅感到不公平和委屈。

我温柔地问畅畅："是不是因为你不喜欢这样的角色安排？"畅畅点了点头，我继续说："我能理解你感到不舒服，这对你来说不是一件愉快的事。"

这时，旁边的花花忍不住插话："如果你不喜欢这个角色，你应该说出来，我们不知道你不开心。"畅畅有些委屈地回应："我本想说的，但当我知道我的角色后，我就感到难过，想要哭一会儿。"

花花回答说："那等你哭完我们再来解决这个问题吧。"

畅畅用袖子抹去眼泪，说："我现在好多了，不想哭了。"

花花问："那你想要什么角色？"

畅畅回答："我想要一个可以自由移动的角色，像你们一样。"

花花伸出手，帮助畅畅站起来，并说："好的，那你就和我一起扮演可以自由走动的角色吧。"她牵着畅畅的手，两人一起加入了游戏。

在整个过程中，我只是静静地蹲在一旁，观察他们如何自行解决问题。我感叹于孩子的处理方式是如此清晰，并且体现了彼此间的平等和尊重。这几个预科班的孩子能够独立解决彼此间的问题，显示出他们的内心清晰且逐渐走向独立和自主。这是孩子成长中的一大步，也是他们人格发展的一个重要标志。

熊庆平

孙瑞雪：

畅畅对于被分配到一个静态角色的反应，体现了儿童对不公平感的敏感和情感的真实表达。花花与畅畅之间的对话，展示了儿童在解决冲突时的自然反应和处理方式，其中包括直接表达、提供解决方案和相互支持。孩子们在教师的非直接干预下，自行找到了解决问题的方法，展现了孩子们的自主性和问题解决能力。

教育者要在孩子处理冲突的过程中扮演观察者和引导者的角色，而非直接解决者。这样的做法能够激励孩子发展自我调节能力和独立思考能力，对其长期的个人成长和社会适应具有重要影响。

真实，开启真相的钥匙

我看着娜娜、皎皎还有欣欣，她们一致向我投来求助的目光。看来是她们之间遇到了难以解决的问题。

欣欣首先急切地跑到我的身边，跟我描述说："曹老师，这是我的花，可是娜娜说不是。"

我回应说："嗯，好的。我知道了。我们请娜娜和皎皎一起过来解决，好吗？"

娜娜和皎皎向我们走来。我问她们："请问你们之间发生了什么事？"

欣欣说："娜娜把这朵花送给我了，她现在又说没有。她想要回去。"

我向娜娜核实："请问是这样吗？"

娜娜回应："不是。我没有送给她。"娜娜话音刚落，欣欣就迫不及待地大吼起来："你有！！！"她俩就这样，一是一否地争论着。

我请她们停下来，试着跟她们梳理事情的缘由。但此刻，欣欣的情绪已经达到了极点，她无比愤怒地吼叫着说"是送的"，她跑向大厅，愤怒中带着委屈。

我确认欣欣由其他老师安抚后，继续来到娜娜和皎皎身旁。

我看向皎皎和娜娜，她俩相互对望着，眼神对视中似乎在交流着什么，显然，她们的心理活动彼此心知肚明。我知道，问题的解决不在于谁说得声嘶力竭，而在于她们背后的原因究竟是什么。跟她们解决问题的重点不在于表象，而需要更注重心理。因为根据她们的年龄（5岁6个月），她们的认知水平，基本的是非是能够辨别的。

"请问刚才发生了什么？"——这样来问，显然无济于事。该怎么办呢？我思考着，还是坦诚相对吧。

我看着娜娜，对她说："娜娜，我发现你跟欣欣说的不一样，这样的情况下，我没有办法辨别你俩谁说的是实情，也就没有办法来解决这个问题。"

娜娜看看我，没有说话。"但是我能够确定的是，你跟欣欣之间，有一个人说的是实情，有一个说的不是。"我继续补充道。说完，我就等待着，看看她们会有什么样的回应。等待的时候，我也在苦恼着，如果这样依然不能解决，接下来该怎么突破？

只见她俩又相互看了看对方，纠结着。我继续等待着。就在某个瞬间，我突然感觉身边的娜娜欲言又止，还有些胆怯。于是，我轻轻地靠近她的耳边，小声询问："你是不是已经准备好要说出真实的情况，但是又感觉还缺些勇气？"她点点头。我说："是的，解决问题的时候是需要勇气的。你可以等准备好的时候再开始。老师陪着你，我爱你！"

稍微等了一会儿，娜娜说："我可以了。"

我示意说："好的，请告诉我，事情的经过是什么？"

娜娜开始表述事情的经过："我在小花园发现了一朵花，捡起来了。然后欣欣过来了，我就说谁要这朵花，就给谁。"我问："所以，这朵花，你是给欣欣了，对吗？"她点点头。

我说："也就是说，你是同意把这朵花给欣欣了。那我还有一个好奇，为什么你后面改变主意了？"这会儿，娜娜看向皎皎，却不知道如何表达。我试着猜测："是你看到了皎皎，你觉得更希望跟皎皎做好朋友，所以你又想把花送给皎皎，对吗？"

"是的。"娜娜回答。

我说："好的，娜娜，我知道了。谢谢你告诉我真实的情况。同时，我也欣赏你，欣赏你有面对问题的勇气。"听我说完，娜娜略带紧张的身体终于放松了，还感觉有一份自豪。

我补充说："我也相信，你跟皎皎之间的友情，不会因为你是否送她这朵花而改变，你同意吗？"

娜娜欢快地点点头，又看了看皎皎。皎皎向她投以会心的微笑，两个人都流露着开心的笑，为了这份确定的、纯粹的友情！

"看来，我刚才确实误解了欣欣，我一会儿需要去向欣欣道歉。娜娜，你把花朵送给了欣欣，后来又说没有送，这让她很伤心，你也需要向欣欣道歉。"

"好的。"娜娜回答。

于是，我们就去找欣欣，跟她解决了这个问题。

问题得到了解决，我也松了一口气。一开始，跟她们核实事情经过的时候，因为她们说的那么不一致，我是感到有些压力的，压力源于她们这个阶段的孩子，如果真的有意不描述实情，问题的解决不会那么顺畅，这个过程就会变成斗智斗勇，比较艰难。最后，选择跟孩子坦白自己内在真实的心声和感受，让孩子感受到老师的真实与坦诚，反而能够让孩子也愿意去用真实来回应。

只要够真实，那么离真相也不远了。这让我感觉，真实，就像是一把开启真相的钥匙。

曹彩红

孙瑞雪：

在处理儿童争端时，成人的角色是至关重要的。首先要确保每个孩子都有机会表达自己的看法，这有助于明确问题的核心（关于这个问题的更多介绍，可参考我即将出版的《自由中的规则》）。通过询问和观察搞清楚事情的真相，这一步是解决冲突的关键。

曹老师鼓励娜娜坦诚表达自己的意图和感受，这不仅帮助娜娜理解自己的行为，也有助于让其他孩子理解发生了什么。之后引导孩子如何通过道歉和改正行为来修复关系，这会帮助孩子负责任和获得同情心。

分享成长

买房子

今天一大早，5 岁的心心就沮丧地对我说：“我妈妈说了，以后不给我买东西。”我忍不住问：“为什么？”她噘着小嘴说：“妈妈说要给我和妈妈买房子，就不能给我买东西。要不然我和妈妈就没房子住。”旁边的老师很认真地告诉她：“心心告诉妈妈，房子要买，你需要的东西也要买。”孩子认真地听着，我不知道她是否听明白了。

买房子不是孩子的责任。对孩子来说，房子对他远没有玩具那么重要。他甚至对房子没什么感觉。家长会认为买房子是为孩子，是让孩子能有好的生活环境。

如果把买房子的压力和责任加在孩子身上，并在孩子需求物品时压抑孩子，孩子对房子就很反感和怨恨，这时所谓的为孩子买房又有什么意义呢？最好是对孩子不提房子。

家长在买房子的时候，应当理解孩子的情绪和需求，同时为孩子的需求做好合理的安排。

佚名

孙瑞雪：

做父母的应该能够独自承担生活的压力，让孩子承担他成长的压力，这样可能更好。父母将事情说给孩子，孩子平时的所需根本没有减少，潜在的心态却是和孩子分担买房带来的压力。

记得上大学时看过一篇文章，写的是一位母亲带着好几个孩子生活，全家靠母亲给别人打工挣钱为生。每月取回薪水，母亲总是拿出一部分对孩子说："这些钱存到银行，应急时用。"每个孩子的心里因为有了这么一小笔钱而感到踏实和安全。孩子一个个长大成人，离家走了。有一天，小女儿对妈妈说："妈妈，银行里我们已经存了一大笔钱了。"母亲这才告诉孩子，她从未在银行存过一分钱。

让成人去承受生活的压力吧，不要让这压力过早地压在孩子稚嫩的肩上。

孩子和成人不一样。成人感觉很强烈的事情可能孩子没什么感觉，而孩子极感兴趣的东西成人可能会莫名其妙。当我们不理解孩子的时候，爱是一把万能的钥匙，能帮助我们和孩子渡过难关。

说胖就哭

学前班的孩子大都5岁半了。早晨的主题课，班上进行分享别人优点的内容。大家争先恐后地分享别人的优点。

王北辰按捺不住自己的激动，看了看一旁的小虎虎，急不可耐地想说什么。“辰辰，你和大家来分享虎虎的优点。”我叫他。

“我觉得他有一点胖。”辰辰的话音刚落，小虎虎“哇”的一声哭了起来。辰辰不知所措，一脸的茫然。

“小虎虎，你怎么了？”小虎虎只哭不答。

“是因为他说你胖吗？”我问道。小虎虎点点头，哭得更委屈了。

“宝贝，你误会辰辰的意思了，他没有伤害你的意思。他喜欢你，说你胖是想说你很健壮、可爱。是这样吗？”我问辰辰。辰辰赶紧点点头。

小虎虎含着泪上完了这节课。

第二天瑞瑞跑来问我：“老师，胖是不是骂人的话？”“我认为不是。”“那虎虎为什么说我骂他？”“是吗？有些人可能介意别人这么说。如果他不开心，我们就不这样说。你说呢？”

我决定找小虎虎的妈妈了解情况。一问才知道，原来有一次小虎虎说妈妈是个胖妈妈，妈妈当时很严厉地对他说：“以后，不可以这样说妈妈。”打这以后，“胖”就成了小虎虎忌讳的词，他认为那是一个骂人的字眼，大家都不喜欢。

徐颖

孙瑞雪：

有一次，7岁的张柳依到我家玩。站在洗手池前，镜中映出她和我，我笑着问她：“你妈妈胖还是我胖？”张柳依无比骄傲地说：“当然是我妈妈胖。”然后很不屑地看了我一眼，转身走了。

小虎虎为什么哭了？我们看到：第一，孩子在对妈妈用这个词之前已经掌握了“胖”的基本意义；第二，通过妈妈的反应，孩子认识到这个词具有贬义，但没有认识到这个贬义有前提条件；第三，通过伙伴对他用这个词，他知道了这个词的贬义并不是处处存在。

“胖”在成人世界和儿童世界是不同的概念。孩子喜欢跑过来环抱住你，把头埋在你的怀中、胸前、肩窝里寻找安慰和安全感，胖的感觉一定是又踏实、又温馨。而成人对胖的感觉主要来自审美和衣着。在以后的生活中，孩子自己将有机会了解这个词的含义和用法。

“我想妈妈”

正上阅读课，聪聪不小心挤了薇薇。5岁半的薇薇极委屈地告诉了老师。正在阅读的我只是拉聪聪坐好，但从薇薇的表情看得出她很委屈，快要哭出来了。我想她一会儿就会好的，就没有停止阅读。

阅读结束了，薇薇不停地叫：“老师，你看他！他总挤我。”忙于指导工作的我，只对聪聪说了句：“聪聪，请你不要挤着她。”聪聪不情愿地道歉说：“对不起，我不是故意的。”过了一会儿，薇薇哭着来找我：“老师，他踩着我手了。”聪聪紧张地过来解释：“对不起，我不是故意的。”

我安慰了一下薇薇，让他们继续去工作，并开始留意他们的工作状态。聪聪专注地工作着，根本顾及不到别人，薇薇却在一旁小心谨慎地留心别人怎么对她，并不时用乞求的眼神望着我。我有点纳闷，今天薇薇怎么了？工作不能专注，看上去还有些焦虑。

我走过去坐在薇薇旁边，搂着她说：“薇薇，两个人在一起工作需要配合。聪聪工作很投入，如果你也投入地工作，你们会合作得很好。”薇薇还是委屈地望着我。我想起阅读的时候没有安慰她，就笑着对薇薇说：“请薇薇原谅聪聪，他不是故意的。老师和你们一起工作。”薇薇开始放松了，取完数量，挤到我怀里噘嘴说：“老师，我昨天没有见到妈妈，我在月月姐姐家住的，我想妈妈。”我一下子找到了她焦虑、脆弱的原因。她现在需要老师的安慰和关注，但更需要妈妈。

佚名

孙瑞雪：

妈妈是孩子安全感的来源，活力的来源，妈妈是孩子全部感情的寄托。妈妈绝不要无规则地离开孩子，更不要把孩子全托在什么地方。再好的地方也不能替代妈妈。

在幼儿期，当父母拿着包离开家上班时，他会认为父母消失了；当父母回家时，他又认为他们突然出现了。幼儿的智力还不能理解上班这样一个复杂的时间过程，因此当幼儿同父母尤其是母亲分离时，自然会焦虑。

儿童三四岁时，会害怕父母不来接他；到了 5 岁左右，儿童有了情感的理解力，如果父母不来接他，他会认为这是一个爱他或不爱他的问题。这时孩子不再就事论事地哭，哭完就好，而是把事放在心里，这一放就有了心事，事件开始具有了历史意义。

爱和没爱，就造就了一个人。

第七章

6岁以上

财商——从自我中心的行为，如“抢夺”，逐渐过渡到更复杂的社会互动，如“分享”和“交换”……这反映了人类经济行为的演变。

婚姻——对发育产生极大的兴趣，明白结婚应该和爱联系在一起，爱应该和美好的话语、美好的情感联系在一起。

社会性兴趣——当孩子的精神得到极大的满足和发展时，他全部的生命能量都释放出来，用于身心的成长。

财　商

从自我中心的行为，如“抢夺”，逐渐过渡到更复杂的社会互动，
如“分享”和“交换”……这反映了人类经济行为的演变。

瓜瓜的跳蚤市场

从入园到现在，瓜瓜共经历了三次较大规模的跳蚤市场。第一次，瓜瓜3岁多一点，我问他，愿不愿意把自己的玩具拿到跳蚤市场上卖给别人，他听到要给别人，完全不同意。在跳蚤市场上，瓜瓜看到自己喜欢的，只想要拥有它。他看着我把钱给摊主，他就可以拿走喜欢的物品。

瓜瓜快4岁，我又问他：“你愿不愿意把自己不玩的玩具拿到跳蚤市场卖给别人，别人就会给你钱，你赚了钱，就可以再买新的玩具。”他说：“不愿意。”他只要买。对于赚不赚钱，他没概念，但是他知道他不愿意把自己的玩具给别人。

交换，是在有了“钱”的概念之后产生的。

5岁之后的瓜瓜开始对钱有了一些概念，他开始留意别人给他的压岁钱和一些节日的红包。有一次，他对爸爸说：“我们这周应该去买玩具，因为奶奶给了我过节的钱。”在这之前，他完全不会在意。他在参观凤凰班和神龙班跳蚤市场过后跟我表达：“妈妈，我也要摆摊，我把不要的玩具卖掉，就能买更多的恐龙了，我太喜欢跳蚤市场了。”

很快，老师就安排了一次跳蚤市场。周四的晚上，我们一起准备要摆摊售卖的玩具，我准备了一个包，让瓜瓜把卖掉的玩具放进去。他有一些很久

都没有玩过的玩具，这次拿出来好像勾起了很多回忆。有一些玩具，他毫不犹豫就扔进包里；有一些玩具，他非常确定还不能卖；有一些玩具，他很犹豫，玩了一会儿才又扔进了包里。

我准备和瓜瓜一起讨论一下卖的价钱。我能够觉察到我有我的价值观，有一些玩具买的时候很贵，我希望能价格高一点卖出去，所以我想了解一下他的想法。我说："瓜瓜，这些小车你打算怎么卖？几块钱一辆？我们要不要情景演示一下？"他收拾好玩具，直接表达："我明天会跟来买的人说的。"转向爸爸，又说了一句："爸爸，是不是我想卖多少钱就卖多少钱，对吗？"爸爸回应："是的。"爸爸竟然对我说："你又不靠卖旧物赚钱。"说完看着我笑，我也一笑。

第二天跳蚤市场上，很快瓜瓜的摊位来了很多客人，别人问价时，他都会报个价钱出来，报得很随性，一辆小汽车可以 10 元钱，一个大冰箱可以 7 元钱，不想报价的可以直接送，说不要钱。没有听到超过 10 元的报价，每一枚硬币、每一张纸币都会放进钱盒子里，瓜瓜的满足感写满了他一脸。有个小弟弟坐在他旁边好奇这个钱盒子，他赶紧盖上盖子收到身边。

这次的跳蚤市场，我看到了瓜瓜和之前完全不一样的状态，他开始对买卖、对金钱、对自己把握钱、对赚钱，有了更多的感觉和概念。

邱珍

孙瑞雪：

财商敏感期随着儿童的成长而逐步深入，每个阶段都在之前的基础上增加更复杂的理解和技能，形成一个螺旋上升的学习路径。

交换玩具中的信用问题

小 A 拿了自己的玩具，对另外一个孩子小 B 说："我跟你换。"

小 B 就问："你用什么换？"

小A说："我用机器人跟你换。"

小B很高兴地把自己的玩具给了小A。

然后小B问："你的机器人呢？"

小A说："你去找，我不知道。"然后就跑了。

小B在幼儿园里找啊找，爸爸妈妈来接他了，他还在找。后来爸爸妈妈帮着一起找，也没有找到。回家之后，小B坐在沙发上哭了。

吃完饭后，爸爸问："你是不是还在为那个机器人着急？"

他说："是的。"

爸爸问："那你发现了什么？"

他说："可能是我没找到，也可能是小A骗了我。"

所以等到第二天，小B去到幼儿园就问小A："机器人在哪儿？"

小A改变了说法，说："我落在家里了，我忘了拿来。"

小B就耐心地又等了一天。到了第三天，还是没有，小B非常愤怒了，问小A："你是个骗子，你是个骗子，你的机器人呢？"

最后小A承认了自己是骗小B的。

在这里，信用的问题出现了。孩子有了信用与欺诈的体验。

小叶

孙瑞雪：

在故事中提到的玩具交换案例中，儿童体验到了信用的建立和破裂。一个孩子承诺用机器人换另一个孩子的玩具，但未能履行承诺，这导致信任的破裂。这类似于市场经济中信用的基本原理和由于信用违约所引发的问题。

小提琴演奏会

4月末的一天，我正坐在沙发上看电视，7岁的儿子乾乾走过来抛过一张纸条，捡起来一看：

小提琴演奏会

曲目：《小步舞曲》《午睡》《小溪在歌唱》《小丑》

门票：5角

地点：我的卧室

时间：8:35

——乾乾

赚钱真有办法。我说："好吧，我买票。"当即给了他5角钱。他说："我布置房间去了，你别过来，演奏8:35正式开始。"

到点了。走进他的卧室，只见4支红蜡烛环绕着他，前方是谱台，他端坐在中间。真有一种神秘的气氛。我说："开始吧！"音乐像流水一样叮咚响起来，是熟悉的曲目，却出奇的动听。儿子一曲拉罢，我拍着手说："太好听了！再来一首。"很快，我们度过了他练琴以来最令人激动的半个小时。

第二天，乾乾对我说："妈，我要自己作曲，再表演给你听，1元钱！"我心一动："好吧，你自己谱曲，付出了劳动，理应加倍。"他忙着画起了五线谱。我一看，格太宽了，音符像一个个大蝌蚪，不好看，就帮他画了一张谱线。

他兴奋地作着曲，说什么自由延长、空拍等。就这样，创作出了自己的曲目：《咖啡》《云朵》。

下午他又忙着排练，练了一会儿，跑过来说："太难了，妈，我要去改谱，改成好拉的。"我们一起唱了唱谱，改正了几个错音符。

王红（乾乾妈妈）

孙瑞雪：

儿童正在经历经济财商敏感期，这意味着他们不仅在物理和情感层面上成长，还开始对经济交易表现出显著的理解和兴趣。在上述故事中，我们可以看到：

- 价值创造。故事中的孩子通过自己的演奏创造了文化和艺术价值，他通过布置环境和点燃蜡烛增加了演出的神秘和独特性，从而提高了其演奏价值。他意识到他的演奏不仅是一种艺术表达，也是一种可以被市场化和货币化的商品。

- 对商业模式的初步理解。孩子通过向母亲收取观看演奏的费用，实践了基本的商业模式。他不仅设定了价格，还对服务的内容进行了升级（创作新曲目），以期获取更高的收益。这表明他在理解供需关系和价格设定策略上的成熟思考。

- 劳动与报酬的关系。当母亲提出愿意为新创作的曲目支付更多时，孩子理解到劳动的增加（如自己作曲）应当带来更高的报酬。这种认识是财商教育中劳动价值理论的基础。

- 问题解决和产品改进。孩子在排练新曲目时遇到困难，主动决定修改乐谱以使之更易演奏，显示了他在产品（乐曲）开发和问题解决方面的实践能力。

这个故事不仅展示了一个孩子在财商敏感期的行为，也强调了家长在这一过程中的支持角色。家长的积极反馈和适度的经济奖励，可以鼓励孩子继续探索和发展他们的商业和创造性技能。此外，通过与孩子一起解决实际问题（如调整乐谱），家长可以帮助孩子学习如何改进产品并应对挑战，这对培养未来的创造者和创新者至关重要。

乾乾的王牌超市

儿子乾乾8岁了，刚上二年级。一天下午，我接乾乾回家，路上给他买了串麻辣串。他边吃边问我：“妈，一根火腿肠批发多少钱？”“金锣牌的4角钱一根。”“年糕呢？”“6 分钱。”

第二天放学回家，乾乾对我说：“妈，我卖麻辣串。火腿肠一根 8 角钱，一块年糕 2 角钱。”“太贵了！家里的油、火、辣椒不收你的钱，你只应收工钱。火腿肠我出 6 角钱，年糕只出 1 角钱。”“太不公平了！我是小孩嘛，火腿肠 8 角钱，年糕 1 角钱。”他跟我讨价还价。“好吧。”

乾乾开工了。戴上围裙，用刀把火腿肠划出花纹，把年糕切成片，点着火，放上油，开始炸起来。炸完还将剩下的油凉一凉，再将炸好的辣椒油倒入辣椒碗。“老妈快来吃！你多吃一点，让我多赚钱。”“儿子真能干！好吧，我先吃 1 根火腿肠，5 块年糕。”“8 角加 5 角，共 1 元 3 角。”“火腿肠真香，再来一根。”“又是 8 角，2 元 1 角。”“宝贝，你也来吃吧。”“妈妈，你多吃年糕呀。”“宝贝，年糕和火腿肠是你喜欢吃的，我又不喜欢吃油炸食品。”“不行，妈妈你得多吃！我才赚这么一点钱。”“宝贝，食品是一种商品，你要卖我喜欢的食品我才可能买，这样你才能多赚钱。”“你喜欢什么？下次我给你做，这次你就多吃一点嘛。”“好吧，我多吃！”为了让儿子多赚钱，那天我真把自己吃撑了。

过了两天，乾乾一进家门就兴奋地对我说：“妈妈，我有钱了，你看！”只见他从裤兜里掏出 2 元 5 角钱。乖乖，是不是赚到学校去了？我问：“怎么来的？”“我卖水球和王牌。”“什么价？”“王牌和商店一样，一张 1 角钱，不过我卖的王牌可以随便拣！”“水球呢？”“我批发了 10 个小气球，一共 5 角钱，批发的阿姨又白送我 1 个。我灌上水，制成水球，卖 1 角钱 1 个。”“好，会理财了，如果有小朋友多买王牌，你可以赠送他们几张。”“为什么？”“有赠品，你的生意会更好的。”

接下来的几天，每天中午、晚上，乾乾都在家忙着将王牌分类、装袋、密封、粘赠品。他在下课时卖，生意真是挺好的。有一天我去接他，他说：“妈，我今天赚了 5 元钱！”想掏给我看，一摸，钱丢了！立刻伤心地哭了：“我的钱没了，我辛苦赚来的啊！”

乾乾为了多赢得王牌，曾经在家用香油、胶水、万能胶、砂纸等各种材料“练宝”，放学后就在操场上练习扎宝。结果他扎王牌的水平越来越高，常常不一会儿就将别人的王牌全部拿下。做这种事这么专注、用心，我真不知是喜还是忧。

王红（乾乾妈妈）

孙瑞雪：

乾乾的故事提供了一个生动的例证，说明儿童在经济财商敏感期表现出对经济活动的深刻理解和参与。

- 通过将批发价格和自己设定的售价进行比较，他在尝试计算可能的利润，并学习如何在成本和消费者支付意愿之间找到平衡。
- 当母亲指出不愿意购买自己不喜欢的食品时，乾乾开始理解市场需求的重要性，意识到成功的商业活动需要根据消费者的偏好来调整产品。
- 乾乾通过炸制食物并为其设置更高的售价来尝试创业。此外，他通过改良王牌的质量，增加其胜算和价值，展示了创新思维。这种创新不仅限于产品本身，也涉及销售策略和推广活动，如赠品的提供。
- 当乾乾赚到钱并体验到因丢钱而产生的失落感时，这不仅加深了他对金钱价值的认识，也让他体验到与金钱相关的情感高低。这些经历教会他金钱的重要性和管理财务的责任感。

乾乾的经历让我们意识到，在儿童的教育中加入基本的经济教育的重要性。通过实际的商业活动，儿童不仅学习如何管理金钱，还学习如何评估风险、处理失败和成功的情绪，以及如何进行有效的沟通和营销。

此外，家长和教育者应当鼓励儿童探索和实践，为孩子提供指导和支持。例如，在乾乾的案例中，家长通过合理讨论和建议，帮助他理解市场经济的复杂性，并引导他向更有道德和社会责任感的商业实践发展。

乾乾的故事生动地描绘了一个孩子在财商敏感期的成长轨迹，通过他的创业经历，我们可以看到经济教育对于培养儿童的商业意识、道德观念和社会责任感的重要性。

洗碗经济学

宝宝上小学二年级了，6 月 9 日是她 9 岁的生日。

“五一”那天我忙了一上午，累得不愿动了。吃完午饭和女儿商量：“宝贝，你帮妈妈洗碗吧？”宝宝想了一下，问：“付钱吗？”我说：“可以。”“那洗一个碗多少钱？”“2 毛。”女儿不满意：“不行，太少了。”“3 毛。”“不行，5 毛。”我故意夸张地说：“啊，5 毛，太贵了吧?!”“不贵，不贵，就 5 毛，噢——好妈妈。”“好吧，好吧，就 5 毛吧！”

她数着碗开始计算：“5 毛加 5 毛是 1 块钱。那勺子算多少钱呢？”她发现还有勺子。我惊叫道：“勺子还算钱呀？噢，算 1 毛吧。”“不行，太少了。”我立刻说：“2 毛，多 1 分也不行了。”她挺痛快：“好吧。”又接着算账：“两个勺子 4 毛，加 1 块共 1 块 4 毛钱。妈妈，这个盘子洗不洗？”“洗。”“那算 7 毛钱吧。”“为什么？”“因为这个盘子比碗大嘛，1 块 4 毛加 7 毛是……”她自顾自地算了一下，得出答案：“2 块 1 毛钱！”

我把碗收到洗碗池内，发现还有一个小锅，就对女儿说：“还有一个锅。”她马上问：“锅多少钱？”“5 毛。”“不行！”“7 毛。”“太少了！”“那好吧，一共 3 元，再多 1 分都不行了。”我态度很坚定。“好呀。”宝宝爽快地答应了。我帮宝宝系好围裙，卷起袖子，一头倒到床上休息去了。

刘军（宝宝妈妈）

孙瑞雪：

在这个故事中，我们看到了一个 9 岁儿童在理解和应用基本经济概念方面的显著进步。

宝宝能够主动与母亲进行价格谈判，她不仅反驳了初始的报价，还提出了自己的价格，显示出她对自己劳动价值的认识以及在经济交易中争取最佳利益的能力。这表明她已经能够理解和实践基本的经济原则，显示了明显的自主性和决策能力。

在商定价格后，宝宝开始计算洗碗所得，她能够根据不同物品的大小和清洁难度来调整价格，这反映了她对不同劳动强度应有不同报酬的理解，她的计算能力和对细节的注意显示了她在金钱管理方面的进步。

这个故事强调了家长在儿童经济教育中的作用，家长可以通过以下方式来支持和促进儿童的经济理解。

- 通过允许儿童参与家庭中的简单金钱交易，如洗碗赚钱等，帮助儿童实践他们的数学技能，同时增强他们的金钱管理和谈判能力。
- 在经济活动后与儿童进行讨论，比如如何决定价格，如何看待劳动与报酬之间的关系等，以加深他们的理解。
- 创造多样化的经济学习环境，例如通过游戏、家庭任务或小型企业项目来教授基本的经济概念。

财商的敏感期

文◎孙瑞雪

财商敏感期也叫经济行为的敏感期，是一个最典型的螺旋状敏感期。尽管在最早儿童处在无意识状态时，但我们依然可以通过儿童的成长过程，观察到人类经济发展的一个缩影，特别是在货币的功能和经济互动方面（如下图所示）。儿童从自我中心的行为，如“抢夺”，逐渐过渡到更复杂的社会互动，如“分享”和“交换”……这反映了人类经济行为的演变。接下来，我们将详细探讨这个过程。

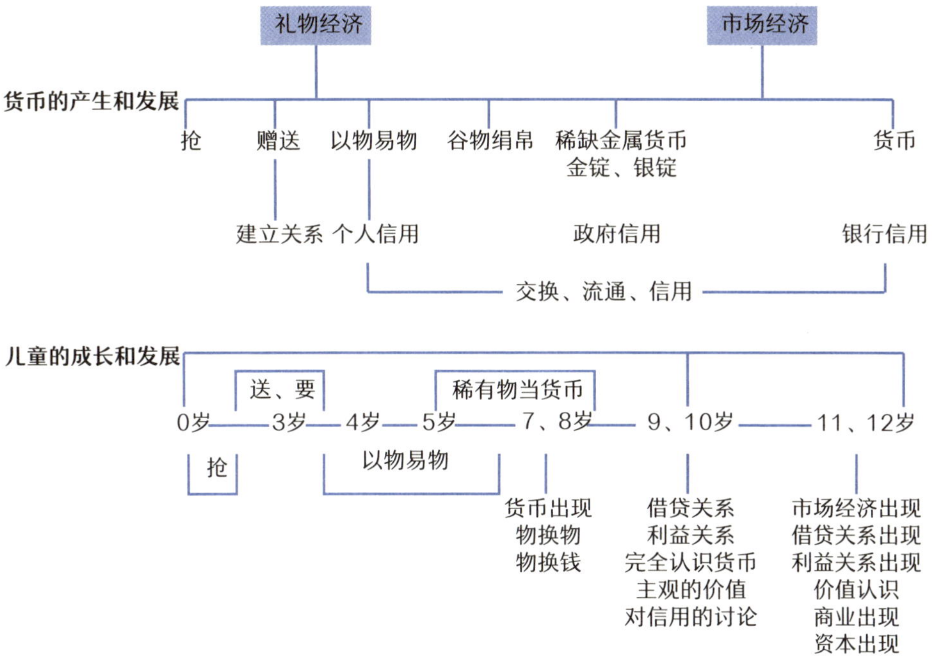

儿童行为与货币经济的关联

直接抢夺（0 ~ 2 岁）

0 ~ 2 岁，儿童逐渐有了意识，这个时候他对所有想拿到的东西都是直接拿走，拿不走就抢，不管是谁的，“只要我喜欢就是我的”。这个时候，儿童还无法区分“你的”和“我的”，在儿童的意识中，一切都是大家的。所以，儿童看见什么，喜欢了就“抢”。这种行为类似于人类早期为了生存的直接竞争。在这个阶段，儿童尚未发展出对私有财产的认识，他们的行为主要是基于直接的欲望和需求。

礼物经济（2 ~ 3 岁）

2 ~ 3 岁，儿童产生一个变化：“送”或者“要”。一种是“我看见你的东西，我喜欢，但我不抢了，我问你要，要不来我就哭”。另一种是带食物来分享。拿着糖给小朋友送，很快就能交很多朋友。儿童这个时候还没有交换的观念。但是接着孩子就发现，那些小朋友把糖拿走，吃完后，就又不和他交朋友了，如此反复。

这个年龄段，儿童开始实践给予和请求，这可以看作是礼物经济的初步形式。在这个阶段，儿童通过分享食物或玩具来建立和维持友谊，这种行为反映了人类社会中通过礼物赠送来建立社会关系和相互依赖的经济活动。

这一时期的教育重点，可以通过模仿游戏引入经济活动，如创办跳蚤市场，让孩子参与其中，以物换物；或者使用钱来买玩具。儿童认识到物品可以被买或卖，以及物品可以用来交换其他的物品。

物物交换（3 ~ 5 岁）

这个年龄段，情景变了，儿童开始交换。所有的儿童都出现了以物易物的情况。先是食物交换，然后是玩具交换。尤其是 5 岁期间，儿童发现物与物交换不仅可以满足自己对其他物的拥有，还能维持很长久的关系，所以儿童就常常拿东西来跟别人交换。

这一时期的教育重点可以通过玩具和小零食的交换，让孩子理解关于等价交换的基本概念。初步理解价值和公平交换的概念，并开始使用简单的数学技能来计算等价。

从儿童的互动活动中，我们可以看到经济互动的基本元素——从最初的直接获取，到建立基于共享的关系，再到实现具有互惠性质的交易，最后是信用的建立及其挑战。这不仅说明儿童在发展过程中如何逐步学习和实践这些复杂的经济概念，也反映了经济行为如何根植于人类的社会互动之中。儿童的行为发展提供了一个独特的视角来理解和分析经济行为的本质和发展。

初步的交换和货币的实践理解（5 ~ 6 岁）

儿童开始通过玩耍活动探索物物交换的概念，这通常体现在他们喜欢的王牌游戏中。他们不仅通过游戏了解到物品可以用来换取他们想要的东西，而且开始尝试通过增加物品的稀有性（如改良王牌的质量）来提高其价值。

这个时候，我们可以给孩子引入简单的经济概念，如交换、价值和稀缺性，同时提高儿童学习评估物品的相对价值，并通过实际操作理解基本的供需关系。

这一时期教育重点可以引入货币的基本使用，如可以给孩子一些零用钱购买物品，实践使用货币，初步理解金钱的保存和支出。

货币认识和简单的经济交易（7 ~ 8 岁）

7 ~ 8 岁的儿童开始对钱有了实际的感觉和认识。他们理解可以通过货币进行交换，并开始体验到用钱买东西的实际操作。此阶段的儿童也开始理解简单的金融概念，如借贷和找零等，虽然对更复杂的金融交易，如信用和等额交换的理解还不够成熟。

我们可以通过实际的买卖活动教孩子关于货币的使用，以及基本的财务管理，如节省和消费。

随着这个年龄的孩子数学能力的提升，可以帮助其发展货币计算能力，初步理解金融交易的概念。

这一时期的教育重点可以通过零花钱的管理，引入节约和预算的概念，引导孩子使用货币进行计算和交易，了解储蓄和简单的消费计划。

复杂的经济理解和价值判断（8 ~ 9 岁）

到了 8 ~ 9 岁，儿童的财商发展进入一个新的阶段，他们不仅清楚地认识到货币的作用，而且开始理解和实践更复杂的经济概念，如利益关系和信用。这个阶段的儿童开始能够主观地评估自己的物品价值，并尝试进行更复杂的经济活动，如设置价格和进行小规模的商业交易。

从 6 岁到 9 岁，儿童财商的敏感期开始频繁出现，尤其是在七八岁上小学一、二年级的时候，儿童似乎对金钱的兴趣表现更为明显，这方面的问题频繁出现，班级孩子之间类似活动也变得频繁起来。

这一时期的教育重点可以深入探讨市场经济概念，可以让儿童了解关于投资利润和市场需求的知识；跟孩子一起进行一些经济的决策，如投资的选择、利润最大化策略等，也有助于财商敏感期的发展。

通过这几个阶段的发展，儿童在财商敏感期内逐步构建起复杂的经济理解能力，这为他们未来的经济独立和财务责任打下了坚实的基础。教育者通过适时的教育介入，可以帮助儿童在每个敏感期最大化地发展他们的潜能。

财商的螺旋状敏感期

财商的螺旋状敏感期是一个动态发展的过程，从出生到9岁，我们可以将这个过程细分为几个阶段，每个阶段都基于前一阶段的经验和学习成果，进一步发展儿童对经济活动的理解和参与。

当然，不是从9岁之后财商就不再发展了，而是我们的研究工作实际只是进行到了小学阶段。财商的发展是一个持续的过程，它不仅仅限于儿童时期，而是伴随一个人的整个生命周期。成年期的财商教育同样重要，因为随着责任、职业、家庭和投资需求的变化，理解和应用经济原则的能力需要不断地适应和发展。

- 0～2岁：基础认知的建立。在这个最初阶段，儿童主要在学习观察和模仿。尽管他们还无法理解复杂的经济概念，但他们开始模仿成人的购物行为，如假装使用电话或钱包。这种模仿行为是财商教育的起点，为儿童提供了关于经济互动的初步观念。
- 2～3岁：简单交换的理解。随着语言和社交技能的发展，儿童开始理解物品可以通过交换获得。他们可能会在游戏中实践给予和接受物品，开始体验到交换带来的满足感。
- 3～5岁：价值概念的萌芽。这个阶段的儿童开始区分物品的价值，他们可能会在游戏中选择更喜欢或认为更有价值的玩具进行交换。他们的数学技能也在逐渐发展，开始使用数字来描述物品的多少。
- 5～6岁：货币使用的初步实践。儿童开始使用模拟货币进行游戏，如玩具商店或餐厅游戏，这帮助他们理解货币作为交换媒介的功能。他们学习通过货币来获取物品，并开始理解储蓄和消费的概念。

• 7 ~ 8 岁：对经济交易的深入理解。随着儿童进入学校学习，他们的数学和逻辑思维能力增强，能够进行更复杂的经济活动，如理解货币的价值和进行简单的经济计算。他们开始理解收入、支出和储蓄的概念。

• 8 ~ 9 岁：复杂的财务决策和价值评估。在这个阶段，儿童开始更全面地理解经济活动，包括投资、利益计算以及价格设定等更复杂内容。他们能够识别不同的经济机会并进行相应的财务决策。

这一发展阶段显示了财商教育如何随着儿童的成长而逐步深入，每个阶段都在之前的基础上增加更复杂的理解和技能，形成一个螺旋上升的学习路径。通过逐步建立这些能力，儿童为未来的经济独立和财务责任做好了准备。

婚 姻

对发育产生极大的兴趣，明白结婚应该和爱联系在一起，
爱应该和美好的话语、美好的情感联系在一起。

理 解

美术课后，大家都拥在水池边清洗自己的调色盒及绘画工具。不知是谁碰到了 8 岁的田田，只见她满脸怒气和委屈，眼里噙着泪走了过来。

站在墙边的一凡看到了，关切地问：“哎——田田，你怎么了？”田田看了眼一凡，一把将一凡推到墙上，什么也没说。

一凡没弄清楚怎么回事，只好望着田田。田田一下又一下不停地推着一凡，发泄似的连续推了 17 次。一凡始终微笑着，看着田田，偶尔被碰痛时，只是用手臂挡一下田田。发泄了一阵，田田脸上的委屈和怒气逐渐消失

了，她看了看一凡，一句话也没说，低头走了。望着田田的背影，一凡始终微笑着。

薛梅

孙瑞雪：

据我所知，那时的田田和一凡正好在弥补5岁时婚姻的敏感期。他们之间已经达到了几近成人之间的理解、宽容。

我知道，这是一种爱……不需语言，只是一个眼神、一个动作，就让彼此相识并达成默契。

爱和不爱

皮皮6岁了。今天午睡起来后，他叫我："老师，你给我穿一下裤子。"看着我穿，皮皮发问："老师，你喜欢什么样的人？"我说："我喜欢善良的人、我爱的人和爱我的人。"

裤子穿好了，皮皮又叫道："老师，你给我穿毛衣。"然后又问："老师，你结婚了吗？""结婚了。"

皮皮很好奇："你和谁结婚了？"

"我和我爱的人、爱我的人结婚了。"

"为什么我妈妈和不爱她的人结婚了？"皮皮问我。

"你爸爸不爱妈妈吗？"

"不爱。"皮皮肯定地说。

这时，我给他把毛衣、裤子都穿好了。皮皮继续说："老师，你帮我穿袜子吧。"

我边给他穿边问："你怎么知道爸爸不爱妈妈呢？"

"我爸爸打我妈妈和我。"

我一惊："你爸爸为什么打你？"

"我做错事爸爸就打我。"皮皮声音低了下来。

"你做错什么了爸爸打你？"

"上次我洒了几滴可口可乐，他就骂我。"

我告诉孩子："你可以告诉你爸爸，让他爱你妈妈和你。如果他不爱妈妈和你，请他不要打人，用语言也可以解决问题。"

孩子沉默了。

王灵雪

孙瑞雪：

有一天，一位 4 岁的男孩找校长，请校长周六到他家，帮他解决妈妈打爸爸的问题。

我问他："你是不是说错了？是爸爸打妈妈吧？"

他说："不是，是妈妈打爸爸。"

我小心地问："妈妈能打过爸爸吗？"

孩子说："我妈妈非常厉害，我爸爸从来没打过她。"

孩子坐在沙发上难过地看着我说："每次，我都很生气，我说妈妈她又不听。"他坚持要求一位校长去见他妈妈。办公室几位校长认为确实需要找男孩的妈妈谈谈。

孩子认定，这所学校的老师可以解决父母的问题。他本能地把希望寄托于这个文明程度高的地方。

有时候，会有孩子一大早来学校找老师，大声喊着："我需要安慰！"老师就过去抱起孩子，让孩子在温暖的怀抱中得到安慰。

在自由的环境中，孩子不会惊慌失措，他们能把内心深处的痛苦表达出来，并用自己的方式处理这些问题。孩子因此有了尊严，也有了最后的安全感。

孩子说的“骂”和成人的真骂有些不同。孩子的骂不一定是骂，而可能指一种使他不舒服的语言，如严厉、斥责、说教、挖苦，等等。但孩子明白，结婚应该和爱联系在一起，爱应该和美好的话语、美好的情感联系在一起。

结婚调查

四年级的一位老师要结婚了，一时间，所有的老师成了学生的调查对象。

下课了，几个四年级的孩子把我围住:“老师，你结婚了吗？”“我去年就结婚了，有什么问题吗？”“你怎么这么年轻就结婚了。你老公帅吗？”“我有照片，你们自己看吧。”我拿出钱夹里的照片。看着照片，赵彦若惋惜地说:“他配不上你。”另外几个女生安慰我:“人又不能光看外表。老师你们接过吻吗？”“老师都结婚了，当然接过吻。”有人抢白这个“愚蠢”的问题。“接吻什么感觉？”“为什么想知道这个问题？我认为这是我的隐私，可以不回答。”“你们老师怎么都这么说！小气！那你接吻了怎么不生孩子？”“接吻和生孩子是两件事……”还没来得及解释，赵彦若已经把李雪叫到一边，我隐约听到她在跟她说精子和卵子的故事，两人还神秘地冲我笑着。

几天过去，我走进教室，李雪突然跳到我跟前大叫:“老师，你看我发育了！”两个气球把她的胸脯顶得老高。一会儿，一个男孩以同样的方式向我宣告他也发育了，我笑着对他说男孩发育不是这样的。他立刻取出胸前的气球，把其中一个比在喉咙处。“哇，这哪是喉结，分明是囊肿。”我说他。李雪用肘碰碰他，暗示他应该放在下面。男孩笑了笑，和她一起跑开了。

王灵雪

孙瑞雪：

10 岁开始，孩子就会对发育产生极大的兴趣。这时学校就安排《人体》

作为自然课的教材。有趣的是，讲到男女发育时大部分孩子睁大眼集中注意力听讲，但另有几个孩子却一点兴趣也没有，在后面不停地玩着说着自己感兴趣的东西。老师们在办公室笑着总结：“显然那几个小家伙还未到发育感受的敏感期。”果真，一年后，当其他孩子已经男女有别时，他们几个才开始对发育感兴趣。

社会性兴趣

当孩子的精神得到极大的满足和发展时，他全部的生命能量都释放出来，用于身心的成长。

让他玩

洋洋和琪琪都 7 岁了，刚从“爱和自由”的幼儿园毕业，上小学一年级。一次，我带着洋洋、琪琪去附近一个餐馆吃饭。店主的儿子（大约 3 岁）在门外玩自己的尿，他妈妈看到了，冲过来对孩子喊：“脏死了！快起来！”孩子没有反应，继续在那儿玩。妈妈一把拉起孩子，孩子边踢边哭，就是不想离开。妈妈生气地放下孩子走了。我还以为是妈妈放弃了，既然管不了，就随孩子去了。

不一会儿，店主沉着脸出来了，一把抱起孩子，照着孩子屁股“啪啪”拍了两下。孩子突然遭打，吓得“哇哇”大哭起来。店主什么也不说，抱起小孩就走。

目睹了这一场面，我问洋洋：“如果是你的孩子，你会怎样对待他？”洋洋很自然地回答：“让他玩，玩完了给他洗个澡就行了。”

我又问琪琪："你遇到这样的问题怎么处理？"琪琪沉思了一会儿，回答道："我去找一个他没有玩过的玩具，把他的注意力吸引到这个玩具上，这样他就会高兴了。"

王灵雪

孙瑞雪：

多精彩的回答。这是两个7岁孩子对问题的看法。因为受过爱和自由的教育，他们推己及人，把自己科学、健康的成长经验应用在实践中。

很多儿童都有玩尿的经历。如果有些成人感觉不舒服，可以弄些水来让孩子去玩，其实童尿是安全的。

问题在于，很多儿童在专心致志于自己感兴趣的事物时，常常被无端打断。这不仅破坏了儿童成长的机会，长此以往，很可能造就一个无法专注的少年，一个对事情不感兴趣的青年，一个庸庸碌碌的成人。当生长的过程常常被打断，我们怎么能期望这个生命能成长到一个理想的高度呢？

"我讨厌你"

还差10分钟就6点了，孩子都走了，班里就剩8岁的婧婧一个人在做作业。我在一旁等候她。

做完一道题，她东张西望半天，手里玩着橡皮、铅笔，没有接着往下做。

我催促道："快点，婧婧，别四处看了，快做题。还剩几道？"

"还有4道。"

"那就快了，抓紧做吧。"

"知道了，薛老师。"

趁她做题，我抽空去收拾教室。收拾完回来一看，她正拿着一个小画片在玩。我问她："做完了没有？"

她没吭声。我过去一看：4 道题原封未动！这么长时间，她一道题也没做。我无奈地搬了个凳子坐在她旁边："现在，请你赶快做完这 4 道题。"她看我一眼，做了个鬼脸，低下头继续做作业。

在我的注视下，4 道题不到 4 分钟就做完了。我一看，全对。"你做得这么好，为什么刚才不快点呢？"婧婧不说话，以极快的速度收拾好书包，准备回家。

忽然，她转过身表情严肃地对我说："我讨厌你，薛老师！"我愣了一下，马上微笑着对她说："讨厌我，可以呀！但作业你还是必须完成的。"她站在那儿，深思了一会儿："我知道了，薛老师再见！"

她的话在我脑中回响着。我为这所学校骄傲，孩子能如此真实、坦然地表达自己的感受。她知道我和她是平等的。我希望孩子永远都能这样真实地表达自己的感受，不惧怕任何人。

薛梅

孙瑞雪：

孩子能直抒心中的感受，说明她没有受到压抑，她的心灵是自由的。

在我们学校，孩子爱老师，崇拜老师，听老师的话，但他不怕老师。

孩子常常不愿意写作业。10 多年的记忆里，好像没有一个孩子是发自内心地愿意写作业。写作业不像上课，上课是在一个氛围中跟着老师走。写作业需要孩子自己营造一个学习的氛围。这对 14 岁以前的孩子比较困难。我们要充分理解他们。

快乐的孩子不生病

和朋友们聚会时，经常听到妈妈谈论孩子生病的话题，有经验的妈妈总会传授一些好招数：如何给孩子降体温啦，如何给孩子止腹泻啦，等等。

也有朋友向我讨招，我真是不知该怎样回答。因为我根本没有照顾生病孩子的经验——我的孩子从出生到现在很少生病。

前几年，单位每年年底都要给职工的孩子报50%的医药费。我也精心攒过孩子一年看病的药费单据，到了年底，我才发现孩子一年的药费加起来不超过15元。

女儿身体很好，稍微有点感冒、发烧的，吃点药就好了。

女儿不到2岁时，就被我送到了孙瑞雪老师的幼儿园。上幼儿园期间，她是班上出勤率最高的孩子。2岁多时，她荡秋千的技术就非常高了，不仅把秋千荡得跟树一样高，还能在荡的过程中站起、坐下，看到的人难以相信这是一个2岁多的孩子。除了荡秋千，女儿玩浪桥、玩沙子、拍球……整天忙得不亦乐乎。大量的户外活动使女儿的平衡协调能力发展得非常好。现在，她的乒乓球打得也很好，可以说是个小小的运动健将。除此之外，她工作起来也非常专注，老师说她总是自己摆放好工作毯，自己选择喜欢操作的教具，工作很长时间。

在家里，我也尽量给孩子提供一个良好的家庭氛围。从女儿出生到现在，我和爱人从不当着孩子的面吵架，有分歧我们也是趁孩子不在家的时候解决。女儿在家尽情地、充分地享受着母爱、父爱。

女儿连做梦都在笑。有一天夜里我清楚地听到女儿在梦中喊："菠菜跳舞，菠菜跳舞……"然后在梦中咯咯地笑！都说梦是潜意识的表达，女儿潜意识里都是欢笑，这令我特别陶醉，特别幸福。

女儿喜欢画画。她画的小蜗牛、小星星、水果皇后、小太阳、铅笔、橡皮……所有的东西都是笑的。她的世界充满了欢笑。

在一个宽松、自由、充满爱意的环境中，女儿成长了9年。无论在幼儿园、在国际学校小学班还是在家里，她都自由地、快乐地做着她想做的事情。这就是她不生病的秘密。

丁淑红

孙瑞雪：

来我们学校体检的医生说，我们的孩子和同龄孩子相比，平均身高高出6 厘米。

如果说这里有什么秘密，那就是这篇文章的题目：快乐的孩子不生病。当孩子的精神得到极大的满足和发展时，他全部的生命能量都释放出来，用于身心的成长。

我们都知道，过大的压力和情绪的长期压抑能严重侵害我们的身体，降低身体对疾病的抵抗力。这些压力和压抑甚至能造成我们的基因突变。医学界已经有了定论：恶性肿瘤的形成和一个人的精神状态有着密切的联系。

分享成长

叉叉、圆圈、三角形

秀秀上小学一年级时，一下课就跑到幼儿班，和幼儿班的小朋友玩。那个时候我们的幼儿园跟小学是在一个校舍里。秀秀一下课就站在幼儿班的窗户前，用手招呼着一个 5 岁的孩子，用口型说："出来玩。"

很明显，秀秀虽然到了上小学的年龄，但是心智还没有到上小学的阶段。尤其在上课时，没有办法理解更抽象一点的东西。

有一次到了考试的时候，秀秀做完试卷，把卷子交给了老师。老师拿起卷子一看就傻了。因为秀秀的试卷上，不是叉叉就是圈圈，要么就是三角形、竖条条。总之，整张卷子上全部都是秀秀自己编的符号。

老师把秀秀叫来，问秀秀："秀秀，你在卷子上写的是什么？"

秀秀说："我写的字呀。"

老师一时无语，问秀秀："这句话是叉叉圈圈三角形，这是什么意思呢？"秀秀就按卷子的意思回答了出来，结果答案是对的。

老师便对秀秀说："秀秀，你不能自己造字，你要按照老师平时教你的字来回答问题。"

秀秀便说："为什么？为什么你能造字我不能造字？我比你造得好，因为我的好写。"

老师一时不知如何回答，便把这张卷子拿给我看。我当然也充满了好奇，便让秀秀给我们解释她卷子上写的含义。神奇的是，她按照卷子上自己编的叉叉、圈圈、三角形，还大部分都答对了。实际秀秀到了符号的敏感期，但是她对符号的理解和认识还没有达到对汉字的理解阶段，因为汉字的难度太高了。

另一个孩子姓廖，笔画比较多。这个孩子就哭着说："我不想姓廖。为什么丁丁姓丁？而我要姓廖。"

老师便问："那你想姓什么？"

这个孩子说："我想姓点，我想我的名字就叫点点。"

老师便问："点点的点，笔画也很多呀。"

孩子生气地说："点，一点的点，就是点。一点。我叫点点。"

老师便说："可是没有这个姓呀？"

孩子便说："那我就姓丁。为什么丁丁就可以姓丁呢？"

这样的对话把老师搞得哭笑不得。老师只能说："是你爸爸姓廖，所以你也必须跟着爸爸姓。"

孩子听了这个话，面露痛苦的表情，看上去是下定决心要回去跟他的爸爸理论去了。

孙瑞雪

孙瑞雪：

儿童到了符号的敏感期，不是对符号不感兴趣，而是对符号（包括字母、数字、图形符号等）表现出强烈的好奇心和探索欲，但是一定从最简单的开始。所以这两个孩子，他们能理解符号的意义，但是对于复杂度过高的汉字，却有巨大的压力。也就是说，他们符号的敏感期才刚刚开始，需要有一个螺旋状的发展，才能对更复杂的符号有一定的掌握。

秀秀和廖廖的表现，说明他们可能还没有完全准备好接受复杂的符号系统（如汉字），他们倾向于简化符号，以适应自己的认知和书写能力。

秀秀通过创造自己的符号系统来解决问题，显示了儿童在符号敏感期的典型行为——探索符号的含义和如何用符号表达思想。她能够准确回答问题，表明她对自创符号系统的逻辑有深刻的理解。

廖廖对自己姓氏的笔画数量感到沮丧，甚至想要改名，这反映了儿童在符号敏感期中可能将情感与符号学习紧密联系起来。符号的复杂性直接影响到他们的情感反应和学习动机。

对孩子来说，关于汉字的学习难度可能是一个普遍存在的问题，所以我们在这里提供一些应对策略，以便帮助家长和教育工作者理解和支持孩子。

- 使用简化的符号和逐步引导的方式来教授复杂的书写系统。例如，可以从教授基本的图形符号开始，逐渐过渡到更复杂的文字。
- 利用游戏和有趣的活动来教授符号，例如，可以从象形字开始，将符号与孩子感兴趣的主题结合起来。
- 鼓励孩子探索和创造，同时提供正面反馈，帮助他们建立信心。

每个孩子在符号学习上的进度和兴趣可能不同，同时跟儿童心智成长的快慢也很相关。提供个性化的学习路径和支持，以适应每个孩子的特定需要和节奏是有建设性的。

又谈敏感期
——理解敏感期的框架

文◎孙瑞雪

首先我们确定的是，儿童的敏感期奠定了其成年后的许多基本能力，如个性特征、心智状态、自我构建、审美取向等。从这个角度理解，敏感期涵盖了从基本的运动技能到复杂的心理认知发展、高水平的精神发展等各个方面。

基于这样的认识，我原本设想给敏感期一个归纳和分类，让读者对敏感期有一个整体的认识和理解。但在深入思考之后，我突然发现，仅从一种分类方式对敏感期进行归纳是不够的，提供多一种分类法，可以让读者从多个维度来理解儿童的敏感期。所以，我尝试采用两种分类方式，为读者搭建识别和支持儿童敏感期的框架，以确保儿童在成长过程中获得更加全面的支持。

敏感期的这两种分类方法，一种是基于不同领域的分类法（如身体成长、心智成长等），另一种是基于构成儿童整体自我不同层面的自我分类法（如身体的自我、情绪的自我等）。这两种分类法各有其独特性和优势。

领域分类法

儿童敏感期的发展是基于不同的领域来发展的。

1. 身体的敏感期

涉及儿童的身体功能的成长和运动技能的发展，包括视觉、口、手、走等。

这类敏感期包括：所有跟身体运动发展和运动技能有关的敏感期，大运动技能（如走路、跑步等），精细运动技能（如写字、操作小物件、细小敏感期等），以及剪、贴、涂等，这些技能对儿童的身体协调性和手眼协调性的长期发展非常重要。

2. 语言的敏感期

儿童在特定的早期阶段对语言特别敏感，能迅速学习新词汇和语言结构。

这类敏感期包括：最早期的语言模仿的敏感期、语言的敏感期、诅咒的敏感期、逻辑思维的敏感期等。凡是跟语言有关的，包括语言理解和表达能力，儿童都在持续地发展。

3. 心智、认知发展的敏感期

心智、认知能力涵盖从基本的感知处理到复杂的决策和问题解决能力。在儿童早期，特定的心智、认知技能，如记忆力、注意力、思维能力等的快速发展，将为儿童今后所有类型的学习和适应环境奠定基础。

这类敏感期包括：秩序、模仿、概念建立、执拗等；数学、数学概念、符号、数学逻辑等；认知处理、逻辑思维、记忆和问题解决技能的形成等。

4. 自我形成的敏感期

自我是否能在童年期被基本建构起来，意味着儿童未来是否在一个完整、平衡、和谐的状态中生存。在童年，儿童就开始认识到自己作为一个独立个体的存在，并学习如何在社会环境中定位自己。父母和教育工作者支持儿童这一敏感期的发展，有助于儿童建立积极的自我形象和健康的人际关系，也为其在未来持续性地建构一个强大而稳定的自我打下基础。

这类敏感期包括：从 2 岁就开始产生的自我意识敏感期、追求完美的敏感期、身份确认的敏感期、婚姻的敏感期等。

5. 空间的敏感期

空间感知能力是儿童理解物理世界和进行有效空间定位的基础。儿童的空间感知能力，对空间关系理解的发展、对理解物体间的关系和进行复杂的空间操作非常关键，对其日后数学、科学的学习，以及一些体育、艺术、舞蹈、建筑等活动都极为重要。

这类敏感期包括：0 ～ 2 岁的空间敏感期，细小事物的敏感期，手工制作、秩序的敏感期，垒高的敏感期，绘画的敏感期等。

6. 审美的敏感期

审美的敏感期涉及对美的感知和欣赏，包括视觉艺术、绘画、音乐、文学等。儿童在这一时期对颜色和形状、音调和节奏等有强烈的感受力和偏好。为儿童提供丰富的艺术体验，对孩子的创造力和情感表达能力的发展极为重要。

审美可以看作感觉和感知敏感期的相关部分，特别是视觉和听觉，体现了感官整合的重要性和艺术体验在感觉发展中的作用。

审美敏感期从 1 岁多或者 2 岁就开始，一直持续到 7 岁——这样说似乎依然不那么确切，有些敏感期本身可能会持续到 18 岁，其发展具有螺旋状的特质（参见第八章“敏感期的螺旋状模型”相关内容）。

7. 秩序的敏感期

秩序的敏感期通常发生在儿童早期（大约 2 ～ 4 岁）。这个时期，儿童对环境中的秩序和常规特别敏感，父母和教育工作者应重点关注儿童早期环境的组织和日常生活的规律性，这对儿童建立心理安全感和发展预测未来事件的能力非常重要。

同时，秩序感也是自我控制和社会行为的一部分。儿童对秩序的需求，可以帮助他们理解社交互动中的规则以及如何在团体中适应。

8. 社会性行为的敏感期

社会性行为的敏感期，涵盖了儿童社交技能的学习、同理心的培养和对社会规则的理解。它能够系统地覆盖儿童在生理、认知、情感和社交等多个层面的发展需求。此外，它还能帮助我们更容易地识别儿童在成长过程中可能出现的敏感时期，从而为儿童提供及时和适当的指导和干预。

这类敏感期包括：秩序的敏感期、模仿的敏感期、分享的敏感期、人际关系的敏感期、婚姻的敏感期、情感的敏感期、身份确认的敏感期、性别的敏感期，以及社会性兴趣的敏感期等。

应用领域分类法的注意事项

儿童敏感期分类的主要目的是提供一个框架，帮助父母和教育工作者识别在儿童成长过程中关键的发展窗口期。通过这种识别，可以更有效地利用这些时期，支持儿童的最佳发展。

父母和教育工作者在实践运用中应注意以下方面。

第一，尊重儿童成长的独特性。

每个孩子的成长路径都是独一无二的，敏感期的分类提供的是一种灵活的指导，而不是严格的规定。这种灵活性允许父母和教育工作者根据儿童的具体情况调整教育策略和育儿方法。

第二，兼具个性化支持和及时干预。

个性化支持：了解各个敏感期的特点，可以帮助我们为每个孩子提供更加个性化的支持。例如，如果一个孩子在语言敏感期表现出极高的兴趣和能力，家长可以通过丰富的语言环境、阅读和对话，来进一步激发和培养这一能力。

及时干预：敏感期的分类帮助我们及时识别儿童可能的发展滞后或挑战，并采取适当的干预措施。例如，如果一个孩子在社交敏感期显得特别内向或遇到社交困难，家长可以通过组织游戏或社交活动，来帮助孩子发展必要的社交技能。

第三，注重文化背景和环境影响。

文化背景：不同文化背景对儿童的成长有着不同的期待和重视点。敏感期分类方法的灵活性，允许它适应不同文化的特定需求和价值观。

环境影响：儿童的成长环境，包括家庭、学校和社区，都对其发展有重大影响。敏感期的分类可以帮助我们理解和利用环境因素，支持儿童的全面发展。

第四，注重多层次、多维度看待儿童敏感期。

这个分类法有其优势和局限：

优势在于关注了儿童在各个独立领域的发展需求，如身体健康、认知能力、艺术表达等，有助于父母和教育工作者有针对性地设计教育活动和干预措施，以满足儿童在某一特定领域的敏感期需求。

局限在于较少考虑不同领域之间的相互作用和整体影响。儿童的发展是一个复杂的、多方面互动的过程，单独关注一个领域，可能导致忽视其他领域的重要性或相互作用。

我们从大量的敏感期案例中看到，许多敏感期的发展都是涉及多个发展层面，是多个敏感期交叉甚至重叠的，很难将某些敏感期严格归类到单一领域。这也表明，儿童的成长不是线性和孤立的，而是一个高度交互和动态整合的过程。

例如，秩序的敏感期涉及认知技能，特别是理解世界的逻辑结构，如分类、排序和时间顺序等。这些能力对解决问题和数学思维等认知活动至关重要。但是它又涉及自我形成的敏感期。秩序感对孩子的自我控制和预测未来事件的能力有重大影响，会影响孩子如何看待自己在环境中的角色，以及他们对环境的控制感，这是自我形成的重要方面。

又如审美的敏感期。显然，审美的敏感期直接关联到艺术的欣赏和创造，包括对美的感知、艺术表达和音乐感受等。但自我形成的敏感期，也与审美体验、与个人的情感和心理体验深度相关，这些体验在形成个人的价值观、情感反应和自我认同中起着核心作用。

所以，这就是我们提出第二种分类方法，以多层次、多维度来看儿童敏感期的意义。

第五，注重整合性视角。

我们强调从整合性的视角来理解敏感期，而不是将它们严格分隔开来，关注它们是如何相互影响和共同作用的。认识到每个敏感期都可能同时影响多个发展领域，可以帮助我们更全面地支持儿童的成长。这种理解能促使父母和教育工作者采用更灵活、更适应儿童需求的教育策略，并考虑到儿童多方面的发展而非单一领域。

认识到敏感期之间的重叠和相互作用，不仅能为儿童提供一个支持性环境，支持儿童在具体技能上的发展，还有助于形成一个健全、完整和立体的个人。这种方法更符合儿童发展的本质，即发展是一个连续、互联和动态的过程，每个部分都与其他部分相互依存。

自我的不同层面分类法

我在《完整的成长》一书中详细讲述了儿童生命内在的结构（人类个体的内在结构），以及儿童的成长和自我建构的过程。

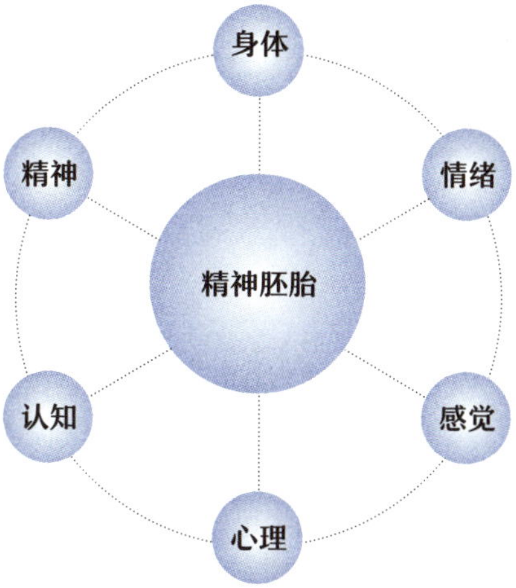

图示：完整的人雏形

在《完整的成长》的第一章里，我详述了“爱和自由”教育最重要的一个概念——精神胚胎。我们在这里简单地描述一下儿童的成长过程。

我们说儿童有两个胚胎：一个是生理胚胎，在母亲怀胎 10 个月完成；另一个是精神胚胎，在儿童出生后 0 ～ 6 岁完成。这是蒙特梭利提出的概念。儿童在成长过程中，他是借助于内在环境——身体、情绪、感觉、心理、认知和精神等多个维度，和外在环境——家庭、幼儿园、社会、父母和养育者交互作用，通过精神胚胎的引领，逐步成长起来，形成相应的自我认知，最终创造出一个综合的、多维度的整体自我。这个整体自我是个体理解自己和与外部世界互动的核心，它体现了各个层面自我之间的动态交互和整合。

构建整体自我，我们首先要把一个人看成一个整体，这个整体被称为“我”。我们将儿童所有的敏感期和成长整合到一个系统中，并形成一个完整的自我，这是一个涉及多个发展层面和内部动态过程的复杂系统。这个过程涉及多个“自我”层面的相互作用、整合和时时刻刻的发展。

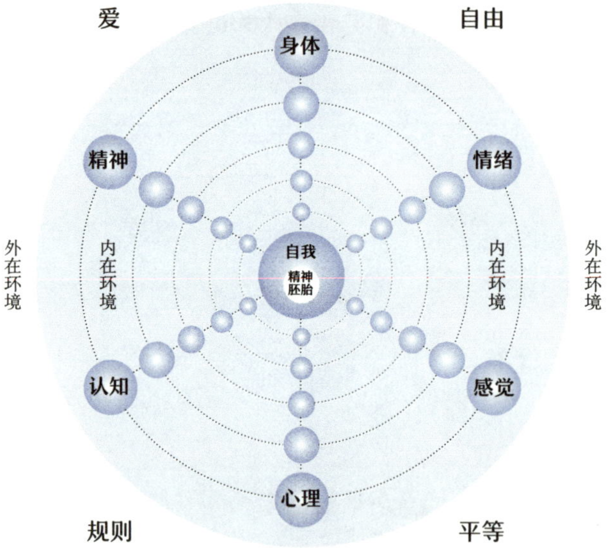

图示：完整的成长

我们就从这样一个高度统合的自我，来理解这些不同层面的自我以及它们之间的关系。

1. 各层面自我的定义与作用

- 身体的自我：关于个体对自己身体的感知和体验，包括身体形象、身体健康感和对身体能力的认识。
- 情绪的自我：涉及个体对自己情绪的感知、理解和调节能力。

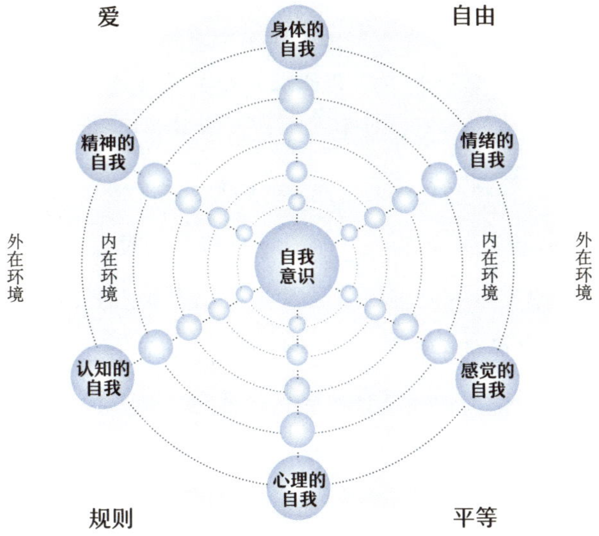

图示：高度统合的自我

• 感觉的自我：个体如何处理和解读通过感官（如视觉、听觉、嗅觉、味觉、触觉等）接收到的信息。

• 心理的自我：包括个体的思想、信念、价值观和性格特征。

• 认知的自我：涉及知识处理、记忆、注意力、解决问题和决策能力。

• 精神的自我：与个体的意义、目的和信仰相关，通常与更高层次的价值观和生活目标相联系。

2. 从“身体的自我”理解不同层面的“自我”

我们以“身体的自我”为例，来理解上述结构中的“自我”层面。

身体的自我

儿童身体的自我是通过他们的成长和发展过程逐渐形成的，这一过程涉及多种因素，包括：生理发展、社会互动、环境影响以及认知和情感的成熟。

儿童如何看待、理解和感受自己的身体，将深刻影响他们的自我形象、自信心以及社会行为，这些因素共同塑造了儿童的身体自我。

从出生开始，婴儿通过触觉、视觉和运动等感官经验探索自己的身体。例如，他们通过吮吸手指（口的敏感期、手的敏感期）、观察和摆弄自己的脚来发现身体的各个部分。这种感官探索是儿童开始形成关于身体的基本认知的基础。

随着儿童运动技能的发展，例如，学会翻身、爬行、走路和跑步（走的敏感期），他们开始更深入地理解自己身体的能力和限制。这些活动不仅增强了身体控制能力，也促进了他们对身体能力的认识和自信。

儿童通过与父母、同伴和其他成年人的互动，学习如何看待和评价自己的身体。父母和照护者的反馈、鼓励和模仿行为，对儿童身体的自我形成至关重要。例如，通过赞扬儿童的体育表现或舞蹈动作，可以增强他们的身体自信。

随着年龄的增长，媒体和文化标准开始对儿童身体的自我产生影响。电视、电影、广告和社交媒体等都可能传达关于理想体型和外貌的信息，影响儿童对自己身体的看法和满意度。

随着认知能力的成熟，儿童开始能够更复杂地思考和评价自己的身体。他们开始意识到自己身体的独特之处，并可能根据同伴和社会的反馈来调整自己的身体形象。

儿童通过参与体育活动、演出、舞蹈、音乐表演等，体验到身体活动带来的成就感和乐趣。这些经验不仅提高了他们的身体技能，也增强了他们的自我效能感，即信念上他们能够有效地使用自己的身体来完成任务和达成目标。

可见，儿童身体的自我是一个动态发展的过程，受到生物学、心理学、社会和文化因素的共同影响。健康的身体的自我认知需要在积极支持和正面反馈的环境中培养，以帮助儿童建立起积极的身体形象和自信。

我们从上面身体的自我层面的发展，可以看到各层次自我之间的关系。

- 交互作用：这些不同层面的自我并非独立存在，而是在个体的生活经历中相互作用和影响。例如，一个人的情绪状态（情绪的自我）可以影响他的思考和决策过程（认知的自我），而他的身体感受（身体的自我）可能会影响他的情绪状态。

- 整合与发展：随着儿童的成长，这些不同层面的自我逐渐整合，形成一个连贯、统一的自我概念。这个整体自我不仅涵盖了各个方面的特点和能力，还包括了个体如何将这些方面融合起来，以适应环境并形成独特的个人身份。
- 自我实现：整体自我的形成和发展是一个持续的过程，涉及自我认知的不断深化和扩展。在这个过程中，儿童会不断探索和实现其潜能和创造力。
- 自我调整与适应：整体自我也反映了个体的适应能力，即如何根据外部环境的变化来调整内部的各个层面的自我，以维持心理平衡和整体福祉。这在敏感期故事中可以看见类似的例子。

因此，整体自我是一个复杂的构建，它不仅涵盖了从生理到精神的多个层面，还包括了这些层面如何协同工作，使儿童能够有效地与社会和环境互动，实现个人成长和发展的整体过程。

3. 整合形成统一的“自我”

这些不同层面的自我如何整合，以形成一个统一的强大自我？以及在何种状态下，这些自我可能被分离出来？

在儿童成长的不同阶段，不同的敏感期对应于特定的发展需要，如身体的自我、情绪的自我等。随着年龄的增长，这些体验通过日常活动、学习（指儿童自我的认知过程）和社会交往被整合，形成了一个协调一致的个体认知。例如，通过玩耍和体育活动，孩子不仅发展了身体技能（身体的自我），同时也在与同伴的互动中学习社交规则和情绪调节（情绪的自我和社会的自我）。

家庭环境、幼儿园环境、教育体系和同伴群体提供的心理和情感支持，是整合不同自我层面的关键。这种支持帮助儿童理解并管理他们的情绪、发展社交技能，并建立自信和自我价值感，这些都是构成强大自我意识的基石。

4. 认知发展与自我概念的形成

随着认知能力的成熟，儿童开始形成自我概念，将身体、情感和社会经验融入他们的个人身份。这种自我概念的发展是通过学校教育、文化活动和家庭教育等途径促进的。我们可以回忆各种敏感期的例子来理解和回味这些内容。

为了更好地理解以上内容，我们还是以儿童身体的自我以及情绪的自我所经历的成长和变化的具体例子，来展示这一时期儿童是如何发展身体和情绪能力的。另外，我使用的两个例子都是关于身体的自我，原因是无论儿童哪一部分的自我发展，都一定是从最早期的身体和感觉的发展开始的。由此，在这两个例子中，读者对以不同的角度来认识自我层面的含义，理解得可能更深入和连贯。

学习走路（身体的自我）

在1岁左右，大多数儿童开始尝试站立和走路。最初，他们可能需要成人的支持，如手拉手或使用辅助设备。

随着肌肉和协调能力的增强，儿童开始尝试独立走几步。这个阶段伴随着频繁的摔倒和起身，儿童需要通过反复的尝试和错误来掌握平衡和步伐。

随着时间的推移，儿童逐渐能够自信地走路，甚至开始尝试跑、跳。这标志着他们在身体自我控制和自主移动方面的显著进步。

最后，儿童开始走独木桥、道牙、翻爬、跳高……这是儿童在完成走的敏感期后，通常会表现出的对更多物理挑战和探索的兴趣，包括攀爬和尝试其他高难度的动作。

这个过程也伴随着儿童天生的探索本能和对自身能力的测试与发展。

第一，自我探索和能力测试。

挑战极限——完成基本的走路技能后，儿童往往会寻找新的方式来测试和扩展自己的身体能力。这包括进行更复杂、更具挑战性的运动，如走独木桥和跳高。

发展协调性和身体控制——通过这些活动，儿童不仅在测试他们的极限，还在进一步发展他们的身体协调性、平衡能力和整体身体控制。

第二，发展认知和问题解决技能。

空间认知——进行这些物理活动有助于儿童发展空间认知能力，他们学习如何判断距离、高度和速度，这些技能对日后的认知发展非常重要。

策略思考——在尝试通过独木桥或进行跳高等活动时，儿童需要思考如何成功完成任务，这包括评估风险和制订行动计划。

第三，增强自信和自我效能感。

成就感——成功完成这些挑战性任务后，儿童会感到巨大的成就感，这有助于增强他们的自信和自我效能感。

应对失败——在这个过程中，儿童也学习如何处理失败和挫折，这是发展韧性和持久性的重要部分。

第四，社会互动和竞争。

社交技能——在公共场所、社区游乐场、幼儿园等环境中进行这些活动，儿童往往与其他儿童一起玩耍，这有助于他们发展社交技能和团队合作能力。

竞争和合作——这些环境也提供了竞争和合作的机会，儿童在游戏中学习如何公平竞争和有效合作。

可以看到，儿童在完成走的敏感期后寻求更高难度的物理挑战，是他们自然发展过程中的一个重要组成部分。这不仅是对自身能力的测试，也是身体、认知和社交技能发展的重要驱动力。身体的自我的意义，不仅仅是身体本身的发展，走路的学习也不仅是一项基本的身体技能，它同时也重叠、交错着另一些自我层面的发展——情绪的自我、感觉的自我、心理的自我、认知的自我、精神的自我，以及那个被儿童统合出来的“王者自我”。当然还包括一些点状的其他复杂的成分，例如，儿童的独立性、自信心，成功的身体活动也增强了儿童的自我效能感，即对自己能力的信心。这些都将被统合在儿童的那个整合的自我中。

这就是“身体的自我”表达的一个多层面的概念，身体的自我通过实际的运动表现和对身体极限的挑战表达出来，而这种表达又与其他层面的自我紧密相连，显示出个体的整体体验，以及自我表达是如何在多个层面上相互作用的。

情绪管理（情绪的自我）

儿童情绪的自我的发展往往经历以下阶段。

• 情绪爆发：在早期尤其是 2 ～ 3 岁时，儿童常常会表现出强烈的情绪反应，比如发脾气或大哭大笑。他们在这个阶段还没有完全发展出控制和表达情绪的技能。

• 情绪识别：随着年龄的增长，儿童开始学习识别和命名不同的情绪（如开心、生气、悲伤等），这部分内容在我的《完整的成长》和《自由中的规则》（即将出版）中都有详细的陈述和说明。父母和教育工作者通过与儿童在日常生活的互动，教导儿童理解和表达自己的情绪。

• 情绪调节：到了 5 ～ 6 岁，许多儿童已经能够采取基本的策略来调节自己的情绪，如通过言语表达不满、寻求成人帮助、要求道歉，或自我安慰和自我调整（如拥抱玩具）等，这些在本书中都有具体的敏感期的故事。

情绪的自我管理是儿童社交技能和心理健康的关键部分。有效的情绪调节能力可以帮助儿童在社交情境中更好地适应，建立积极的人际关系，并减少行为问题。

上面两个例子展示了儿童在身体的自我和情绪的自我方面的典型发展路径。通过这些发展阶段，儿童不仅学会了如何控制自己的身体和情绪，还在这个过程中建立了自信和自我效能感，这对他们的整体发展至关重要。

生命的成长就是这么奇妙和深刻，而统合就在我们生命的内在发生，无须我们刻意所为。这种生命的统合能力，也就是各种生物过程和机能的自然和谐协调，是生物学中一直以来令科学家们着迷的话题。从细胞分裂到器官发育，再到整个生物体的生长和老化，每一个阶段都涉及复杂而精细的调控机制。

在我们的成长过程中，从基因表达的调控，到神经系统的发展，再到心理和情感的成熟，所有这些过程都是相互关联和相互作用的。这种复杂的内在统合表现为一种看似自然而然的现象，实际上背后是数亿年进化过程中形成的复杂系统在起作用。

这种奇妙的自然现象不仅展示了生命的强大，也是自然选择和适应性进化的结果。生命的这种内在的统合能力确保了各种生理和心理功能能够适应外在环境，支持个体的生存和繁衍。这也是为什么许多人在探索自然和生命的奥秘时会感到一种深深的敬畏和好奇。

在这样一种生物的背景之下，我深深地感觉到，尊重儿童的生命状态，让人类早期的生命在这种统合协调的过程中，自然地流动，自行地整合……形成一个强大的自我，这多么神圣和奇妙！

5. 自我层面的分离状态

我们有必要讲一下自我层面的分离状态，这有助于父母和教育工作者在支持孩子成长中，关注和重视以下状态。

- 极度应激或心理创伤：儿童原本统一的自我可能会出现分裂，不同的自我层面可能无法协调一致地工作。例如，在遭受严重情绪创伤后，个体的情绪反应可能会与认知评估不同步，导致情感混乱或行为问题。

- 发展障碍或心理疾病：在某些发展障碍（如自闭症谱系障碍）或心理疾病的情况下，自我各层面的整合可能受阻，导致感知、情感和认知之间的不协调。

- 情绪压力或社交冲突：在情绪压力过大或经历社交冲突的情况下，儿童可能暂时无法维持自我各方面的和谐统一，表现为情绪的自我与认知的自我之间的冲突，或者心理的自我和认知的自我之间的冲突……

今天，我们看到社会、学校、家庭、父母，给孩子过大的压力、控制和责骂，都会导致儿童的心理障碍，导致自我各层面的断层，以致情绪混乱，内在冲突。这种情况难道不严重吗？

儿童的自我是一个复杂且动态的整体，包含了从身体到精神的多个层面。在正常发展的情况下，这些层面会逐渐整合，形成一个坚实而统一的自我。然而，在某些特殊情况下，这些层面可能会因各种内外因素而暂时或长期地分离。理解这一过程，不仅仅在于能及时干预可能出现的问题，更重要的是警醒我们的教育、文化和父母，以便保障儿童健康地成长。

两种分类方法的优势和局限

到这里，关于敏感期的两种分类方法，已经讲述完毕。但是，我们需要知道这两种分类方法的优势和局限究竟在哪里，以便更好地对敏感期的整体架构有一个客观的理解和把握。

第一种领域分类法的优势和局限已在前文中进行了介绍，这里分析自我分类法的优势和局限。

- 优势：这种视角更侧重于通过不同的发展阶段整合儿童的体验和学习，以形成一个协调统一的自我。它有助于促进儿童的全面发展，确保儿童在身体、情感、心理等方面都能获得平衡的成长。
- 局限：需要更多的理论和实践探索，来详细理解不同自我层面如何具体互动，以及如何在日常教育和育儿实践中有效地应用这种整合视角。

两种方法各有其适用场景和优势，选择哪一种分类方法，更多地取决于教育的具体目标、环境和需求。在实际应用中，这两种方法可以互为补充。

若需要针对强化某一技能或能力时，可以采用基于发展领域的分类法。若追求培养儿童全面发展和自我整合能力时，采用基于自我层面的分类方法可能更为合适。

综合使用这两种方法，可以更全面地支持儿童在各个层面的健康成长，同时确保他们能够在多个维度上实现自我潜力的最大化。

第八章

敏感期的螺旋状模型

从身体的自我到精神的自我，每一层次的敏感期都不是孤立发生的事件，而是一个个连接的环节，逐步展开，逐渐深入。

当我们以螺旋状敏感期的眼光来观察儿童的成长，我们不再是在寻找预设的里程碑，而是在欣赏一个个独特的生命，如何在各自的环境中，通过自己的方式，发现自己的光芒。

儿童的成长蕴藏在敏感期里

洋洋出生时，他就进入了第一个语言的敏感期。这是一个接触语言和声音的初级阶段。洋洋喜欢透过听父母和周围人说话，模仿简单的音节和声音。尤其是妈妈和爸爸在对他说“叫妈妈”或者“叫爸爸”时，他开始“叭叭叭叭……”地发出这样的音节，或者“妈妈妈妈……”这是他最早发出的简洁的音节。

随着洋洋逐渐长大，他的第二个语言的敏感期开始出现了——语音和词语的初步掌握。这一次，他不仅可以模仿声音，开始理解了这些声音的含义，还学会了用词语来指代他周围的物品。最早，他最喜欢的声音是“妈妈”，所以他叫一遍“妈妈”，如果妈妈答应了“哎”，他便欣喜万分地再叫妈妈，不厌其烦。这个惊喜是因为洋洋语言的词语可以确定地指向某一个事物。这种发现让洋洋喜悦不已。这时候他也学会了“烫”，明白了“吃”的含义，学会了“苹果”“树”“人”“大象”“猫”“狗”……每一个词语都是他与世界沟通的惊喜。

紧接着洋洋会使用一整句话。“我要出去玩”“我要吃苹果”“妈妈来”“我要水”……这是洋洋第三个语言敏感期的启动——开始理解语法结构。在这一阶段，洋洋的语言学习更加复杂。他开始使用简单的句子结构。这是他语言能力发展的一个关键时期，因为他不仅学会了表达需求，还开始探索语言表达情感和请求的可能性。

随着洋洋不断成长，他的语言学习进入了一个新的螺旋阶段，他开始掌握更复杂的语句规则，学会使用“而且”“但是”“并且”“已经”这些副词来连接句子，表达一定的逻辑关系和时间关系。他使用的句子变得更加复杂和完整。这个阶段，他能够讲述自己一些较为复杂的经历，可以表达更加抽象的概念，比如信任、友谊和时间的流失。

又过一段时间，洋洋的语言能力显得更加精准。他常常纠正妈妈：“腿不是麻了，是木了。”“我不是生气，是愤怒。”这表明洋洋已经进入了语言发展的另一个阶段——语言细微差别的理解。洋洋不仅能够在这一阶段满足基本语言的交流，而且开始探索和使用更精准的词语来表达自己的感受、想法和观察。他已经能够感知并区分细微的情感和状态的差异，并试图通过语言，准确地传达这些差异，也反映了他的认知和情感理解的深化；他不仅能够识别出自己复杂的感受，也开始理解其他人的情感，并且期望透过准确的语言来共享这些感受；他不仅能够接收别人的信息，同时还能够评估和选择信息的表达方式。这种语言能力对未来学习和认知发展打下了基础。

有一天，洋洋带着愤怒对妈妈说：“我要把你夹成肉饼，然后扔出去。”这明显是诅咒的敏感期到来了。洋洋发现语言不仅可以用来描述现实，表达需求，还能表达情感想象，甚至是超现实的想法。他认识到了语言的力量，这种力量可以影响他人的情绪和反应。这是语言敏感期发展的又一个螺旋状的上升，是儿童语言发展的必经过程。在这一时期，孩子可以用一些极端或夸张的表达方式，这种表达并不是真实的威胁和恶意的意图，而是在探索语言表达的极限和感受语言带来的反响。这些表达方式帮助他们理解语言中的隐喻，体验超现实和情绪表达的功能。这时候，语言的敏感期更加深入了……

当然，洋洋未来还会阅读、写作和多语言的学习。到了青少年时期，他的语言会变得更加抽象和复杂，不仅能进行逻辑的推理，表述复杂的情感句子，还能进行抽象的思考；同时，扩展到撰写复杂的文章，参与复杂的辩论；等等。每个新的阶段都是在既有语言基础上的进一步扩展。

也许读到这儿的时候，读者会产生一些疑惑：这本书里并没有这样详细描写儿童语言的敏感期，语言的敏感期是如此之多吗？

实际上在儿童成长的过程中，存在多个重叠和互相影响的敏感期，每个敏感期都针对不同的发展领域，如视觉、运动技能、语言等。在某一时期，某些敏感期可能更为显著，而其他的则可能不那么明显，但这并不意味着其他的敏感期不重要或不存在。

在孩子的早期发展中，如刚出生时，视觉和运动技能的敏感期往往更为明显，因为对于婴儿来说，这些能力是生存和探索世界的基本工具。语言敏感期虽然同样重要，但在最初的几个月里，可能不如视觉和运动敏感期那样显眼，因为语言能力的显著增长往往发生在稍后的月份。

这种看似被“隐藏”的语言敏感期其实是螺旋状的，随着孩子成长，这些敏感期会逐渐展现出来，并在孩子的发展中扮演越来越重要的角色。这种螺旋状的发展模式意味着在不同的成长阶段，孩子会对不同事物的刺激更为敏感，从而在那些领域取得快速进步。即使某些敏感期在某个时期不是最为突出的，它们仍然在孩子的整体发展中起着至关重要的作用。

有了洋洋的这个例子，我们要理解螺旋状敏感期就变得更加容易了。读者阅读了大量敏感期的例子，或者参考了自己孩子和其他孩子成长的例子，可以整合出一个系统的概念。我们认识到，儿童的成长是蕴藏在螺旋状敏感期里的。

什么是螺旋状敏感期

螺旋状敏感期是一个描述儿童在成长过程中，相同的敏感期多次出现，每次以不同形式和深度体现的概念。这种理论突出了儿童发展中的重复性和循环性特点，说明敏感期不是单次的、线性的过程，而是随着年龄增长，在不同的成长阶段反复出现的动态过程。

以下是螺旋状敏感期的几个关键特点。

1. 循环性和迭代性

螺旋状敏感期的核心特征是它的循环和迭代。同一种敏感期（如对语言、秩序、细节的敏感）会在儿童的不同成长阶段，以不同的方式和深度重现。例如，儿童语言的敏感期，每次敏感期的出现不仅重复之前的经历，还加入新的元素和更深层次的探索。

2. 发展的递进性

每次敏感期的重现，都在之前的基础上增加新的复杂性和深度。例如，儿童在早期可能对简单的语言结构敏感（如学习词汇），随着年龄增长，他的语言敏感期可能涉及更复杂的语法、句式，以及情感更加深度和逻辑的表达。

3. 累积性

每一次敏感期的经历都为后续同类型的敏感期打下基础，形成一种建构上的累积。这种累积帮助儿童在知识、技能和情感等多个层面上逐步深化他们的理解和能力。

4. 个体差异

螺旋状敏感期体现了发展的个体差异。不同的儿童可能在不同的时间点、不同的年龄段体验同一敏感期的不同方面。这种差异性是由儿童独特的生理、心理特点和他们所处的环境共同作用的结果。这种差异可能在孩子较少的家庭中不易被发现，但是在幼儿园的群体中，这种差异性就会格外突出。

5. 教育的连续性和及时性

螺旋状敏感期为教育实践提供了重要的指导，强调教育内容和方法需要与儿童当前的敏感期阶段相匹配，以最大化成长效果。

螺旋状敏感期的理论强调了儿童成长是一个动态、递进的过程，理解和把握螺旋状敏感期理论，可能会让我们更加理解儿童的成长途径，也更加了解儿童的发展需求，以便为他们的个性化成长和阶段性的教育提供支持。

要规避对敏感期的线性理解

儿童敏感期的发展，现在已经被大量的家长和教育工作者普遍接纳。在与家长和老师的沟通过程中，我们发现有些家长和幼儿老师对敏感期的理解可能非常基础，没有形成一个清晰的认知模型。他们能够观察到或经历过孩子在某些特定领域的显著进步和变化，也能观察到儿童在某个时期出现的某个明显的敏感期，但缺乏一个统一的框架或模型来整合这些信息。这会导致他们的理解片段化、碎片化，难以形成系统的认识，进而影响对敏感期的识别、理解和给予儿童适当的回应。

我一直都在思考，让家长抽出有限的时间和精力，在忙于日常生活、工作和家庭事务之后，再深入了解儿童的敏感期，这种可能性究竟有多大？另外，家长永远面对的都是自己的一个或者几个孩子，无法普遍地看到许多孩子敏感期的发展，这些信息的来源是有限的。

为了规避片段化或者线性化的理解，而形成更系统、更结构化的思维，我们需要把“线性”概念提出来，给“线性”概念一个解释。

线性发展是指事物按照一条直线或连续方式逐渐变化的过程。在这种模式下，每一步的发展都直接基于前一步，且进展是均匀和连续的，没有重大的跳跃或回退。简单来说，线性就是一条从 A 直接到 B 的直线，每个阶段的变化都是直接由前一个阶段导致的。

我们用语言敏感期作为例子来解释。

假设一个家长认为孩子在 1 岁时应该开始说单词，2 岁时应该能用两到三个词的短句交流，3 岁时则应该能够使用更复杂的句子和语法。家长可能期望这个发展过程是连续和均匀的，每个阶段之间没有重大的跳跃或回退。

在这种线性的认知模式中，如果孩子在某个年龄段没有达到预期的语言能力，家长可能会感到焦虑或担忧，认为孩子在语言发展上存在问题。这种理解忽略了儿童发展的非线性特征，如发展的个体差异、在某些时期可能的发展停滞或突飞猛进。

孩子的语言发展可能会有快速飞跃，特别是在他们经历大量语言输入和交流的时期，或者可能在某些阶段表现出发展的停滞。每个孩子的发展速度和风格都是独特的。有些孩子可能在很小的时候就开始大量地使用语言，而另一些则可能更晚一些开始说话，但最终都能达到正常的语言水平。另外，家庭环境、父母的交流方式、兄弟姐妹的存在与否等因素都极大地影响语言发展。

因此，对敏感期的线性理解虽然简单，易于把握，但往往不能全面反映儿童的实际发展情况，有时还可能导致家长不必要的焦虑和错误的教育决策。儿童的发展一定是有其复杂性和多样性的，敏感期也具有动态和非线性特征。

敏感期的迭代性

解释完线性发展的概念，我感觉非常有必要解释一下迭代性这个概念。

迭代性是一个过程管理和改进的概念，特别强调在连续的周期中逐步接近目标或解决方案。在每一次迭代中，执行的步骤都是基于前一次结果的反馈，目的在于改进或精细化这些结果。这种方法能够使过程逐步优化，更加贴合实际需求和目标。

将迭代性的概念整合到儿童在其螺旋状敏感期的成长和发展中，可以帮助我们更深刻地理解儿童如何通过连续的学习和适应过程来形成关键的技能和知识。以下是儿童成长和发展中敏感期迭代性的体现。

1. 逐步改进

在儿童的成长过程中，逐步改进意味着每一次学习活动都建立在之前经验的基础上。例如，儿童在学习说话时，初步的词汇和声音的模仿逐渐发展为更复杂的语句和对话。每一步的学习都反映了之前步骤的积累和改进。

2. 灵活性

儿童在敏感期表现出极高的学习灵活性，他们能够根据环境和反馈调整学习行为。这种灵活性使他们能够适应不同的学习环境和教学方法，从而找到最适合自己的学习方式。

3. 持续反馈

儿童的发展高度依赖于父母、教师和同伴的持续反馈。这些反馈可以是正面的鼓励、纠正错误的指导或是通过游戏和其他互动形式的非正式反馈。通过不断地接收和整合这些反馈，儿童能够改进他们的技能并调整学习策略。

4. 结束条件

在儿童的成长过程中，某些敏感期的结束通常标志着他们在特定技能上达到了自然的发展里程碑。例如，一旦儿童掌握了基本的语言沟通技能，语言学习的初级敏感期可能就会结束，他们会开始进入更复杂的语言和认知技能的发展阶段。

这个过程在儿童的生命中是一个自然机制，一切都在儿童的生命中自然而然地发生着。这正是生命的奇妙之处。

敏感期的螺旋状模型核心思想

敏感期的螺旋状模型强调，发展不是单次完成的任务，而是一个动态循环和不断深入的过程。每个循环都构建在前一个循环的基础上，但引入了新的挑战和机会，使儿童能够在更复杂的层面上重新审视、理解和发展自己的能力。

不得不说，这一核心的思想在我的意识中、在我此刻、在我这个年龄，始终在我的生命里发生着。我的自我正是在这种不断地循环、不断地重新审视、不断地面临新的挑战、不断地深入的过程中提升着。我的各个不同层面的自我也在流动中，让我统合出那个更强大的自我。这种模式才是人发展的核心秘密和奇妙之处。而且，这种模式不仅发生在儿童敏感期的发展和儿童生命的成长上，它也同时发生在我们成人的成长中。我相信，一直到死亡的那一刻，那些寻求成长的人始终会让这种奇妙的现象在生命的内在发生着。正是它的流动的状态、鲜活的状态、动态的状态，以及自然发生的状态，让人感到奇妙无比。

应用敏感期螺旋状模型理解八个领域分类

我们在前文中给多种敏感期进行分类，一种是透过领域分类的，另一种是透过儿童整体性自我的不同层面的自我进行分类的。下面我们分别进行具体阐释。

在领域分类法里，儿童敏感期涉及八个领域，其螺旋状发展有以下主要表现。

1. 身体的敏感期

在儿童早期，身体的敏感期主要表现为对粗大运动技能的掌握，如走路、跑步、跳跃。随着年龄的增长，这一敏感期会以更细致的运动技能再次出现，如体育运动、舞蹈、精细动作。

2. 语言的敏感期

从婴儿期到儿童早期，语言的敏感期首先表现在语音识别和简单词语的学习上。随后，随着儿童进入学龄期，这一敏感期在阅读、写作、多语言学习等方面得到进一步的发展和深化。

3. 认知发展的敏感期

认知发展的敏感期开始于对基本概念的理解，如大小、多少等，逐步发展到逻辑思维、问题解决和抽象思考能力的提升。

4. 自我形成的敏感期

自我认识的初期，儿童关注基本的自我意识，随后发展为更复杂的个人身份、自尊以及对自我的深层次理解。

5. 空间的敏感期

最初可能表现为对周围环境的简单空间感知，如距离和方向，逐渐发展到对更复杂空间关系和地理知识的理解。

6. 审美的敏感期

开始于对色彩和音调的基本感知，发展到能够进行绘画、音乐等艺术创作和欣赏复杂艺术形式的能力。

7. 秩序的敏感期

在早期阶段表现为对日常生活中简单秩序的需求，如物品归位；随着成长，这种需求扩展到对更广泛社会、道德和逻辑秩序的理解。

8. 社会性行为的敏感期

最初集中在简单的社交规则和互动上，之后发展到理解更复杂的人际关系、道德和社会规范。

这种螺旋状的敏感期模型揭示了儿童发展的动态性和层次性，每一个新的发展阶段都建立在之前阶段的基础上，不断扩展和深化。通过识别和支持这些敏感期的不同阶段，家长和教师可以更有效地促进儿童在多方面的成长和学习。

应用敏感期的螺旋状模型理解自我层面的分类

使用敏感期的螺旋状模型来理解和整合基于自我层面的分类法，是一种深入探索和描述儿童从出生到成熟期间如何逐步构建和细化自我的过程。这种理解方式认为，儿童在成长的每一个阶段都会重新访问早期的发展阶段，但每次都在更高的认知水平和复杂性上进行整合和扩展。

1. 身体的自我

初期阶段关注基本的身体感知和控制，如触觉和运动能力的发展。

随后的循环可能涉及更复杂的身体协调和技能，如体育活动和精细动作控制，以及身体自我形象的发展。

2. 情绪的自我

在儿童早期，主要关注基本情绪的识别和表达。

随着成长，儿童开始学习更复杂的情绪调节技巧，理解并应对更复杂的情感状态，如同情和自我激励。

3. 感觉的自我

最初可能集中在感官刺激的探索，如视觉、听觉和触觉。

在后续的发展中，可以扩展到对美学和艺术的感知，以及感官经验在决策和偏好形成中的作用。

4. 心理的自我

早期关注自我意识的觉醒和个体性的初步理解。

后续阶段则涉及自我反省、心理防御机制以及自我同一性的更深层次探索。

5. 认知的自我

初始阶段包括基础认知功能的发展，如记忆、注意力和问题解决。

随着时间推移，这将发展为复杂的抽象思维、战略规划和创造性思维。

6. 精神的自我

早期可能表现为对生活和存在的基本好奇。

在成长的后期，这一层面扩展到价值观、信仰体系的形成，以及个人与更广泛世界的关系理解。

敏感期的螺旋状模型特别有助于理解儿童发展的非线性和层次性，强调发展的连续性和积累性，以及在适当的时期为儿童提供关键的学习机会和支持的重要性。通过这种方式，我们可以更全面地支持每个孩子的成长，帮助他们形成一个坚实且多元的自我概念。

一个全新而深刻的视角

当我们探讨儿童的成长与发展时，敏感期的螺旋状模型为我们提供了一个全新而深刻的视角。这种理解方式不仅仅让我们看到了生命的连续性和循环性，更突出了生命的流动性和动态变化，让我们能够真切感受到生命的奇妙与不断自我更新的力量。

生命的赞歌：螺旋状敏感期的哲学

在儿童发展的每一个阶段，敏感期的螺旋状模型都像一首生命的赞歌，庆祝每一次成长的机会，每一次学习的挑战，以及每一次自我发现的旅程。这不仅是一种科学的分类，更是一种哲学的反思，提醒我们生命的本质是动态的、流动的，是不断进化的。

从身体的自我到精神的自我，每一层次的敏感期都不是孤立发生的事件，而是一个个连接的环节，逐步展开，逐渐深入。就像自然界中的螺旋形态（你可以在大脑中想象一个螺旋状的美丽图景），每一次的循环都在原有的基础上增加新的层次，让孩子的生命更加丰富和多彩。

流动性与自然发生的美感

观察一个孩子如何从触摸简单的物体开始，到掌握复杂的人际交往技巧，我们不禁赞叹生命的自然发生和流动。这种发展过程不需要外部的强制和刻意的引导，就像山涧的溪流自然地找到了自己的道路，孩子也会在生命的各种敏感期中找到自己成长的路径。

这种动态性，这种在各种外部条件和内在需求中自我调节和自我导向的能力，正是儿童敏感期的核心魅力。每一个孩子都是自己生命故事的主人，每一个敏感期都是他们写下的一个重要篇章。

敏感期的奇妙之处

何谓奇妙？是因为在这看似简单的生命循环中，每一次循环都蕴藏着无限的可能性。当我们以螺旋状敏感期的眼光来观察儿童的成长，我们不再是寻找预设的里程碑，而是在欣赏一个个独特的生命如何在各自的环境中，通过自己的方式发现自己的光芒。

敏感期的螺旋状模型教给我们的，不仅仅是如何理解儿童的成长，更是如何理解生命的本质。在这个模型中，每一个生命都是独一无二的，每一次发展都是值得庆贺的。让我们以这样的视角去观察和支持每一个孩子，看见他们的每一个成长瞬间，如同一首动人的生命赞歌。

我要感谢

如果这本书对您、对您的孩子有帮助，我想要代表您对以下的尊者表示感谢。

我要感谢我的大学同学，感谢我的朋友们。我永远记得那一幕：学校创办初期，他们有的拿出现金，有的搬来桌子、褥子、棉布、球、洗衣粉……鼓励我说："做吧！这是一件有意义的事。"是他们给了这个教育最先的帮助。

我要感谢30年前第一批送孩子来这里的家长。当时，还没有多少人理解这种科学的教育理念，他们坚定地将孩子送来，并从此和我们同呼吸共命运。他们给了我最高的道义上的支持。

我要感谢北京、广州、深圳、上海、昆明、山西、洛阳、厦门、青岛、西宁、郑州、武汉的家长们……尤其要感谢小欧、缇缇、丹丹的父母和豆豆的妈妈，他们从各方面给学校帮助，在精神上给予了我们巨大的理解和支持，这种支持给了我们希望和信心。

我要感谢全国各地的同人和那些给我写信、从未谋面的朋友，当你们在千里之外关注着“爱和自由”的教育，并为此而热情传播时，我们知道所有的付出是多么有意义，多么值得。

我要感谢 30 年来一直坚持这种教育理念的每一位教师以及在此期间离开的教师，是他们把自己从未经历过的理想变成了现实，为此他们付出了他人难以想象的爱心、耐心、时间、精力、青春、挑战和战胜自我的勇气，才使许多孩子受益。

我要感谢校委会的成员。他们是包哲兴、霍维洮、王银春、红亮、杨小舟、刘静芳、任智钢、赵宏，他们是这所学校的智囊团，在学校之外的不同岗位上工作，利用业余时间义务为学校工作长达 10 年以上，没拿过一分报酬；还有王瑞君、王瑞琼、薛梅，她们在这个教育的发展和建构中，持续地贡献着自己的智慧和才能。我对校委会的每一位成员心怀感激，难以言表。

我要感谢孩子们，我如此地爱他们、崇拜他们，小心翼翼仰视他们。是他们的成长给了我们战胜困难的决心，是他们引领我们回到了心灵的故乡，给了我们无尽的爱和满足感。当千万个孩子从这里走出，我知道，未来的人生路途坎坷，该经历的他们都要经历，但是我不担心——一个人格完整的人，在任何一个社会环境中都能找到自己的位置。

最后，我要感谢您——亲爱的读者，如果这本书能使您更爱您的孩子，就请您把这份爱带给您见到的每一个孩子。这样，我们的孩子就有了一个爱的环境，这样长大的孩子，将来一定会勇敢、坚定、乐观、充满自信，拥有这样一个孩子，幸福会像空气一样包围着我们。

孙瑞雪

图书在版编目（CIP）数据

捕捉儿童敏感期 ：二十周年全新升级版/孙瑞雪编著.--北京 ：中国妇女出版社，2024.7(2025.9重印).-- ISBN 978-7-5127-2394-8

Ⅰ.G782

中国国家版本馆CIP数据核字第20243WU961号

项目统筹：廖晶晶
责任编辑：应　莹　张凌云
封面设计：介末设计
责任印制：李志国

出版发行：中国妇女出版社
地　　址：北京市东城区史家胡同甲24号　　邮政编码：100010
电　　话：（010）65133160（发行部）　　65133161（邮购）
网　　址：www.womenbooks.cn
邮　　箱：zgfncbs@womenbooks.cn
法律顾问：北京市道可特律师事务所
经　　销：各地新华书店
印　　刷：北京通州皇家印刷厂

开　　本：170mm×230mm　1/16
印　　张：22
字　　数：351千字
版　　次：2024年7月第1版　　2025年9月第2次印刷
定　　价：59.80元（软精装）

如有印装错误，请与发行部联系